ORDEN, LOGEN
UND
ROSENKREUZ

Alia enim equi voluptas est, alia canis, alia hominis ... asino culmos et paleas auro optabiliores esse: jucundus enim asinis est pabulum quam aurum ... Namque omne animal humi repens terram depascitur ac possidet.

Anders nämlich ist das Begehren eines Pferds, anders das eines Hundes, noch anders das des Menschen ...
Dem Esel scheinen Stroh und Spreu begehrenswerter als Gold ... -
und so nährt sich jedes Tier, das auf der Erde kriecht, von Erde und klammert sich an sie ...

(Heraklit)

P. MARTIN

ORDEN, LOGEN
UND
ROSENKREUZ

DAS ROSENKREUZERTUM
IN LOGEN, ORDEN UND
INITIATISCHEN GESELLSCHAFTEN
SEIT BEGINN DES 16. JAHRHUNDERTS

✸ OMNIA AB UNO ✸ ET IN UNUM OMNIA ✸

EDITION ORIFLAMME
2014

CIP:
Deutsche Nationalbibliothek und
Schweizerische Zentralbibliothek, Zürich

Suchbegriffe:
Einweihung, Esoterik, Freimaurerei, Gnosis
Geheimgesellschaften, Initiation, Logen
Rosenkreuzer

Pierre Martin:
Orden, Logen und Rosenkreuz:
Das Rosenkreuzertum in Logen, Orden und Initiatischen Gesellschaften seit beginn des
16. Jahrhunderts

Kurztitel:
Logen – Orden – Rosenkreuz

Illustriert

ISBN: 978-3-9524262-0-3
© 2014 Edition Oriflamme, CH-4002 Basel
edition.oriflamme@gmail.com

Satz, Buch- und Umschlaggestaltung: Adhoc-Organisation, Basel

Printed in Germany

Alt-englisches Ritterwappen mit ‹Croix Patonce›:
«Von Azur mit einem Patonce-Kreuz von Gold
und fünf sitzenden Meisen vom selben,
am Schildriemen gehalten von einer silbernen Rose»

THE CONSTITUTIONS

OF THE

FREE-MASONS.

CONTAINING THE

History, Charges, Regulations, &c. of that moſt Ancient and Right Worſhipful *FRATERNITY.*

For the Uſe of the LODGES.

L O N D O N:

Printed by WILLIAM HUNTER, for JOHN SENEX at the *Globe,* and JOHN HOOKE at the *Flower-de-luce* over-againſt St. *Dunſtan*'s *Church,* in *Fleet-ſtreet.*

In the Year of Maſonry ——— 5723
Anno Domini ——— —— 1723

Titelblatt der ersten Druckausgabe der *Konstitutionen für die FM-Logen, enthaltend Geschichte, Aufgaben, Regeln etc. dieser ... Bruderschaft*; – London, 1723.

Allgemeine vnd General
REFORMATION,
der gantzen weiten Welt.

Beneben der

FAMA FRA-
TERNITATIS,

Deß Löblichen Ordens des
Rosenkreutzes / an alle Gelehrte
vnd Häupter Europæ geschrieben:

Auch einer kurtzen RESPONSION,
von dem Herrn Haselmeyer gestellet / welcher
deßwegen von den Jesuitern ist gefänglich ein-
gezogen / vnd auff eine Galleren geschmiedet:

Itzo öffentlich in Druck verfertiget/
vnd allen trewen Hertzen communiciret
worden.

Gedruckt zu Cassel/ durch Wilhelm Wessell/

ANNO M. DC. XIV.

Titelblatt der ersten Druckausgabe des ersten Rosenkreuzer-Manifests:
Fama Fraternitatis oder *Der Ruf der Rosenkreutzer-Bruderschaft*; – Kassel, 1614.

Typischer Fall von *angewandtem Okkultismus* in einer alle Gebiete umfassenden Symbolik:. «Gotischer Anhänger, silber, teilweise vergoldet», bis 1984 im Historischen Museum, Basel. Die Medaille, aus nicht mehr nachvollziehbaren Gründen auf die Zeit der Habsburger zwischen 1340 und 1430 datiert, wurde in ein Médaillon umgearbeitet, und später in eine Anhänge-Kapsel, deren Boden von Urs Graf gestaltet, signiert und auf 1505 datiert war.
Der Kranz trägt 5 weißen ‹Perlen›, davon drei mit mineralischen Äderungen, einen trüb-grünen Stein uund 5 Granate, davon einer rund; also 5+1+5 Steine und 11 Blattzwischen räume mit herzförmiger Durchbrechung auf einem Ring aus (je nach Zählung) 42 oder 72 Elementen.
Das komplizierte Phylacterium in der Linken der *Dame* – Personifikation der *Sophia* oder der *Muttergöttin* (die Unterseite der Kapsel zeigte eine *Krönung Mariæ*) - weist auf *etwas überaus Geheimes* hin (vgl. Fulcanelli, Mysterium der Kathedralen, Basel, Edition Oriflamme, 2004; - Schlagwort Phylacterium). Es trägt unleserliche Zeichen, wie von gotischer Schrift. Das Wappen ist ungarischer Form: Gespalten (rechts von Schwarz mit silbernem Drachen oder Basilisk); - links oben geteilt: In ?? ein Hundekopf (?); unten fünffach geteilt, vermutlich in Rot und Silber, bzw. in diesem Falle Gold und Silber.
Die geäderten Perlen, der grüne Stein und der perlförmige Granat könnten aus einem alchemistischen LabOratorium kommen (‹Margarita Preciosa›, Vitriol, und Der Stein), wie auch das ganze Wappen einen alchemistischen Ausdruck trägt.

Der Anhänger wird im Museum seit dem 27. Januar 1984 vermißt. – Wer hat ihn gesehen? Informationen an den Verlag über den Verbleib des Stücks werden diskret behandelt und belohnt.

EINLEITUNG

Ein geschichtlicher Bezug zwischen Freimaurerei (FM) und Rosenkreuzertum (RC) führt fast notwendigerweise zur berühmten ‹Huhn-und-Ei-Frage›: Welche Bewegung leitet sich aus welcher ab? Wer sich jedoch gewissenhaft mit diesen beiden Fäden oder Leitern zu Bewußtwerdung, Selbsterkenntnis und Einweihung in die Mysterien des Occidents befaßt, wovon Rosenkreuzertum und Freimaurerei derzeit klar die wichtigsten sind, stellt fest, daß die Frage *so falsch gestellt* ist: Echte Freimaurerei führt sicherlich (und heute immer bewußter) zur *Imitatio Christi* – und damit zu jenem innerlichen Kreuzgang, der essentiell unter *Rosenkreuzertum* zu verstehen ist. – Echtes, d.h. in die tägliche Praxis umgesetztes Rosenkreuzertum wird mit Fug auch *Selbstfreimaurerei* genannt.

Im Jahr 1824 veröffentlichte der Freimaurer Thomas de Quincy (1785-1859) einen Artikel im *London Magazine* unter dem Titel: *Historisch-kritische Abhandlung über den Ursprung der Rosenkreuzer und Freimaurer*. Darin zeigte er auf, daß die Freimaurerei nichts Anderes sei als ein Rosenkreuzertum – modifziert durch

Diejenigen, die sie in England eingeführt haben.

Die *analytische* ‹Wahrheit› dieser Aussagen ist nun viel weniger wichtig, als die innere Tatsache, daß beide Begriffe für je eine komplexe Gesamtmenge von Orden, Schulen, Kirchen – öffentlichen und geheimen Körperschaften – dastehen, deren Zielsetzungen so unterschiedlich sind, wie es die physischen, psychischen und astralen Bedürfnisse von Menschen nur sein können. Von den reinsten und höchst entwickelten Licht-Suchern bis zu den skrupellosesten Tiefseetauchern im Schattenreich der finstersten Magie ist hier Alles zu finden; denn weder sind die beiden Hauptbegriffe geschützt, noch unterstehen Jene die sie auf sich anwenden, einer wirksamen öffentlich-sittlichen Kontrolle, sieht man einmal von den noch heute ungelösten Kontroversen zwischen der institutionellen formellen Kirche – und jener informellen der weltweiten Lichtsucher ab: der WAHREN *Unica Catholica Ecclesia* –*weltweite Geistesgemeinschaft in Freiheit, Brüderlichkeit und Liebe* (siehe entsprechendes Kapitel hiernach).

In diesem Sinne mag Zustimmung bei den Einen, Ablehnung bei den Anderen ernten, wer *beide Bewegungen vereint* in den hohen

ORDEN, LOGEN UND DAS ROSENKREUZ

Idealen des *Himmlischen Jerusalem* und des durch moderne Menschen im Geist erbauten neuen *Tempels Salomonis*, worin der einzelne Mensch die allegorische Bedeutung eines *für den Bau geeigneten Bausteins* gewinnt.

Bei der herzustellenden Beziehung geht es jedoch nicht um ein *zeitliches Verhältnis*, sondern um eine gegenseitige *essentielle Beeinflussung über Jahrhunderte*. – Es ist eine Nähe, die sich sowohl in den *äußeren Formen* verschiedener Ordens-Arten ausdrückt, als auch in der Essenz ihrer *Lehren*; – weniger aber in den Formen ihrer Riten. Bezüglich der inneren Lehre geht man sicher nicht fehl, wenn man feststellt, daß allen ‹bonafiden› d.h. obiges Ideal anstrebenden Vereinigungen folgende Schwerpunkte gemeinsam sind:

1° *Anthropo-sophische Selbsterkenntnis* aufgrund tiefer Selbstprüfung und Selbstbeobachtung (Bewußtsein und Unterscheidungsvermögen) samt der inneren Sinngebung und Zielsetzung wahren Menschseins.

2° *Theo-sophische Gottes-Erkenntnis* aufgrund ernsthaften Studiums von Theogonie, Anthropogonie, Mythologie und Heiligen Schriften aller Menschheits-Epochen, samt der eigentlichen Sinngebung und Zielsetzung wahrer Religiosität.

3° *Philo-sophische Erkenntnis* der Wechselwirkungen aller Welten und Geschöpfe*, samt deren Evolutionen und Kreisläufe.*

Man versteht leicht, daß diese drei Hauptbegriffe nicht nur in ihrer ganz ursprünglichen semantischen Bedeutung zu verstehen sind, sondern auch im Hinblick auf die aus ihnen abgeleiteten konkreten geistigen Strömungen, die noch heute bestehen:

1° Die *originale Anthroposophie* im strengen Sinne ihres Stifters, *Rudolf Steiner* – vor ihrer baldigen Verformung und Erstarrung;

2° Die *originale Theosophie* mit ihrer aus dem paracelsistischen und lutherischen Gedankengut genährten freiheitlichen Geistigkeit und ihrem eigenständigen Gottesverständnis, personifiziert in ihrem ersten Vertreter, dem lutherisch protestantischen Pastor *Valentin Weigel*; – also ohne ihre philanthropischen Formalisierungen;

3° Die aus dem Amalgam der Philosophie Plato's mit chaldäischer, asiatischer und indischer Philosophie gebildete *alexandrinische Hermetik* samt ihren Ausläufern in der *westlichen Gnosis*, worin alle übrigen Lehren zusammengefaßt werden in der innereigensten Zielsetzung des *Transfigurismus*, der in jeder Kultur, in Ost und West, auf zeitgemäße Weise gelehrt und verbreitet wird.

EINLEITUNG

Zu jenem Gedankengut, das man *rosenkreuzerisch* nennen kann, gehören daher bereits die Dialoge von *Plato*, insbesondere die erkenntniskritischen Gedanken in der *Ideen-Lehre* (‹Höhlengleichnis›). Dann, sehr ausführlich und teils in die griechische Mythologie eingebettet, Plato's Passagen im *Gastmahl* über die Entstehung der Menschen (ihre androgyne Urform und Verwandlung bis zur heutigen Form). – Diese Überlieferung wurde durch alle ‹modernen› Esoteriker wieder aufgenommen – von *Dionysos Areopagita* (1. Jh.) und *Johannes Scotus Eriugena* (810-877) bis (ab Ende des 19. Jh.) zu *Helena Petrowna Blavatsky, Rudolf Steiner, Max Heindel* und den daraus entstandenen Bewegungen, Orden und Schulen des 20. Jh. – Einen wichtigen Punkt stellt hier die *Welt der dualen Gegensätzlichkeiten* dar sowie die *universelle Teilung der Geschlechter* mit deren Wiedervereinigung durch *individuelle Selbsteinweihung* des einzelnen Kandidaten. Das ist einerseits die *Unio Mystica*, auch *Hieros Gamos* genannt; andererseits die Wieder-ganz-werdung jedes Einzelnen auf dem Mysterien-Weg der *autonomen, eigenverantwortlichen Selbstverwirklichung*.

Und dies wiederum führte u.a. zu zwei Extremen: Einerseits gab es die pietistisch-asketischen Ansichten über die Geschlechtlichkeit (Theosophie des 17. und 18. Jahrhunderts von *Bœhme, Gichtel*, den süddeutschen *«Gottesfreunden»* und Ähnlichen), bis hin zur Enthaltsamkeits-Lehre der sog. *Enkratiten* und zur Selbstpeinigung oder gar Selbstverstümmelung in anderen Gruppierungen – und sogar einzelner Fanatiker (Flagellanten, Mönche). –

Andererseits sind da die ‹gnostisch-libertinistischen› Darlegungen von *Julius Evola*, der sich auch mit den *Zusammenhängen zwischen sexuellem Sadismus und sakral ausgerichteter schwarzer Magie* befaßte – bis hin zu den eindeutig schamanistisch-libertinistischen, schwarzmagischen bzw. eigentlich sexualmagischen Gruppen und Logen – darunter die geradezu orgiastisch-pseudognostischen Orden um 1900 von Aleister Crowley (*Golden Dawn*, im Folgenden GD genannt) und *Theodor Reuß* (Ordo Templi Orientis, im Folgenden OTO genannt). – Diese Aspekte werden in den betreffenden Kapiteln adäquat behandelt.

Dazwischen liegen mystisch-humanistische Sichtweisen und Gruppen wie jene der Teresa von Avila (1515-1582), jene der ‹Freidenker› (‹*Brüder und Schwestern des Freien Geistes*› oder ‹*Libre-Penseurs*› genannt), der ‹*Quäker*› und sogenannten ‹Wiedertäufer›, der ‹Philadelphen› mit Eva von Buttlar (1670-1717) und Andere, Zahlreiche, bis ins 20. Jahrhundert. – Unmöglich, *alle* diese Bewegungen und Untergruppen hier im Einzelnen zu würdigen.

ORDEN. LOGEN UND DAS ROSENKREUZ

In dieses Gemenge eintauchend, daraus auftauchend, sich darin allmählich klärend – aber noch immer *nicht einmütig* nach dem Allein-Guten strebend – erkennen wir als zwei Haupt-Adern: erstens die *Freimaurerei*, und zweitens das *Rosenkreuzertum*. Gemeinsamen Ursprungs, gemeinsamen Idealen sich zuwendend, in ihren Formen und Methoden, in Zwischenzielen und Haupt-Ideal dennoch sich unterscheidende Geschwister, sind sie heute vielleicht einer endgültigen Annäherung doch näher als je. Nur dieser Aspekt des Freimaurertums mit seinen Hochgraden (im Folgenden HG) und fast ausschließlich das gnostisch mystische Rosenkreuzertum werden im Folgenden betrachtet; – auf die inneren Lehren Beider kann nur marginal eingegangen werden.

Seit dem 17. Jh. – besonders aber im 18. und 19, Jh – ist zu beobachten, wie freimaurerische Gruppen (Logen, Kapitel, Priorate) die durch die RC-Manifeste generierten Impulse umzusetzen versuchten. Andererseits benutzten theosophische und rosenkreuzerische Gruppen die *Form der Loge* für ihre spirituelle Arbeit; – so z.b. die Theosophische Gesellschaft von H.P. Blavatsky (TG bzw. TS) und die Societas Rosicruciana in Anglia (SRiA). So ist bei den ihrer Lehre nach z.t. sehr unterschiedlichen *modernen* rosenkreuzerischen Gruppierungen der Begriff der *geistigen Freimaurerei* noch heute wichtig, und auch die modernen HG-Freimaurer kennen zahlreiche Rosenkreuzer-Grade und -Kapitel. Diese Vernetzung zu durchleuchten, das bunte Nebeneinander-hinfließen durch die Jahrhunderte, das gegenwärtiges Sich-einander-nähern aufzuzeigen, ist der Zweck des hier vorgelegten Buchs.

Als Hauptstütze diente dabei vorallem das umfassend dokumentierte, leider kaum übersehbare Riesenwerk von Karl R.H. Frick – offensichtlich selbst ein sehr erfahrener Hochgrad-Freimaurer. Dessen Buch entstammen sowohl ein Großteil historischer Angaben als auch viele z.T. ausgedehnte wörtliche Zitate. Darin meint z.B. die Angabe II/II, 12: Seite 12 von Teil Zwei des zweiten Bandes. – Innerhalb dieser Zitate stehen in geschwungenen Klammern {} Bemerkungen des Autors des Gegenwärtigen. Die unzähligen im Text benutzten Abkürzungen für dieses weite Gebiet sind Gewöhnungssache. Die Wichtigsten davon sind in einer Liste am Ende des Buchs zusammengestellt und ‹verdeutscht›.

Fast 2000 Seiten umfassen Fricks zwei Bände. Der erste heißt *Die Erleuchteten*. Er zeigt die antiken Vorläufer esoterischer Gruppierungen und deren Abkömmlinge bis ins 17. und 18. Jahrhundert. Der zweite Band trägt den Titel *Licht und Finsternis* und beschreibt

EINLEITUNG

vorallem die Entwicklung vom 18. bis zum Beginn des 20. Jh. – Das Ziel der vorliegenden Arbeit ist nun nicht, das genannte Riesenwerk zusammenzufassen, sondern nur der, aus der Masse z.t. redundanter Informationen und unformulierter Zusammenhänge in diesem und anderen Werken einen ganz bestimmten Faden herauszuziehen: Den Faden der Rosenkreuzer-Tradition als Vorbereiterin des heute aktuellen ‹transfiguristisch-theosophisch-rosenkreuzerischen› Wegs der *Selbstverwirklichung durch autonome Selbsteinweihung in Eigenverantwortung*. Dieser Prozeß besteht im Wesentlichen aus drei Hauptstufen: Reinigung, Erneuerung und Wandlung (Transformation und Transfiguration). – Das ist zugleich Seele und Ziel der sog. *Prisca Philosophia* oder *Philosophia Perennis* – der rote Faden aller philosophischen und Religions-Systeme, die sich nicht in den Dienst irgend einer politischen, sozialen oder kulturellen Macht stellen, sondern allein auf echter spiritueller Erkenntnis und innerem Erfahrungswissen – *Gnosis* – beruhen. Es handelt sich also im Wesentlichen – und grundsätzlich *überall in der Welt* – um eine Religionsphilosophie des *Wegs der Menschheit zurück in die Einheit mit Gott* «am Ende der Tage – am Ende allen Irrtums – am Ende allen Zorns», wie ein moderner Autor sagt.

Aus Gründen der ‹*Einheit der Materie*›, des Umfangs und der praktischen Eingrenzbarkeit der vorliegenden Arbeit sowie um die immer subjektive, oft kontroverse *Geschichtsschreibung* nicht mit der objektiveren *geistigen Botschaft* spiritueller Gemeinschaften zu vermengen, sind die inneren Gehalte der respektiven Lehren und Überlieferungen nur da und dort – und nur prinzipiell erwähnt; dort nämlich, wo sie zum Kriterium der Unterscheidung werden.

Auch mußte eine subjektive und daher als willkürlich empfindbare Auswahl der Gruppen getroffen werden, die etwas ausführlicher dargestellt sind. So wäre das Hervorheben der rosenkreuzerischen Elemente im Sufitum eine reizvolle Nebenaufgabe; ist doch letzteres die eigentliche Mutter der Graals-, Templer- und RC-Bewegungen. Auch das Logenwesen der FM für sich selber betrachtet beginnt nur für den Westen in den Bauhütten und dürfte vorallem in nomadischen Völkerschaften weit zurück reichende und subtile Wurzeln haben, zu deren gerechter Untersuchung ein Menschenleben kaum genügen möchte.

Die Hauptabsicht dieses Buchs ist darum nicht die *Unterscheidung vergangener* und gegenwärtiger Formen und Lehren aller Art, sondern die positive *Differenzierung* einiger Haupt-Facetten; – nicht um *Differenzen* unter den Lichtsuchern geht es ihm, sondern um deren *Gemeinsamkeiten* im Hinblick auf das *heutige* und *künf-*

tige Zusammenfügen dessen, was zumeist Geltungssucht von Menschen im Zeitenlauf trennten und dadurch teils mehr schwächten, als Jahrhunderte langen Verfolgungen durch Mächte und Institutionen.

So wird das hier Zusammengefaßte zu einer Aufforderung an Alle – ‹Eingeweihte› wie ‹Profane› – sich dem Phänomen der *universellen* – bewußten oder unbewußten – Lichtsuche aller Menschen zuzuwenden; – dieser Allen gemeinsamen *geistigen Sehnsucht*, welche auslöst und unterhält den *gemeinsamen Prozeß kollektiver Bewußtwerdung*; – diesen milliardenfachen Ausdruck des Strebens auf dem (in letzter Konsequenz) *All-Einen Weg* aller Kreaturen zum Licht. – Welch eifriges Gewimmel von werdenden Lichtwesen – manchmal findend, oft irrend – doch letztlich unbeirrbar. Möchte dieses Gewimmel in der heutigen Zeit weltweiter Verwirrung und Verfinsterung mehr und mehr zunehmen, um endlich zu *erkennen* und zu *verwirklichen*: Brüderliche Einheit wird aus verwirrender Vielfalt klaren Reichtum erstehen lassen!

HAUPTSÄCHLICHE QUELLEN ZU DIESEM BUCH, DIE ZUM BEREICHERNDEN STUDIUM EMPFOHLEN WERDEN:

Autorenkollektiv: *Das Rosenkreuz als europäisches Phänomen im17. Jahrhundert.* – Amsterdam, In de Pelikaan, 2002.
Autorenkollektiv: *Triumph der Universellen Gnosis.* – Amsterdam, in de Pelikaan, 2006.
Frick I, *Die Erleuchteten*, 2 Bde in 1 Bd.;
Frick II, *Licht und Finsternis*, 2 Bde in 1 Bd.
Fulcanelli, *Mysterium der Kathedralen.* – Edition Oriflamme, 2004.
C. Gilly, *400 Jahre Rosenkreuz.* Amsterdam, In de Pelikaan, 1992
Max Heindel: Das Weltbild der Rosenkreuzer. Viele Ausg. ab 1909
Kloß, *Geschichte der Freimaurerei* – o.O. o.J. – ca. 1900.
Allan Oslo, *Freimaurer: Humanisten – Häretiker – Hochverräter?* E.A. 1988; – Nachdruck: Pathmos-Verlag, Düsseldorf, 2002. –
Georg Schuster: *Geheime Gesellschaften, Verbindungen und Orden.* 2 Bde in 1 Bd.; E.A. o.O. o.J., um 1904.
Peter Selg, *Rudolf Steiner und Christian Rosenkreuz.* – Arlesheim, Verl. Ita Wegmann-Institut, 2011 – ISBN 9783 905919-25-7.

ORDEN, LOGEN UND DAS ROSENKREUZ

1. DIE WIRKLICH HISTORISCHEN VORLÄUFER

Der Titel zu diesem einführenden Kapitel sagt es schon: Bei weitem nicht Alles, was als Logen-, Ordens- oder Rosenkreuzer-Geschichte präsentiert wird – ja sogar der kleinste Teil der allgemeinen Welt-und Kulturgeschichte – darf als *wahre Geschichte* angesehen werden. Die Gründe dafür wurden oft aufgezeigt: Kommerzielle, soziale und religiöse Interessen – da sie mit mächtigen Institutionen zusammenhängen – haben jegliche Geschichtsschreibung in jeder Zeitepoche mehr oder minder beeinflußt. Allein durch Vergleich von Mythologien, Etymologien und archäologischen Spuren ist es möglich, einen ungefärbten (einen nicht je nach Intention gefärbten) Einblick in wahre Zusammenhänge zu erhalten.

Auch in früheren Epochen waren wohl die Einzigen, die zu einer klaren Schau der Dinge in der Lage waren, die *Eingeweihten* – gewöhnlich Priester genannt. Dann entstanden die Priesterkasten, die im Westen ungefähr seit dem 7. Jh., im Alten Ägypten und Tibet schon Jahrausende früher mit der geistigen auch die weltliche Herrschaft inne hatten. Den größten Einfluß auf diese Geschichte übten vom 5. zum 6. Jh. die Gotenkönige Alarich und Theoderich aus – hochgebildete und kultivierte Staatsmänner.

Es ist darum klar, daß es vorab die Mönche waren, die sich in den alten Freien Künsten auskannten: Astronomie, Astrologie und Mythologie, Verehrung und Beeinflussung der Götter und Naturmächte, samt den damit verbundenen exakten Wissenschaften: Mathematik, Architektur, Medizin, Alchemie und Spagyrie, Philologie und Kosmologie: Dieses Wissen war während *Sumeriens* Hochblüte von den Göttern (‹*Nephilim*›) den Priester-Königen gebracht – und daher von diesen als Heiliges Wissen, Heilige Kunst, Heilige Sprache und Heilige Schrift (Hieroglyphen) bewahrt und vor profanem Zugriff geschützt worden, was in logischer Folge zu entsprechenden königlichen Privilegien für die gesamte Priesterkaste führte. In der neuen Zeit wurde diese ursprüngliche Kaste der Königs-Priester aufgeteilt in eine religiöse, eine wissenschaftliche und eine politische Kaste, die seitdem unter sich die Macht teilen, die sie einander vordergründig streitig machen ... —

ORDEN, LOGEN UND DAS ROSENKREUZ

Daneben gab es bereits im Altertum Mönche – damals oft Laien – die als Licht- und Wahrheits-Sucher der Welt den Rücken kehrten und sich – meist in eremitischer Einsamkeit – ihren Studien widmeten, sich um keine etablierten Lehren kümmernd. Das Wort *Mönch* – μοναχός kann man von zwei Wurzeln ableiten: von μοναχῇ – *monachè* im Sinne von *der einzige zu gehende Weg* (Xenophon, *Anabasis* 4, 4 18); – und von μοναχή (anders akzentuiert) im Sinne eines *indischen Webstoffs* – also sicherlich bezogen aufs *einfarbig braune und einförmig geschnittene* Gewand der buddhistischen (oder früheren) Wandermönche; – doch waren auch entsprechende Menschen des Alten China so gekleidet. So also begann jenes frühe Außenseitertum unabhängiger und nur *dem Einen* sich weihender Mystiker, das in Europa etwa vom 6. Jh. an als *Häresie* verfolgt wurde, als es darum ging, eine einheitliche, monopolistische, *«allein seligmachende»* Lehre zu definieren und *bei allen Menschen* durchzusetzen: Kampf der *Monophysiten* gegen *Dyophysiten*; der Kampf ums Jota (ᶜομουσιος oder ᶜομοιούσιος) bezüglich der Göttlichkeit Jesu – sowie der Machtkampf um römisches, fränkisches, gallisches, arianisches, byzantinisches und alexandrinisches Christentum (um nur die wichtigsten Fraktionen zu nennen) prägen die *wahre Geschichte* dieser Religion, deren erster *wirklicher* Papst in Rom wohl an den Beginn des 6. Jh., zu setzen ist: Vorher wurde das eigentliche Christentum ausschließlich durch Mönche, Mönchs-Bischöfe, Metropoliten, Diakone und Äbte bzw. Stammesführer der Alanen und Goten definiert. Der *Apollo-Tempel* auf dem *Monte Cassino* z.b. wurde erst im Jahr 529 vom Vatikan annektiert und in ein christliches Kloster umgewandelt.

Das ‹*Patrimonium Petri*›, von dem behauptet wird, es habe bereits im ersten Jh. u. Z. begonnen, wurde wirklich erst im Jahr 590 durch *Papst Gregor I* eingerichtet: 540 als römischer Patrizier geboren, dann Jurist; 572 Stadtpräfekt von Rom, Mönch und Kloster-Gründer, wurde er Diakon, Nuntius und endlich der Papst, der dem gregorianischen Gesang und dem gregorianischen Kalender den Namen gab. Das ‹*Patrimonium Petri*› wurde zum Vorläufer des im folgenden Jahrhundert gegründeten *autonomen Kirchenstaats*, des Vatikans. Dabei ist zu betonen, daß der berühmte Apostel Petrus *niemals in Rom war*, mithin niemals Papst oder Bischof von Rom sein konnte und auch nicht gekreuzigt wurde, sondern in Babylon im Bett starb. - Zugleich machte Gregor die *Benediktiner* zu seiner rechten Hand – sowohl innerhalb des Vatikans als auch außerhalb. Seitdem ist der Benediktiner-Orden das Macht-Werkzeug der Römischen Kirche und auch verantwortlich für die Inquisition.

DIE WIRKLICH HISTORISCHEN VORLÄUFER

Auf diesem Weg wurde auch der sakrale Stein-Bau zum Privileg der Benediktiner. Dieses Privileg hat seinen Ursprung zwar bereits bei *Nero*'s Mentor, dem Philosophen *Seneca* (4 v.Chr. – 65 n.Chr.), der in seinem Werk *Epistolæ Morales* Malerei, Bildhauerei und Marmor-Verarbeitung von den *Freien Künsten* ausschloß.

Da ein Kirchenbau sowohl eine fähige Koordination der Vielzahl von Arbeitskräften und der damit verbundenen Logistik als auch erfahrene Spezialisten (*cementari, tignari, laterari, latomi* etc.) benötigte, entstanden früh halbansässige Gemeinschaften, die sich mit den späteren Bauhütten vergleichen lassen. Die damaligen Bau-Baracken hießen *logium* oder *logia* (das heutige französische *Logis*, die italienische *Loggia*, das spanische *lograr*). Die derart sich bildende Gemeinschaft von Ordens-Leuten (Benediktinern), Laienbrüdern und Hilfskräften wurde durch ein Reglement – eine *Regel* organisiert und geordnet. Diese Regel für die *Bruderschaft* betraf eigentlich nur die Mönche; die *Bauhütten-Ordnung* aber Alle. Die wohl älteste bekannte Bauhütten-Ordnung stammt von 634. Als erste *Klosterbauhütte* in Deutschland, die zugleich eine Pfalz baute, nennt Oslo die des *Hl. Aurelius* an der Benediktiner-Abtei zu Hirsau bei Calw im Schwarzwald (gegründet 830). Deren Bauherr war *Abt Wilhelm* – zugleich *Pfalzgraf von Scheuern*: also eine sowohl politisch als auch kirchlich privilegierte Person mit Zugriff auf entsprechende Beziehungen, Mittel und initiatisches Wissen.

Damit ist schon der Weg vorgezeichnet, auf dem allmählich auch Nicht-Kleriker Zugang zu den Bau-Orden der Klöster erhielten. Die Äbte und ihr Rat fungierten als Autorität, entschieden über die Zulassung zum Können der Baukunst, zum Wissen der Inneren Schule und endlich zum Tempel der Hermetik und der Mysterien.

Nun wird auch fälschlich behauptet, das Wort *Mysterien* komme von einem altfranzösischen Ausdruck: *mestier* – *Handwerk*, doch das Wort *mestier* als Substantiv bedeutete im 16. Jh. *Notwendigkeit*; und ein *Maistre* oder *Masson* war ein Steinbauer (Mas). – Das Wort *Mysterium* aber kommt vom griechischen Stamm $\mu\upsilon\omega$, *myo* – *schweigen*, von $\mu\upsilon\sigma\iota\varsigma$, *mysis* – *Schließen von Mund, Augen* etc., und von $\mu\upsilon\sigma\tau\eta\varsigma$, bzw. $\mu\upsilon\sigma\tau\iota\varsigma$ – der bzw. die *Myste*, also *Eingeweihte*. Vom selben Wortstamm kommt zudem – der Kuriosität halber sei es erwähnt – das französische *moustache* ($\mu\upsilon\sigma\tau\alpha\xi$) – der gallische *Schnauz*, was über *mucher* ($\mu\upsilon\sigma\sigma\omega$) – *das Gesicht verbergen* - zum neu-französischen *moucher* – *schneuzen* wurde.

Soviel zu den ältesten Wurzeln der heutigen Maurerlogen. – Und wie sieht es auf der Seite der Rosenkreuzer aus?

ORDEN, LOGEN UND DAS ROSENKREUZ

Dokumentarische Spuren des *Rosenkreuzes* können nur unsystematisch zurück verfolgt werden: Man findet sie in der Malerei der Renaissance, in Bauten und Skulpturen der Gotik und der Romanik, in den fein ziselierten Ornamenten des Islam und des alten Persien – Ursprung und Vorbild der westlichen Rosengärten (der Duft der *Rose* ist dem Sufi der Duft der *Weisheit*); – und so zurück bis zu Ornamenten und Hieroglyphen des Alten Ägypten. Ja, selbst im Persien des Zarathustra und in indischen Halbreliefs kann diese Signatur erkannt, wenn auch für die skeptische Wissenschaft «nicht beweiskräftig belegt» werden. Daß die *Signatur des Kreuzes* bis in die aller-ältesten Zeiten der Menschheit zurück reicht, ist heute allbekannt und im fernsten Osten (Japan, Afghanistan) wie im fernsten Westen (Anden) gut belegt. Auch daß es jederzeit mystische Geheimbünde und Orden gab (man denke allein schon an den Orden der Alten Druiden), bedarf heute keiner Erläuterung mehr. Dennoch fällt es schwer, entsprechende soziale Gebilde früher als im 12./13. Jh. zu *belegen*: Das ist die Zeit, in der die Tempelritter das gesamte hermetische Wissen und Ritual aus dem Orient nach Westen brachten, den Templer-Orden aufbauend, und als Vorbild dienend für weitere Organisationen wie z.B. die *Weißen von Florenz* mit *Dante Alighieri* in ihrer Mitte.

Es ist verständlich, daß, weil das hermetische Wissen auch die Baukunst umfaßt, und weil im frühen Mittelalter der Austausch zwischen Eingeweihten aller Art weltweit sehr intensiv war, auf diese Weise das Einweihungswissen bis in die kirchlichen Bauhütten gelangte. Die Verbindung der *Freimaurerei mit dem Rosenkreuz* ist also tatsächlich das älteste Geschwisterpaar in der geistigen Evolution der Menschheit.

2. DAS ROSENKREUZERTUM NACH 1600

Die ersten wirklich historischen Spuren des Rosenkreuzertums, dokumentiert, wenn auch nicht offiziell anerkannt (wer es erkennen kann, erkennt es), findet man wie gesagt bei *Dante Alighieri* – und in den alten Ritterorden, von der *Tafelrunde* bis zu den *Tempelrittern Occitaniens*, deren Erbe teilweise in die Freimaurerei einging, wie bereits weiter oben skizziert. Als erste klassische FFRC (*Fratres Rosæ Crucis – Brüder vom Rosenkreuz*) sind allbekannt die Mitglieder des sog. ‹Tübinger-Kreises› um *Johann Valentin Andreæ* am Beginn des 17. Jh. – Frick (welcher uns als ein Repräsentant der anerkannten Historie gilt) nennt außer *Giordano Bruno* besonders *Campanella* und den Italiener *Antonius Mizaldus, John Dee, Agrippa v. Nettesheim* und *Heinrich Khunrath*. Im vorliegenden Buch wurde bereits hingewiesen aufs Rosenkreuzertum des *Paracelsus*, des Paracelsisten *Luther* und einiger lutheranischer Pastoren Sachsens. Zu dieser Frage wurde in den letzten Jahrzehnten Manches Hervorragende publiziert durch *Carlos Gilly*, im Verlag *In de Pelikaan*, Amsterdam. Ähnliches trifft für das Mittelalter und die Renaissance zu. Insbesondere im Rahmen der Symbolsprache der operativen Alchemie und der berühmtesten Werke der Adepten des Steins der Weisen findet man klare Anspielungen und deutliche Hinweise ans Rosenkreuz – jedoch noch dichter mit dem *Schleier der unaussprechlichen Mysterien* verhüllt, als in neuerer Zeit. Besonders deutliche Beispiele dafür sind das *Amphitheatrum Sapientiæ Æternæ* des Heinrich Khunrath, der *Chymicus Vannus* – anonym veröffentlicht, aber dem Henricus Madatanus (H. Mynsicht) zugeschrieben, die *Monas Hieroglyphica* von John Dee, und Dante's *Divina Commedia*.

2.1 PARACELSISTEN UND LUTHERANER.

Weniger intensiv wurde die *innere* Vorbereitung dieser Bewegung bearbeitet, die einwandfrei mit dem großen *Philippus Aureolus Theophrastus Bombastus Paracelsus von Hohenheim* beginnt:

Dieser klassische, dem Humanismus des 16. Jh. entstiegene Universalgelehrte zeichnete sich aus durch Erneuerungen in der Medizin und in der angewandten Astrologie, war einer der seltenen Adepten des Steins der Weisen, ein Anti-akademiker und Antiklerikaler, eigenwillig und unabhängig, scharfsinnig und scharfzüngig, ein Kämpfer und unbändiger Forscher auf klassisch hermetischer Grundlage, überaus fruchtbarer Autor und Diktierer eines unerschöpflichen literarischen Werks über alle Themen zur umfassenden Geisteswissenschaft – über *Gott, Kosmos und Mensch*, über Formung, Umformung und Neuformung aller Dinge (das sind die Elemente der Wissenschaft und Philosophie von der ‹*Transfiguration*›).

Autonom, unsozial, nur von Wenigen gelitten, getreu seiner Devise, welche die kämpferische Abbildung von Paracelsus mit dem großen Schwert dominiert: *Nemini sit qui suus esse potest – Niemandem sei hörig, wer sich selbst gehören kann!*

ORDEN, LOGEN UND DAS ROSENKREUZ

Einer der berühmtesten ‹Schüler› des Paracelsus war zweifellos Martin Luther: Auch er ein rauher, scharfzüngiger Kämpfer für den wahren geistigen Fortschritt: den Fortschritt des wahren Lebens in der Welt, manifestiert in menschlicher Evolution wahrer Geistigkeit und Geistlichkeit. Auch er ein Kämpfer für Selbständigkeit und Unabhängigkeit der Menschen: *«Jeder soll nach seiner Façon selig werden!»* – und sein Wappen trägt ein Rosenkreuz – ja, sogar die knappste Darstellung der Grundlage für den gelebten Weg der Transfiguration: die *Rose des Herzens*, in die das *Kreuz* eingepflanzt ist.

Der für die gegenwärtige Betrachtung maßgeblichste Schüler von Luther, der in Luthers Vorlesungen geschulte Theologe *Valentin Weigel* (1533-1588) wird zu Recht der *Erste Theosoph der Neuzeit* genannt. Sein entscheidendes Buch ist das *Gebetsbüchlein* (Erstdruck 1612, Neuausgabe Edition Oriflamme, Basel, 2006). – Dies insofern, als es deutlich den Übergang zeigt von der gewöhnlichen kirchlichen *Religiosität nach Vorschrift* zur eigenständigen, *bewußten Religiosität* in selbständigem *«Erfahren, Fühlen und Schmecken»* dessen, was die wahre Nachfolge Christi sei. Weigel stand in Verbindung mit Personen aus dem Tübinger Kreis – insbesondere mit Carl Widemann, der eine Abschrift des Gebetsbüchleins anfertigte – und mit Johannes Arndt.

Neben den Rosenkreuzern auf der Basis der Theologie sind jene zu erwähnen, die vorallem ‹Naturkündiger› waren, wie Robert Fludd und die operativen Alchemisten. Ausgiebige Forschungen, Studien, Publikationen, Ausstellungen und Vorträge für diese wichtige, Aufsehen erregende Ausgangs-Bewegung zur definitiven Neubelebung der hermetischen Tradition vom Rosenkreuz verdankt die Welt der Bibliotheca Philosophica Hermetica in Amsterdam mit ihrem Gründer und Inspirator, J. R. Ritman.

So wurde aus einer sagenhaften, teils belächelten, teils in ihrer Existenz bezweifelten Gemeinschaft geheimer Rosenkreuzer vor den Augen der Neuzeit eine wahre Bruderschaft – zu *der* Bruderschaft, der alle neuen und aktuellen Orden wahrer Spiritualität ihre Legitimation verdanken: ob Hochgrad-Kapitel und Rittergrade der Freimaurer, ob sonstige Orden, die explizit oder/und essentiell das Rosenkreuz in ihre Grundlagen einfließen ließen.

2.2 DIE KLASSISCHEN ROSENKREUZER (FFRC)

Sehr ausführlich behandelt die Literatur der letzten Jahrzehnte die genau vor 400 Jahren ausgelöste Rosenkreuzer-Bewegung, deren markantesten Dokumente die drei berühmten Rosenkreuzer-Manifeste darstellen: Die *Fama Fraternitatis* (1614), die *Confessio Fraternitatis* (1615) und die *Chymische Hochzeit Christiani Rosencreutz MCCCCLIX* (1617).

Auf diesen «Vater Bruder Christian Rosencreutz» bezieht sich diese Bruderschaft als auf ihren ‹Stifter›, der im 14. Jahrhundert gelebt habe. Diese Bruderschaft trat nicht öffentlich in Erscheinung; über ihre organisatorische Form – falls es eine solche je gab – kann nichts Genaues gesagt werden. Sicher ist, daß aus dem *Paracelsismus* die lutherische *Reformation* – und aus dieser erste *theosophische Kreise* und die drei *RC-Manifeste* hervorgingen. Diese RC-Bewegung und ihre wenigen *reinen* (d.h. nie mit anderen Bewegungen *vermischten*) Nachfolge-Organisationen beriefen sich, und berufen sich noch heute, – außer auf den genannten mythischen Gründervater – auf die christlich-gnostisch hermetische Tradition und auf ähnliche geistige Strömungen. Die meisten übrigen Orden, Logen, Organisationen etc. wurden wesentlich durchs Rosenkreuzertum der FFRC beeinflußt oder sogar spezifisch geprägt, selbst wo sie mit magischem Brauchtum (Tarot, Spiritismus etc.) vermischt sind. – Darüber mehr in den späteren Kapiteln.

2.3 DIE DEUTSCHEN GOLD UND ROSENKREUTZER (G&RC)

In den deutschen *Gold- und Rosenkreuzern (G&RC)* des 18. Jh. zeigte sich eine allmählich Form gewinnende Körperschaft; – und sie ist das erste Beispiel einer solchen gegenseitigen Beeinflussung und Prägung. Dazu trug die Dynamik der Aufstrebenden Freimaurerei bei. – Warum war das so?

Vorallem ist zu erwähnen, daß die *RC-Manifeste* – explizit die *Fama Fraternitatis* – eine *Welt-Reformation* ankündigten – eine *neue Weltordnung* also. Dieser ungenaue Begriff sollte bald einen anderen als den ursprünglich gemeinten Sinn erhalten – nämlich in der Gründung (1775) des erklärten *Rosenkreuzer-Gegners* Adam *Weishaupt* und in den daraus folgenden politischen Machtstrukturen der späteren Jahrhunderte. Als zweites Ziel nannte der Orden

Orden. Logen und das Rosenkreuz

der FFRC des 17. Jh. die *Verminderung des menschlichen Elends durch Hinführung der Menschen zur wahren Philosophie, «wie sie Adam nach seinem Fall erhalten und Mose und Salomo geübt haben».* Dieselben beiden Ansprüche erhoben – seit ihrem ersten öffentlichen Erscheinen im 18. Jh. – die G&RC und die Freimaurer-Logen – und in späterer Zeit manche weitere Orden (Neo-Druiden, Neu-Templer sowie Wahrheits- und Licht-Sucher jeder Couleur). Alle diese hatten – gemäß ihren offiziellen Zielsetzungen am Beginn der *Deutschen Aufklärung* – soziale Erneuerung (Demokratisierung der Fürstentümer), Vervollkommnung des Menschlichen Geistes, und dadurch Verbesserung der Welt im Auge. – Die FM erheben heute noch denselben Anspruch.

Der wesentliche Unterschied ist der, daß die G&RC, soweit dies neben ihrer Logentätigkeit überhaupt feststellbar ist (denn sie nahmen bald die FM-Form an und mischten sich unter die Logen der Freimaurerei), besonders oft *operative Alchemisten* waren, also im Stoff laborierende Sucher nach dem *Stein der Weisen*. Dadurch kamen sie allerdings bald in den Ruf, allerhand Wundertaten, Wundermedizinen, Lebensverlängerungs-Mittel und dergleichen herzustellen bzw. betrügerisch anzubieten – sowie bei obskuren geheimen Versammlungen in abgelegenen Kapellen oder Höhlen allerhand magischen Riten nachzugehen. In Anbetracht jener Zeit, wo Inquisition und Hexenprozesse vorallem in Deutschland und Spanien noch in voller Blüte standen – aber ebenso im aufklärerischen Frankreich unter dem Eindruck eines *Voltaire* - ist es kein Wunder, daß solche Gerüchte und Phantasien gedeihen konnten – ob absichtsvoll gestreut oder aus gewöhnlichem Aberglauben verbreitet. Andererseits wurde (und wird sogar noch heute), was ebenso logisch ist, die damalige Existenz wirklicher RC-Brüder von extremen ‹Aufklärern› ganz in Abrede gestellt. Indes: auch wenn Dies oder Jenes auf *einzelne* FFRC nachweislich zutrifft, so waren es doch sehr Wenige; und die echten FFRC haben stets betont, daß sie nicht nach metallischem Gold suchten – sondern nach dem Gold philosophisch geistiger Erkenntnis.

Alchemistisches und spagyrisches Laborieren war hingegen sehr beliebt bei «Neugierigen der Natur» wie an Fürsten- und Königshöfen, wo die junge Naturwissenschaft gepflegt wurde. Jedenfalls waren die wenigen *Adepten des Steins*, die es wirklich gab, sicher nicht die *Repräsentanten* der G&RC, sondern eher ihre *Lehrer*. Noch heute aber bezeichnen die Rosenkreuzer ihre innere Arbeit im mystischen Sinne als einen *alchymischen Prozeß*, den sie mit Termini aus der operativen Alchemie beschreiben – so wie die FM noch heute ihre Logen als einen *Bauplatz* betrachten, wo am *Rohen* bzw. am *Kubischen Stein* gearbeitet wird. Umgekehrt ist heute anerkannt, daß schon *Paracelsus* und *Luther* – und auch Wissenschafter wie *Giordano Bruno*, *Newton*, *Bacon* und manche weitere *Fratres Rosæ Crucis (FFRC)* aufgrund ihrer Schriften und Lebensläufe als *Alchemisten* identifiziert werden können.

Was die echten und fiktiven ‹Erben› der *laborierenden Alchemisten* – der *Philosophen durchs Feuer* – betrifft, kann man mit Fug das Goethe-Zitat anführen: «Wo viel Licht ist, da ist auch starker Schatten». Als entsprechend extremer Skeptiker zeigt sich Georg Schuster in seinem Buch *Geheime Gesellschaften, Verbindungen und Orden*. Diese vollkommen ‹aufklärerische›, also jedem Mysterium und *eigentlicher Selbsteinweihung* (insbesondere der Alchemie) volkommen abgeneigte, wissenschafts-gläubige Haltung ist typisch für die vorletzte Jahrhundert-Wende und die Autoren der damals jungen Wissenschafts-Geschichte: Während Jahrzehnten wurde alles, was nicht ‹rational› erklärbar war, als Aberglaube und Pseudowissenschaft abqualifiziert. Folgerichtig verneint Schuster auch die Existenz der RC-Bewegung als ganze. Richtig ist, daß die Ungewißheit, ob eine Person oder Gruppe legitimiert sei, als ‹Rosenkreuzer› aufzutreten, sowohl manche Betrüger begünstigte, als auch manchen echten Alchemisten und FRC schützte.

Hinsichtlich der G&RC des 18. Jahrhunderts ist wenig bekannt, wodurch man deren ‹Gründung›, Form, Lehre und Praxis festlegen könnte; – es sei denn die äußerst zahlreiche, farbige Literatur zu Themen aus der operativen Alchemie: Es war wesentlich weniger gefährlich, als Verrückter oder Scharlatan zu gelten, denn als mystisch-transfiguristischer Philosoph oder Theosoph aufzutreten. Sicher ist, daß manche FFRC in der Form von Logen arbeiteten; daß Manche davon ernsthafte (und erfolgreiche) operative Alchemisten waren, daß die RC-Bewegung einerseits lächerlich gemacht, andererseits abergläubisch verehrt wurde – und, drittens, im Laufe der Zeit immer wieder als Legitimations-Basis für zahlreiche Logen-Grade und Kapitel der Hochgrad-Freimaurerei und selbständige Orden herangezogen wurde: Die daraus entstandene Wirrnis war mit ein Grund, das vorliegende Buch zu verfassen.

Allerdings lassen sich die heute überaus zahlreichen Gruppierungen unmöglich vollständig und gerecht würdigen, die den Namen *Christian Rosencreutz* ehren und die Bezeichnung *Rosenkreuzer* (bzw. *Freimaurer*) annahmen: Keine dieser Bezeichnungen ist ja geschützt, Echtes und Unechtes sind für Außenstehende kaum zu unterscheiden, Trug schwer zu vermeiden.

ORDEN. LOGEN UND DAS ROSENKREUZ

Nach Jahrhunderten, in denen jede esoterische Strömung als Ketzerei verfolgt und unterdrückt oder ausgerottet wurde, sodaß ein Sucher (falls er oder sie überhaupt überlebten) für ihre Queste kein Heim finden konnten, ist die Lage heute gerade umgekehrt: Die Vielzahl, ja, Unzahl der Möglichkeiten macht die Wahl schwer für den, der nicht bereits innerlich gewählt hat. – Groß sind Verwirrung und Verflechtung; übergroß die Informationsflut – bei ‹guten› – sog. *bonafiden* – und bei ‹unguten› Orden gleichermaßen. Der ernsthafte Sucher steht – vom ersten Schritt an – selber als einzige urteilende Instanz da. Er soll sich nur durch nichts verführen lassen, sich nur dort und so weit binden, wie er sich sicher weiß. So kann er oder sie – Schritt vor Schritt – dem wahren Weg folgen, sich ihm immer mehr verbinden – bis hin zur vollkommenen Selbstübergabe und der daraus folgenden gesetzmäßigen Verwandlung. *Ein* Kriterium nur kann ihm dabei immer wieder helfen:

Was *sagt* diese oder jene Vereinigung … und was *tut* sie? – Was sagen ihre Bilder und Symbole aus?  – Sind ihre Mitglieder in jeder Phase der Zugehörigkeit frei, autonom und selbstverantwortlich – oder werden sie durch hohe Versprechungen, durch Ordenskleider, goldene Broschen, blitzende Degen und dergleichen gelockt, durch feurige Drohungen eingeengt, durch Sanktionen gezwungen, irgendwelche Gebote zu befolgen?

«An ihren Früchten sollt ihr sie erkennen!»

3. DIE FREIMAUREREI NACH 1600

Die heutige Freimaurerei ist – wie das heutige Rosenkreuzertum – eine neuzeitlich westliche Form esoterischer Einweihung – eine heutige Form, um Zugang zu den uralten *gnostischen Mysterien* zu erhalten. Diese ‹moderne› Form – oder besser: diese Vielfalt moderner Formen, die dazu dienen sollen – geht zurück auf die antiken Mysterien mit ihren Einweihungs-Schulen und Mysterienspielen.

Die ‹Erhebung› in einen ersten oder höheren Grad geschieht darum ganz in der Art, wie dies bereits fürs Alte Ägypten überliefert wird: Ein vorbestimmter ‹Mystagoge› führt den Neophyten bzw. Kandidaten *physisch* durch einen symbolischen oder allegorischen Ritus, in der Freimaurerei meist inspiriert durch einer Szene aus Bibel und Einweihungs-Mythologie, und diesen nachgebildet.

Profanierte Abbilder dieser Vorgänge lassen sich leicht erkennen in den ‹Einweihungs›-Ritualen diverser Handwerker-Gilden mit ‹Lehrlings-Taufe›, Gesellenstück und Meisterprüfung sowie in den alten Studenten-Korporationen (‹Taufe›, Fuxenritt etc.), wo bis zu identische Symbole auftreten. Die ‹Erhebungs›-Rituale der FM enthalten überdies Riten, die den *geistigen Wiedergeburtsprozeß* anhand einer *physischen ‹Reise›* inszenieren – oder anhand einer dem AT bzw. den Evangelien entnommenen Handlung oder Begebenheit, die dann mit weiteren symbolischen Objekten, Sprüchen, Handlungen und Personen ausgeschmückt wird.

Man darf diese ‹Spiele› nicht belächeln, entsprechen sie doch dem menschlichen Grundbedürfnis zur Symbolik, zur Mystik und zur Magie am Rande des täglichen Lebens oder Lebenskampfs. Auch geben sie den dazu vorbereiteten und positiv darauf eingestellten Kandidaten die Möglichkeit, tiefe seelische, geistige und sogar körperliche Erfahrungen zu machen, die das gewöhnliche menschliche Bewußtsein weit übersteigen, ja, schlicht *übergehen*. So kann ein neues geistiges Bewußtsein aus dem Innersten – ‹aus dem Herzen› heraus entstehen, wozu ansonsten kaum Jemand Zutritt zu finden vermag. Ebensowenig darf man alle derartigen Rituale kritiklos gutheißen, weil Rituale der ‹schwarzen› Magie jenen der reinen gnostischen Einweihung fast bis zur Unkenntlichkeit ähnlich sehen können. Solche Verirrungen sind auch für die Geschichte der FM- und RC-Orden überliefert: OTO und *Golden Dawn* (siehe unten) sind deutliche Beispiele dafür; – die *Sexualmagie* ist nur einer der extremeren Auswüchse.

Diesen Tatsachen liegt teilweise auch die im Volk verbreitete Verschrienheit gnostischer oder überhaupt esoterischer Gruppen als ‹Sekten› und ‹Schwarzmagier› zugrunde. Dazu kommt die jahrhundertelange Verfolgung esoterischer Vereinigungen durch die Kirche Roms. Im 18. Jh. verbot der Vatikan die Freimaurerei unter Androhung der Exkommunikation. Dennoch hat ‹*Die Kirche*› stets in Logen und Orden ihre Abgesandten plaziert, benutzt sie in ihren eigenen Magie dieselben Symbole, Farben, Riten. Mancher Kardinal ist heute wie früher Freimaurer; der Papst selbst schmückt sich mit FM-Symbolik – bis hin zur Sarg-Verzierung.

Indessen: Heutzutage ist es doch leichter, zwischen ‹bonafiden› und bedenklichen Orden und Logen zu unterscheiden, vorausgesetzt, man scheut nicht die Mühe, sich aufgrund der zugänglichen Fakten selber ein klares Bild zu machen. Grundsätzlich darf man sagen: Je exklusiver und geheimnisvoller der Verein, desto verdächtiger; – je mehr Auszeichnungen, Roben und Ordensbroschen getragen werden, desto wahrscheinlicher die (vielleicht selbst vielen der eigenen Mitgliedern unbewußte) Täuschung. –

Grundsätzlich aber sollte man *a priori* all diesen Gruppierungen mit nüchterner Offenheit und Respekt – und unter der Annahme guten Glaubens – *bonæ fidei* – entgegentreten.

3.1. DIE ‹BLAUE› ODER JOHANNIS-FREIMAUREREI

Grundsätzlich versteht man unter dem Ausdruck *Freimaurerei* die

‹gewöhnliche›, d.h. ‹blaue› oder *‹Johannis-Freimaurerei›* – die sog. *Alte Freie und Angenommene Maurerei* oder *Symbolische Maurerei* mit ihren drei Graden: *Lehrling, Geselle, Meister.* Diese Maurerei beruhte ursprünglich ganz auf dem eigentlichen Bau-Handwerk. Große Sakralbauten – oder besondere Profanbauten und Monumente spirituell eingeweihter (hochgestellter und daher vermögender) Personen wurden nach hermetischen Grundsätzen erbaut und weithin sichtbar mit einer Symbolik versehen, die schon seit Jahrtausenden durch Eingeweihte gehütet, gepflegt und weitergetragen wird. Das ist auch der Grund, weshalb die FM ihren Ursprung gerne auf älteste Zeiten (auf ‹Adam›) zurück verlegen.

‹BLAUE› ODER JOHANNIS-FREIMAUREREI

Obgleich historisch unhaltbar, ist dieser Anspruch dennoch für die FM-Traditionen, -Riten und -Symbole (ebenso wie im Falle der RC) ganz selbstverständlich: Das ‹Heimweh› nach dem *Paradies* (Sorglosigkeit, Geborgenheit, Liebe und Friede samt der *Wiedervereinigung mit Gott*) ist wohl die älteste und tiefste menschliche Sehnsucht überhaupt. Symbolik und Ritualistik drücken die Erfüllung dieser Wünsche als Ergebnis ernsthafter Selbsteinweihung aus. Sie folgen in allen Fällen uralten hermetischen Grundsätzen, die in jeder Epoche, in jeder Kultur und Zivilisation, in jeder geistigen Überlieferung wiederzufinden sind. Alle diese sind einander im Grunde ähnlich: Das liegt in der Natur der Sache.

Nun kann hier jedoch nicht der ‹genaue› Ursprung der Johannis-Freimaurerei nach deren historischen und unhistorischen Quellen erläutert werden, noch, weshalb im 17. und besonders seit dem 18. Jh. gehobene Bürger, Adlige und der Klerus in solche Logen eintraten, was schließlich zur Erfindung und Einführung der sog. *Hochgrade* führte, ja, führen mußte: Gleichheit und Brüderlichkeit herrschten in keiner Zeit *zwischen* den Klassen – immer nur *innerhalb gleicher* Klassen: hier Adel – dort Volk; – Hier die Eroberer – dort die Autochthonen. Die *institutionelle Elite* (Adel, Klerus, Akademie) – «konnte nicht» der *spirituellen Elite* – den Bruderschaften der Brr. FM und der FFRC also – freie Hand lassen. Das ist es, was den freiheitlichen Gilden-Charakter der Freimaurerei in großen Teilen – doch mit Ausnahmen – sich wandeln ließ: einerseits zu einer gut-menschlichen Vereinigung von Mitgliedern aller Berufe, andererseits zu einem Beziehungs-Flechtwerk besonders der gehobenen Gesellschaft und einflußreicher Personen, bis hinauf in die allerhöchsten politischen, militärischen und wirtschaftlichen Positionen – samt den heutigen König(inn)en und Staatspräsident(inn)en.

Johannes gilt als Patron der FM: Bei den ‹Schottischen FM› war es zuerst der *Täufer* (Johannis-Tag am 24. Juni), dann der *Evangelist* (Namenstag: 24. November). – In England gilt durchwegs die Sommer-Sonnwende (22. Juni). Hier liegt der wirkliche Ursprung der *Heiligen Geometrie* – mithin auch des *Geheimwissens der Bauleute*; rituell von Alters her ausgedrückt durch die Krönung eines *Sonnenkönigs*. – Mozarts *Sarastro* ist gewiß solch ein Sonnenkönig.

ORDEN, LOGEN UND DAS ROSENKREUZ

Warum die ursprüngliche Maurerei – ebenso wie der einstige Orden der Tempelritter – Johannes zu ihrem Patron machte, ist unklar. Es liegt aber nahe, anzunehmen, daß die Verehrung dieses Namens aus der sehr alten Tradition des «aus dem Meer gestiegenen» Priester Johannes oder Oannes stammt: diese hat ihre Wurzeln in Sumer bzw. im Alten Indien, bis wo vielleicht auch jene des ‹Fischerkönigs› der Graals-Legenden zurück geht. – Titel und Attribute der Päpste («Fischer») unterstreichen die uralte sakrale Bedeutung des Namens Oanes/Johannes ebenso, wie die bischöflichen Tiaren in ihrer Form eines *Fisch-Kopfs*. – Das Jesus-Wort von den Menschenfischern sowie Jesu Vorliebe für Auftritte am oder auf dem Wasser (See Genezareth) wecken dieselbe Assoziation.

Mit anderen Worten: Die ‹Heiligen›-Figur des *Johannes* kam mit größter Wahrscheinlichkeit über die Tempelritter aus dem Orient nach Westen: Das Paar *Johannes und Magdalena* steht so manchen Kirchen und Kathedralen des 12. und 13. Jh. vor, die dann z.b. einen Johannes-Turm und einen Magdalenen-Turm haben. Ein typisches Beispiel ist die Kirche *St. Jean et Madeleine* in Murviel in Occitanien (zwischen Montpellier und Gignac), die überdies in unmittelbarer Nachbarschaft zu einem großen Gebäude mit einem prächtigen Rosenkreuz über dem Portal steht; – ein anderes Beispiel ist das berühmte *Rennes-le-Château*. Auch der berühmte *Baphomet* geht auf das Ritual der *Taufe* (*Baphè Metos*) zurück. Mehr noch würde sich zweifellos aus einem vertieften Studium des originalen mittelalterlichen Volks- und FM-Brauchtums um den Namen Johannes ergeben.

3.2. ANERKANNT, AKZEPTIERT, ODER IRREGULÄR?

Für Verwirrung – selbst unter sehr bestandenen Maurern – sorgen die Ausdrücke zur teilweise recht eigenwilligen Klassierung freimaurerischer und ähnlicher Orden in genehme, weniger genehme und ungenehme Gruppen. Da gibt es ‹reguläre› und ‹irreguläre› Logen; Hochgrade, Neben-Grade, Angegliederte Logen, angegliederte Körperschaften, verwandte Orden, ‹legendäre› Gruppierungen und mehr. – Ein Vorsteher der *Grand Lodge of Ancient Free and Accepted Masons of Virginia*, ein gewisser *John Schrœder*, schrieb in einem entsprechenden Monatsblatt neulich (Juni 2013; übersetzt und etwas gekürzt):

«Während des Mittelalters wurden auch moralische Straßenschauspiele von Handwerks-Gilden zu Neben-Graden (Side Degrees) der frühen Freimaurer. So gibt es eine sehr lange und reichhaltige (ungeschriebene) Geschichte quer durch Europa – verdunkelt durch Zeit, mündliche Überlieferung und menschliche Rangeleien – für viele Grade (Riten) von der Freimaurerei angegliederten Körperschaften ... Manche Grade ‹angegliederter Körperschaften› beinhalten noch Konzepte und Symbole von heute erloschenen und legendären Organisationen ... – Einige FM-Grade mögen sogar von kirchlichen Orden herkommen – so z.b. der *Order of the Secret Monitor* vom vermutlich jesuitischen *Order of David and Jonathan and Jesus Christ.*

«Die erste Hochgrad-Ergänzung zur grundlegenden Handwerker-Freimaurerei (*Craft Masonry*) war der Meister-Grad mit seiner Hiram-Legende, der zum bisherigen Zwei-Grade-System der existierenden Handwerks-Logen um 1717-1725 hinzugefügt wurde und damals als Neuerung betrachtet wurde.

«Die *Hiram-Legende* selber überdeckt nachweislich eine frühere *Noachitische Legende,* die das Erscheinen von Künsten, Wissenschaften und Techniken als direkte Geschenke von Göttern an die frühzeitlichen Menschen – bzw. *an Noah vor der Sinthflut* – erklärte. Gemäß jener Legende versuchten drei Söhne von Noah – *Sem, Cham* und *Japhet* – dieses innere (esoterische) Wissen nach dem Tod von Noah aus dessen Grab zu holen. – Der *Grand Council of Allied Masonic Degrees* der USA hat unter sich etwa 14 verschiedene Grade; die Großloge – *Grand Lodge of Rites* – hat eine fast unzählbare Menge von Ritualen unter ihrer Obhut ... Die Noachitische Legende überlebte in der Maurerei angegliederten Körperschaften – so im *Royal Arch Mariner Degree* in Schottland – und in angegliederten Maurer-Graden von England und USA sowie im *Grad des Noachiten oder Preußischen Ritters des AASR.*»

3.3. DIE LIBERALISIERUNG DES LOGENWESENS IN EUROPA.

Liberalisierungen auf allen Ebenen und in allen Sektoren sind ein Muß, will man sich geistig aufs Niveau des begonnenen Wassermann-Zeitalters erheben: Verknöcherte Strukturen müssen erkannt und verjüngt werden – aber ohne die Tragfähigkeit des Baues zu gefährden und aus Bewegung Chaos entstehen zu lassen. Dazu braucht es einen neuen Begriff von Verantwortlichkeit und Treue –

ORDEN. LOGEN UND DAS ROSENKREUZ

und es braucht Mut zur Autonomie. Wie dies in der Organisation eines Ordens zu geschehen hat, darüber steht Außenstehenden kein Urteil zu. Indes: Bewegung ist Leben! –
Aufgrund der traditionellen Ausschlüsse bzw. der Nichtanerkennung ‹irregulärer› Logen durch die GLAE sowie aufgrund der zunehmenden Liberalisierung in der Gesellschaft (vorallem Salonfähigkeit von nicht-christlichen Religionen, Atheismus und Agnostizismus) entstand in den Logen Europas zunehmend das Bedürfnis nach einer Alternative. Dieser Drang äußerte sich durch einen internationalen Konvent blauer Logengemeinschaften aus zehn europäischen Ländern Europas am 22. Januar 1961 in Straßburg mit der daraus resultierenden Verlautbarung, *Aufruf von Straßburg* genannt. Deren Zweck ist vorallem eine Liberalisierung in Glaubenssachen, dazu eine Öffnung zunächst unter den Logen, und dann, im Sinne menschlichen Kontakts, auch unter den FM-Brüdern/ Schwestern selber. – Der Wortlaut ist (auszugsweise) dieser:

«Angesichts der Tatsachen, 1° daß es dringend notwendig ist, zwischen allen Freimaurern die Bruderkette wiederherzustellen, die durch bedauerliche Ausschlußbestimmungen gebrochen wurde ... ; – 2° daß es zu diesem Zweck wichtig ist, unter Berücksichtigung aller Bräuche, aller Riten, aller Symbole, aller Glaubensformen und bei unbedingter Anerkennung der Gewissensfreiheit die Bedingungen gemeinsam zu suchen, welche für die Freimaurerei ausschlaggebend sind, in der Meinung, daß die Anrufung des Allmächtigen Baumeisters aller Welten bei der Arbeit, oder die Forderung, eines der Drei Lichter *solle das Heilige Buch einer offenbarten Religion sein, dem Urteil jeder Loge und jeder Obœdienz überlassen werden solle, beschließen (wir), untereinander brüderliche Beziehungen anzuknüpfen und jedem Freimaurer, der in einer Gerechten und Vollkommenen Loge das Licht erhielt, ohne Gegenseitigkeitszwang die Tore unserer Tempel zu öffnen, sofern es die maurerische Besonderheit der Loge ermöglicht (männlich, weiblich oder gemischt arbeitend). (Wir) rufen alle Freimaurer dazu auf, sich dieser Bruderkette anzuschließen, die sich auf völlige Gewissensfreiheit und eine vollkommene gegenseitige Duldsamkeit gründet. – Dies in der Absicht, die brüderlichen Beziehungen, die (wir) untereinander pflegen, auf alle Freimaurer und auf alle Freimaurer-Logen auszudehnen.*

Die Signataroboödienzen des Appells von Straßburg sind der Ansicht, daß das Prinzip der Universalität in der Freimaurerei es nicht zuläßt, daß gewisse Dogmen und Wahrheiten in autoritärer

‹BLAUE› ODER JOHANNIS-FREIMAUREREI

Art und Weise erzwungen werden ... – Indem sie danach handelt, ist die Union von Straßburg davon überzeugt, die Anderson'schen Prinzipien in der modernen Welt zu verteidigen und in die Tat umzusetzen.

So entstand das *«Centre de Liaison et d'Information des Puissances maçonniques Signataires de l'Appel de Strasbourg»* (Verbindungs- und Informationszentrum der Freimaurerischen Signatarobödienzen der Straßburger Deklaration), C.L.I.P.S.A.S. genannt.

Diese Erneuerung scheint nach 1950 von schweizerischen Logen ausgegangen zu sein, die sich der stillschweigenden Unterordnung der SGL *Alpina* unter die GLAE widersetzten und unter dem Patent des *Grand Orient de France* 1955 in Lausanne eine *Liberale Loge* gründeten. Gleichzeitig (1956) gründeten Logen in Holland, Österreich und der Schweiz in Genf eine *Europäische Großloge*, und am 24. Juni 1959 entstand ein schweizerischer Liberaler Logenbund – der *Großorient der Schweiz* – mit zwei Logen in Lausanne und einer in Zürich. Der *Aufruf von Straßburg* war die logische Folge dieses Ablaufs.

Das Resultat heute: Der *Großorient der Schweiz* besteht aus 20 Logen; seine Statuten wurden 2006 verabschiedet. Es gehören ihm ausschließlich ‹blaue› Logen (‹Symbolische Freimaurerei›) an, und zugelassen werden *«alle Riten, welche der Definition einer gerechten und vollkommenen Loge gemäß dem Straßburger Appel genügen»*. – Die Frage des Außenstehenden bleibt: *Wer darf sich selber gerecht und vollkommen nennen? – Wer Andere verurteilen?*

Hingegen sind einige Bemerkungen zur Bedeutung der hier zentralen *Symbolik der Drei Lichter* am Platz:

Der ‹Weg des Lichts› führt den Freimaurer wie bei den alten Handwerksbünden durch die drei klassischen Grade: Lehrling, Geselle und Meister. Das ‹Licht der Erkenntnis› ist schließlich des Maurers Lohn – wie in anderen Orden auch. Der Lichtsymbolik entspricht die Anlage des Tempelbaus in seiner Orientierung in der West-Ost-Achse. Alle klassischen Kirchen und Tempel in der Welt sind ausgerichtet nach Sonnenaufgang – sei es nach Nordosten oder Südosten (Sommer- bzw. Winter-Solstiz), sei es nach Osten (Frühlings- bzw. Herbst-Aequinoctium). Die drei ‹großen Lichter› im FM-Tempel: Bibel, Winkelmaß und Zirkel, liegen auf dem Altare auf. – Die drei ‹kleinen Lichter› brennen auf den drei Säulen der

Weisheit, der *Stärke* und der *Schönheit.* – «Die *Bibel* als Symbol verpflichtet den Freimaurer zu keinem *Glauben* an den *Inhalt,* sondern einzig zu ehrlichem und selbständigem Forschen nach der *Wahrheit.* – *Weisheit* soll die Quelle freimaurerischer Ideen und Pläne sein, *Stärke* führt sie aus, und die *Schönheit* steht für *Harmonie in der Vollkommenheit.*» – Goethe, selbst ein HG-Freimaurer, prägte das Wort: *«Sobald es Licht wird im Menschen, ist außer ihm keine Nacht mehr. Sobald es stille wird in ihm, legt sich auch der Sturm im Weltall».*

Obige Diskussion um die Gegenwart der für die jeweiligen Maurer Heiligen Schrift ist symptomatisch für eine innerliche Frage der Menschen unserer Zeit: *«Will man den Glauben an eine höchste Macht heute noch zulassen – wie immer sie auch genannt werde?»* Diese Frage ist der natürliche Auswuchs der generellen Kirchenmüdigkeit in der christlichen Welt: Die christliche Kirche als Institution hat versagt; man sucht, «es ihr heimzuzahlen». – Das ist sehr menschlich; doch heißt es, das Kind mit dem Bade auszuschütten: Kein Mensch ist fähig, ohne den Glauben an *irgend eine* höhere Macht zu leben. Allzu schmerzlich wird man sich immer wieder der eigenen Unzulänglichkeit bewußt; – allzu unerklärlich sind die *ersten Ursachen* hinter allem Geschehen.

Andererseits sind *alle* sehr weit gelangten Wissenschafter – ob des Geistes oder der Materie – früher oder später – sei es zur Frage nach der Seele gelangt, sei es *direkt* zur eigentlichen Religiosität. Skepsis, die nicht *selbst auch* hinterfragt wird, ist kein Zeichen von Intelligenz, sondern eher der Beweis des Gegenteils! Und was wäre eine Maurerei, die nur in eigener Selbstgerechtigkeit nach Sittlichkeit und Tugend strebte? – Sie bliebe damit doch unweigerlich in der unentrinnbaren Dualität aller Dinge dieser Welt stecken!

So scheint denn die in gewissen Logen-Lokalen übliche Praxis weit intelligenter – und weitaus toleranter und brüderlicher – das Große Licht des *Buchs auf dem Altar* je nach Bekenntnis Derer, die einen Logendienst abhalten, als Bibel, als Pentateuch oder als Kuran aufzulegen und dementsprechend an passender Stelle offen mit Zirkel und Winkel zu decken. – Ein ‹Heiligtum›, worin die ihm zugehörigen Wahrzeichen für die Grundsätze fehlen, wofür er steht, ist letztlich nichts Anderes als eine Ruine – wie z.B. der Parthenon-Tempel im modernen Athen.

Ein Mensch, der an nichts glaubt, hat sich *ganz verloren;* – aber ein Mensch, der nicht weiß, *woran und warum* er glaubt, der hat sich auch *noch nicht gefunden!*

ORDEN. LOGEN UND DAS ROSENKREUZ

4. DIE SCHOTTISCHE HOCHGRAD-MAUREREI

Die Geschichte der Hochgrad-Freimaurer (HG-FM) läßt sich nicht auf summarische Weise abkürzen: Tatsächlich ist sie so komplex, daß selbst deren Vertreter den vollen Überblick nicht haben. Das kommt allerdings auch daher, daß die unterschiedlichen HG-Systeme noch heute einander gegenseitig wo nicht bekämpfen, so doch als ‹unecht›, nicht ‹gerecht›, kurz: ‹irregulär› betrachten. Das verächtliche Urteil *«Winkelloge!»* trifft besonders Systeme am Rand dieser Szene, wenn sie dem jeweiligen ‹anerkannten›, ‹gerechten› System nicht angehören – und dies z.T. gegenseitig!

Der Beginn dieser Ausgrenzungen liegt in der Tradition der Großloge von England (GLAE), die sich, aus – abgesehen von einigen klaren Kriterien – für Außenstehende nicht erkennbarem Recht, zur *selbst-ernannten höchsten Instanz* für die Beurteilung dessen aufschwang, wer oder was «rechte» oder «gerechte» Maurer und Maurerei seien, was nicht; – und dies, obschon *Toleranz* als eines der höchst gepriesenen Ideale der Freimaurerei gilt. – Der Vergleich mit den ‹Kirchenvätern› *aller Religionen* drängt sich auf.

Der berühmte *Discours Ramsay* dürfte wesentlich den Mythos der ‹Schottischen Maurerei› begründet haben, die ihren Ursprung keineswegs in Schottland hat, sondern in Frankreich – dank den im 18. Jh. nach Frankreich ausgewanderten Stuarts und Stuardisten, die den Ursprung der HG-Maurerei in das Land versetzten, dessen Repräsentanten sie selber waren. – Umgekehrt sei – so Frick (II/II, S. 58) – das Clermont'sche System (7°) und der alte Perfektions-Ritus (18°) durch Franzosen nach England bzw. USA gebracht worden. «Erst dann und dort entwickelte sich in den Siebziger-Jahren des 18. Jh. der ‹schottische› Ritus von *Heredom-Kilwinning* (RHK)». – Dem widerspricht Frick selber wieder an anderem Ort.

Ursprungsland der ‹blauen› *Johannis-Maurerei und* der ‹roten› und ‹grünen› ‹*Schotten*›-*Maurerei* (siehe unten) sind also weder Schottland noch England: Unter dem Einfluß der *Illuminés d'Avignon* (siehe später), der *Élus Coëns* (siehe später) und sicher auch dank dem Gedankengut der deutschen *Gold und Rosenkreuzer* (G&RC) des 17. und 18. Jh. entstand die ‹Schottenmaurerei› der Hochgrade wirklich im Süden und Westen Frankreichs. Der Ausdruck ‹schottisch› könnte – abgesehen von den erwähnten schottischen ‹Einwanderern› nach Frankreich im 18. Jh. – auch vom griechischen σκότος – *skotos, dunkel, geheim* kommen. Im Gegensatz zu den *deutschen* und *englischen* Maurern gab es *gerade in Schottland* im 18. Jh. *keine flächendeckende Bruderschaft*.

4.1. DER RITUS VON HEREDOM-KILWINNING (RHK)

Aus Sicht des heute durch die *Großloge ganz Englands* (GLAE) anerkannten *Rektifizierte Schottische Ritus* (RSR; – ‹grüne› Maurerei) ist der RHK-Ritus offenbar ein Unding, eine Phantasie – eine ‹Winkelloge› eben, die keiner Beachtung würdig sei. Darüber steht dem Außenstehenden natürlich kein Urteil zu.

Indessen finden wir gerade in diesem ‹irregulären› Ritus eine Wurzel des Gewimmels von ‹blauen› Alten Angenommenen und Freien Maurern (AAFM) und zumeist ‹schottisch› genannten (‹roten› und ‹grünen›) Hochgrad-Logen. Eine große Rolle spielt dabei der ständige Versuch, eine sehr hohe, d.h. möglichst alte Legitimation nachzuweisen, um die zwar historisch gar nicht schottischen Kapitel und Priorate dennoch historisierend *aus ‹regulärem schottischem Ursprung›* abzuleiten. Es ist also nützlich, dieses Hochgrad-Kapitel ‹ungerechter Maurer› – RHK – vorweg zu kommentieren, um gut zu unterscheiden zwischen den ‹blauen› Logen der eigentlichen Freimaurerei und den maurerischen Hochgradkapiteln. Es ist auch nötig, zu wissen, daß nur aktive ‹blaue› FM im Meistergrad (3.° einer regulären Loge) in eine HG-Loge oder ein HG-Kapitel aufgenommen werden. Jedes HG-Kapitel beginnt also – als solches – beim 4.° —

Die FM-Loge von Heredom Kilwinning betachtete sich als die älteste ‹blaue› Loge *Schottlands* – als eigentliche Mutter-Loge seit 1649. Weil sie aber keine Schriften vorlegen konnte, wonach sie seit ihrer ansonsten unbestritten früheren Gründung *ununterbrochen aktiv* gewesen sei, machte ihr die *Loge von Mary's Chapel in Edinburgh*, dokumentiert seit 1598, diesen Platz streitig.

Zum Vergleich: Als Beginn der *deutschen* Freimaurerei gilt ein *Dokument* der deutschen *Steinmetze vom Dom zu Magdeburg* (876); – bei den *englischen* FM ist es der Gründungs-*Mythos* von *York* (ab 926). Die eigentliche schottische Maurerei nennt als ersten den Bau von *Kilwinning* (ab 1140), nicht etwa *objektiv früher* errichtete Sakralbauten (Mitte 11. bis Anfang 12. Jh.). – Frick zitiert (a.a.O.) den bekannten *FM-Historiker Kloß* wie folgt:

«Heredom als Sitz der sog. Schottischen Maurerei ist eine noch viel spätere Erfindung. ... Die ... Äußerungen über das, was die

Maurer zu ... Zeiten, woran sich die wörtlich übereinstimmende Charta der Defence of Masonary von 1765 anschließt, in den Logen suchen sollten und wirklich zu finden berechtigt waren, stimmt allerdings nicht mit den sublimen theosophischen, mystischen, kabbalistischen und dergleichen Tendenzen überein, die man der (schottischen) Maurerei aufgepfropft hat und für Zweck und Wesen derselben ausgibt.»

Bei der ersten Installation eines Großmeisters (‹blauer› Logen in Schottland, 1736) verzichtete ‹Landesherr› *William Sinclair* von Roslyn offiziell, wurde aber bei der Konstitutions-Versammlung zum ersten GM gewählt, *«obgleich manche Logen anderen Brüdern ihre Stimme zu geben wünschten»*. – Offenkundige Wahl-Manipulation im Kreis der «Gerechten Maurer»?

Zugleich machen die schottischen FM geltend, König *James II Steward* habe 1741 einen «Gnadenbrief» für *William Sinclair* als GM auf Lebenszeit abgefaßt und habe diesen Titel auch für ihn in der Baronie Roslyn erblich gemacht. Dieser *«Gnadenbrief des Königs»* wurde in Sinclairs Verzichtschreiben {datiert von *vor der Konstitutions-Versammlung*} sogar bereits ausdrücklich erwähnt, also *bevor* es einen GM dort je gegeben hatte, und *bevor* dieser Brief überhaupt geschrieben sein konnte!

Indes ist dieser weithin zitierte und diskutierte Brief *überhaupt nicht* nachweisbar. FM-Historiker betrachten ihn übereinstimmend als fiktiv. Dies umso mehr, als er mit dem umstrittenen *Hochgrad*-Ritus von Kilwinning-Heredom (nicht zu verwechseln mit der ‹blauen› Mutterloge!) in Verbindung gebracht wird.

Jedenfalls willigte Kilwinning erst 1807 ein, auf ihre selbst genommenen Rechte zu verzichten, Konstitutionen für ‹blaue› Logen zu erteilen, und wurde dafür als *Mutter Kilwinning* an die erste Stelle der schottischen Logen gesetzt. 1812 und 1813 erscheinen im Logenverzeichnis aber Edinburgh als Mutterloge, Mary's Chapel als Nr.1 und Kilwinning als Nr.2, beide zu Edinburgh. – Der Streit wurde somit sozusagen auf administrativem Weg beigelegt.

Tatsächlich ist die *Hochgrad-Maurerei in Schottland* also erst um 1736 entstanden. *Nicht-Zünftige*, sog. Herren-Maurer (= *Gentlemen Masons*) traten ab 17. Jh. in FM-Logen ein. Die Freimaurerei unter den Sinclairs sei aber Ende 17./Anfang 18. Jh. «in einem desolaten Zustand gewesen» (Frick). Eine mystische Maurerei habe es überhaupt nicht gegeben, sondern eher nur *«die Geselligkeit unter Männern sowie gemeinsame Feiern, die Wohltätigkeit und den Geist der brüderlichen Hilfe* {sprich: *Protektion*} *unter einander ...»*. Dies

ORDEN, LOGEN UND DAS ROSENKREUZ

bestätigt das Vorliegen eines Briefs vom Jahr 1821 des schottischen Großmeisters (AF&AM) an den britischen Militärarzt Charles Morison (90.° RMM; siehe später) als Antwort auf dessen Antrag betreffend Anerkennung der ersten *Hochgrad*-Loge des Ritus von Memphis-Misraïm zu Lausanne durch die Großloge in Edinburgh (siehe weiter unten). Auch die ‹ägyptische› *Maurerei* nach dem Ritus von *Memphis-Misraïm* (RMM) wird von der Großloge Englands nicht anerkannt.

Nach einer Charter der *Grand Lodge of All England* (GLAE) von 1795 war in Manchester der *Hochgrad-Ritus von Heredom* als HRDMKDSH (Heredom-Kadosh) gestiftet, aber offenbar nicht anerkannt worden. Neben dessen 1.°-3.° und dem 4.° des (anerkannten) *Royal Arch* gab es dort als 5.° den *Knight Rosæ Crucis*, als 6.° den *Templar of St-John*, als 7.° die *Ritter von Osten und Westen* oder *Tempelpriester*, als 8.° den *Ritter Kadosh* und als 9.° den *Großinspektor* – also drei mit dem Rosenkreuz verbundene Grade.

Der Ausdruck *Heredom* – darin sind heutige Forscher einig – kommt vom hebräischen חרדם – *harodim*, was soviel wie *die Aufseher* bedeutet und zu *Prince Heredom* (also *Fürst der Aufseher*) wurde. Nach dem späten Latein gelesen, könnte man *Heredom* auch als *heredum kadosh* lesen – dann wären das der Orden der *Erben der Heiligkeit* und der *Fürst der Erben ...*

Der Ausdruck *Kadosh* kommt eindeutig aus dem Hebräischen: כדוש – *heilig* . Es gibt noch Urkunden aus der Zeit, die dies bestätigen. Das zeigt, (ebenso wie der Meister-Ritus zum 3.° AF&AM), wie stark die FM-erei mit dem *Pentateuch* verknüpft ist.

Erwähnenswert ist in diesem Zusammenhang die Tatsache, daß die Großloge von Deutschland ab 1933 den 2. Weltkrieg *in Jerusalem* überlebte, die *Großloge von Hamburg* in *Palästina* und *Chilé*.

Endlich sei noch bemerkt, daß im Dezember 1786 das in *Rouen* neu gegründete Hochgradkapitel eines *Rite Hérédon de Kilwinning* (RHK) sich dem 1784 neu gegründeten *Grand Chapître Général* anschließen wollte; – und das kam so: Sein ‹blaues› Patent hatte es im August 1786 von der *Johannes-Großloge von Schottland* erhalten. Man errichtete nun eigenmächtig ein *Hochgrad-Kapitel* (da es in Schottland ja keine HG gab), unter Berufung auf das Johannis-Patent der Edinburgher *Johannis-Loge*. Gleichzeitig (Oktober 1786) erhielt die Pariser Loge *Le Choix* (Edinburgh) ein Patent – ebenfalls für die 3 symbolischen Grade – und errichtete ihrerseits ein HG-Kapitel – diesmal unter Berufung auf das Patent der ‹blauen› Loge *Le Choix* (Paris). So bestanden nun 2 HG-

Kapitel des aufgrund blauer Patente neu geschaffenen «*Alten* (!) *Ritus von Heredom und Kilwinning (ARHK)*» – und es begannen deren Kämpfe um Anerkennung mit dem französischen *Grand Orient* und dem *Grand Chapître Général* (Pool aller HG-Logen Frankreichs innerhalb des *Grand-Orient*).

Die Verhältnisse in Frankreichs Großlogen unterschiedlicher Benennung (mit ihren Rangeleien, Vereinigungen, Trennungen etc.) sind allzu komplex, um sie hier zu erörtern. Der RHK – so umstritten er ist, lieferte dennoch in der Folge den Ankerpunkt für so manche andere Legitimations-Mythen, besonders in Frankreich und den USA. Weder dieser *ganz neue* ‹ARHK› noch der ‹rote› *Alte Angenommene Schottische Ritus – Rite Écossais Ancien et Accepté* (AASR/REAA) können indes einen ‹echten› Gültigkeits-Anspruch im Sinne der englischen Großloge nachweisen:

Bègue Clavel, Sohn des Provinzial-Großmeisters von Rouen, *Louis Clavel*, schreibt in seiner *Geschichte der Freimaurerei*:

«*Der ‹Königliche Orden von Heredom zu Kilwinning› ist ein Rosenkreuzer-Grad mit Einweihung in einem fiktiven Turm, daher der Name «Rosenkreuzer des Turms – Rose-Croix de la Tour. Großmeister sind von Rechts wegen die Könige von England; – ihre Stelle wird von einem Gouverneur versehen. Der Vorsitzende heißt Athersata (d.h. Der das Jahr/die Zeit beschaut); seine beiden Aufseher (Wächter des Turms) heißen Weisheit, Stärke und Schönheit* {zwei Aufseher – drei Namen!?}. *– Bei der Aufnahme begeht man das Opfer des Messias, der sein Blut für die Erlösung der Menschheit hingibt; und der Neophyt wird bildlich ausgesandt, das Verlorene Wort zu suchen.*»

Man bedenke, daß dieser ‹Neophyt› bereits den 3.° der Alten Angenommenen Maurerei besitzen mußte. – Der *Turm* spielt sicherlich an die Erzählung der *Chymischen Hochzeit des Christian Rosencreutz* an.

Als zu Beginn des 19. Jh. die *während* der Französischen Revolution verbotene Freimaurerei wieder auflebte, stritten sich die diversen ‹schottischen› HG-Kapitel in Frankreich – also der ‹Alte Angenommene› (AASR) und der Rektifizierte (RSR) Schottische Ritus – darum, welches System die ältesten Rechte und Konstitutionen *direkt* von der ‹Großen Königlichen Loge des *Ordens von Heredom und Kilwinning*› überkommen habe. Überdies wurden die in Wirklichkeit erst viel später verbindlichen Konstitutionen des AASR nachträglich aufs Jahr 1786 vordatiert; das ist das Todesjahr

ORDEN. LOGEN UND DAS ROSENKREUZ

von Friedrich dem Großen (vgl. Hinweis auf S. 131). Ins selbe Jahr fällt die ‹verbindliche Version› des Mythos für den «königlichen» ARHK und seine Logen: Dieser beginnt mit der erwähnten *«Errichtung der ‹Großen Johannis-Loge› zu Edinburgh* {sc. der obgenannten ‹blauen› Großloge von Schottland} *durch W. Sinclair de Roslyn im Jahr 1736»*, wonach einige Mitglieder dieser Johannis-Loge in höhere Grade erhoben worden seien, die es bis dato allerdings noch gar nicht gab. – Die genannte «Königliche Großloge» des ARHK in Edinburgh äußerte – ebenfalls 1786 – in einem Brief an die französischen Kapitel (Frick II/II, 57):

«... Und wir erklären auch, daß kein von unserer Großloge angeblich 1720 oder 1721 ausgestelltes Patent, welches angeblich im Besitz gewisser Freimaurer in Frankreich sich befindet, irgendeine Autorität durch uns oder unsere Vorgänger besitzt, indem die Maurerei zu jener Zeit in unserem Königreich bis zum Jahr 1736 eingeschlummert war, zu welcher Zeit die Großloge St Johannis ins Leben trat – und unser königlicher Orden {obgenannter Kgl. Orden ARHK} *mehrere Jahre später».*

Auch der bekannte FM *Ramsay* in seiner berühmten Ansprache brachte die Freimaurerei fürs Jahr 1737 vorweg mit dem Ort Kilwinning in Verbindung, und zwar in dem Sinne: Niemals vor 1736 gab es ein schottisches HG-Kapitel von *Heredom und Kilwinning* – weder in Kilwinning selbst noch anderswo. Dessen erste Erwähnung geschieht bei den {weiter oben erwähnten} *spontan* erschienenen französischen HG-Logen. Die diesbezügliche Legende diente jedoch zur Nachfolge-Bestätigung für die Logen des AASR in Frankreich, obschon sie mit der ursprünglichen Maurerei in Schottland ebenso wenig zu tun hat, wie alle anderen Lehren und Riten der ‹schottischen› Maurerei. Die erstmals in Schottland erwähnten HG-Kapitel gehören dem *Royal Arch* an, nicht dem ‹schottischen Ritus›.

B. Clavel (a.a.O.) schreibt: *«Die einzigen erhaltenen Überreste des Ordens* {HRK in Schottland} *bestehen aus vier Foliobänden ..., deren ältester von 1750 stammt. ... in London (bestand) eine Große Provinzialloge, die in der Distel-und Kronen-Schenke ... ihre Sitzungen abhielt. Von dieser Loge sind die anderen Kapitel in London (gestiftet 1743) und im Haag ausgegangen.* {Der Distel-Orden ist identisch mit dem von St. Andrew; die Distel ist eine Allegorie zum Kurzen Weg der operativen Alchemie; vgl. Fulcanelli, *Wohnstätten der Adepten*, im Kapitel *Die Sonnenuhr beim Holyrood Palace*. Demgemäß wurde der *Andreas-* bzw. *Distel-Orden* 1504 durch James V. of Scotland gegründet, im Jahr 1587 suspendiert, aber 1687 neu gestiftet: Die *Distel* sei – so Fulcanelli – *«das Wappenstück der schottischen Könige, Andreas aber der Heilige jenes Ordens, dessen Jahrestag (der 30. November) mit dem des Heiligen selbst übereinstimmt ...»}. «Bald jedoch* – so Clavel – *schlummerte die Londoner Provinzialloge ein. Die Großloge von Edinburgh, welche deren Archiv erhielt, begann 1763 wieder zu arbeiten und ließ die Protokolle ihrer Zusammenkünfte in denselben Protokollband der Provinzialloge von London eintragen ... – In Schottland wollte der Orden nicht recht gedeihen ... Doch ward 1806 ein Großkapitel für Spanien eingerichtet. Von 06.12.1819 bis Anfang 1839 fiel die Großloge von Edinburgh in Schlaf ...».* –

Aber Ende des 18. Jh. wurde der Heredom-Ritus auch nach USA transportiert: Im Jahr 1806 wurde *in New York* durch mehrere HG-FM ein *Scottish Sovereign Chapter of RC de Heredom of Kilwinning* errichtet. Aus diesem RC-Kapitel entstand ein *Sublime Grand Consistory* 30.°, 31.° und 32.° in N.Y. City. Dieses stand indes in Rivalität zum *Cerneau Ritus* (AASR nach dem *Perfektions-Ritus* – siehe das Kapitel über die HG-Maurerei in den USA, weiter unten).

4.2. DER ALTE ANGENOMMENE SCHOTTISCHE RITUS (AASR)

Die tatsächliche Entstehung der gesamten HG-Maurerei – mithin auch des AASR – ist, wie erwähnt, schwer festzulegen: Die Quellen widersprechen einander und sind unauflösbar verworren wegen der gegenseitigen Durchdringung, wegen der vielen Spaltungen und Wiedervereinigungen unterschiedlichster Richtungen – selbst mit ‹Logen› einer nicht-freimaurerischen, manchmal zwar parallelen, manchmal gar widersprechenden Zielsetzung – und wegen der Großzahl involvierter Individuen und Körperschaften.

Dies gilt seit der Mitte des 18. Jahrhunderts. Der Grund dafür liegt in den zahllosen Machtkämpfen – sowohl zwischen ganzen Logen und Kapiteln wie auch zwischen einzelnen Führer-Persönlichkeiten. Überdies spielt noch der religiöse Aspekt in diesem Regenbogen mit: Rein christliche, rein jüdische, gemischte, okkultistische und gar *atheistische Riten* nebst rein männlichen, rein weiblichen und gemischten Logen bilden ein fast unentwirrbares Dickicht.

Der FM-Historiker *Kloß* nennt als *«erste schottische HG-Loge»* die Gründung *L'Harmonie* in Bordeaux am 24. Juni 1765. Bereits 1732 hätte aber in Bordeaux eine Loge *mit einem englischen Patent* zu wirken begonnen; das erste HG-System mit 20° sei von Logen mit 7° übernommen und auf 25° ausgebaut worden, woraus der sog. *Perfektions-Ritus* entstanden sei, der seinerseits die Basis für den späteren AASR (33°) bildete. Die heute noch wichtigste Figur für die Definition des AASR ist der Amerikaner *Albert Pike* – eine schillernde Persönlichkeit, die auch mit der Schattenseite der *Weishaupt'schen Illuminaten* – und mit dem heutigen *Skull & Bones* Orden bzw. mit der Anzettelung eines Dritten Weltkriegs – in Verbindung gebracht wird. Diese Thematik wird jedoch im vorliegenden Buch nur so kurz wie möglich gestreift (Kap. 6.4 bis 6.6).

Frick (a.a.O. II/II, 59 f.) gibt die Details dieser HG-Entwicklung, die hier nur angedeutet werden kann, auch für Marseille als *«eine von Schotten gestiftete Johannisloge ...»* mit zuerst 7°, dann 18°, deren 8.° der *Rosecroix* war. Im Perfektions-Ritus von Bordeaux gab es den 18.° des *Chevalier de la Rose-Croix.* Für den AASR nennt Frick (als Abschluß der damaligen ‹5. Klasse›) denselben 18.° den wichtigsten: den *Ritter vom Rosenkreuz* oder *Souveräner Prinz Rosenkreuz.* Auch dieses System von Klassen und Graden ist eine fast undurchdringbare Wirrnis; es wird hier nur der guten Ordnung wegen und möglichst knapp erklärt.

Frick schreibt dazu a.a.O. II/II, 125 f:

«Für diesen Grad (Prinz Rosenkreuz) sind zahlreiche inhaltlich verschiedene Formen des Rituals – je nach Hochgradsystem – überliefert. Der angelsächsische ‹Ritter vom Rosenkreuz – Knight of the Rosy Cross› ist voll und ganz in einer monistischen, ja christlichen Lehre fixiert, während das Ritual des AASR (soweit das von Pike entwickelte Ritual verwendet wird) mehr pantheistisch gnostisches Gedankengut verkörpert. In französischen Versionen ist teilweise mehr das magisch-mystische, z.T. rosenkreuzerisch alchymistische Element dominierend. Das gleiche gilt für die aus dem deutschsprachigen Raum stammenden Rituale. Alle verbindet jedoch die Symbolik des Kreuzes mit der Rose ... Das Ziel dieses 18.° ist es letztlich, das ‹Verlorene Wort› zu finden». – In den in der bei Frick gegebenen Literaturübersicht aufgezählten Werken finden sich Einzelheiten und teilweise Textauszüge aus den *Ritualen des ‹Ritters vom Rosenkreuz›*, wie folgt:

«*Der Kandidat* wird zunächst noch einmal auf die bereits durchschrittenen 17 Grade hingewiesen. Es folgt dann die für den 18.° vorgesehene Belehrung. In einem Abriß der Weltgeschichte werden die einzelnen Epochen erläutert. Neben der *«ältesten, jüdischen Epoche der Baumeister»* {in Wirklichkeit sehr jung, vergleicht man mit Indien, China, Sumer und Ägypten, die alle *um Jahrtausende älter* sind!} werden eine religiöse mit verschiedenen Kulturen und eine jüngste, wissenschaftliche Periode angenommen. Letztere ist Hauptgegenstand der Beschäftigung in diesem Grad (*Bacon* und *Newton* waren FFRC). Mit der ersten, *jüdisch-biblischen* (d.h. alttestsamentarischen) Periode befaßt man sich in den ersten 16° im Ritual. Sie wird durch die Symbole Jerusalems, Salomons, des Tempelbaues, durch Hiram, Zorobabel und Cyrus geprägt und durchwegs mit Figuren und Begriffen aus dem AT ‹möbliert›.

«*Der Lehrgegenstand des 17.° verbindet, als zweite, christliche Periode, den Orient mit dem Abendland: es ist die Zeit der ‹Ritter von Osten und Westen›. – Erst im 18.° eröffnet sich die geistige Welt der dritten Periode, in der wir uns noch befinden ...*

«*Die Räumlichkeiten*, in denen der Kandidat für den Grad eines *Ritters Rosenkreuz* sich dem Ritual unterzog, entsprachen ganz der hermetischen Tradition des *Christian Rosencreutz* in der ‹Chymischen Hochzeit›: *Der erste Raum* stellte den Vorhof zum Hauptgebäude dar. In einer Ecke befand sich ein abgesonderter Platz für den Kandidaten. – *Im zweiten Raum* befanden sich drei Tore oder Türen: Eine Tür führte in ein Turmzimmer, in dem ein Tisch und zwei Stühle standen; die zweite in einen Saal, während die dritte den Weg in die Unterwelt, in eine unterirdische Höhle eröffnete. – *Neben der dritten Tür* standen die Trümmer einer Säule, worauf die Namen *Kain, Achan* und *Omri* geschrieben waren. –

«*Das vierte Zimmer* stellte einen Säulengang dar. In diesem saalartigen Zimmer befand sich im Hintergrund der Thron des Vorsitzenden, davor ein Altar. In der Mitte ein Piedestal als Basis für eine Säule, deren Schaft und Kapitäl den Altar darstellten. *Über* dem Altar befand sich eine Abbildung der Loge, über dieser eine aus Ringen gebildete Himmelskugel, darüber wiederum ein Evangelienbuch mit dem aufgeschlagenen Johannes-Evangelium; – als Zierat: Winkelmaß, Senkblei, Wasserwaage und ein geöffneter Zirkel.

«*Das fünfte Zimmer* war mit schwarzem Stoff ausgekleidet und besaß eine zweite Tür. Das Mobiliar setzte sich aus einem Tisch und Stuhl zusammen und war für den Ersten Wächter bestimmt. Daneben stand ein Kronleuchter mit einem Transparent, auf dem die Zehn Gebote {!} aufgezeichnet waren. Im Hintergrund der Thron des Vorsitzenden, vor ihm, linker Hand, ein dritter Leuchter mit einem Transparent, worauf die Worte „*Glaube – Liebe – Hoffnung*" standen. Auf dem Altar befand sich ein dreiarmiger Leuchter, am Fuße des Altars ein schwarzes Kissen, auf dem Altar eine Bibel und ein Maßstab sowie weitere symbolische Gegenstände. Auch hier ... verweisen (wir) auf die einschlägige Literatur.»
(Ende des Zitats aus Frick a.a.O.)

4.3. REKTIFIZIERTER SCHOTTISCHE RITUS STRIKTER OBSERVANZ (RSR)

In der *Strikten Observanz* unterscheiden wir a priori vier Phasen:

1° Die Phase der ersten Bildung des Ordens (1751-1762) als ausgesprochen politische Organisation in einem *oppositionell gegen England* eingestellten Kreis um den *Reichsfreiherrn von Hund*. Dieser behauptete, in den Jahren 1742-1743 von einem Unbekannten Oberen der Templer-Freimaurerei namens *«Ritter von der Roten Feder»* in die HG eingeführt worden zu sein und das Mandat erhalten zu haben, für Deutschland eine 7. Provinz dieses Ordens als *Heermeister* zu übernehmen. Die ‹Unbekannten Oberen› wurden – wegen der Gegenwart der schottischen Jakobiten in Paris zur entsprechenden Zeit – mit dem *Haus Stuart* in Verbindung gebracht. Bertreffend die wirtschaftlichen und politischen Zielsetzungen (vorallem für entsprechende Operationen in Amerika) konsultiere man die Quellen.

1764 übernahm diese Gruppe von ca. 20 Personen die Loge des *Clermont'schen* Systems (siehe Abschnitt USA hiernach) und begann in den thüringischen Kleinfürstentümern zu expandieren. Sie rekrutierte sich aus Personen von Adelsfamilien und hohen Beamten. 1772 vereinigte sie sich mit dem *Neo-Templerischen «klerikalen» System des Freiherrn von Starck*. Herzog *Ferdinand von Braunschweig* übernahm als GM aller schottischen Logen die leitende Rolle. Die Mitgliederzahl lag damals um 1300.

1772 waren 26 Fürstentümer in der Strikten Observanz vereinigt; dazu kam das schwedische Königshaus mit *Gustav III* und seinem Bruder; doch dessen politischer Druck auf Dänemark wirkte kontraproduktiv: das ‹Schwedische System› trennte sich 1781 mit Hilfe des *Landgrafen von Hessen-Kassel* (vgl. das heutige Britische Königshaus) wieder von der Strikten Observanz ab.

2° Die Reformation am Kongreß in Lyon (November 1778): Das ist die *«Rektifizierung des RSR»* auf dem Nationalkonvent der französischen Templer, die dem Orden seinen späteren Namen gab. Sie stellte eine gründliche Abkehr von dem von Freiherrn von Hund aufgestellten System dar und setzte an dessen Stelle den Orden der *Chevaliers Bienfaisants de la Cité Sainte* (CBCS), der die nicht aufrecht zu erhaltende Herleitung von den alten Tempelrittern fallen ließ. Seine Aufgaben sah dieser in Wohlfahrtspflege und in der Vervollkommnung der Menschen durch das Christentum ursprünglicher Reinheit. Und er kehrte von 7° wieder zu 6° zurück, deren 6.° eben der *Wohltätige Ritter – der CBCS –* wurde.

3° Die Reformation am Wilhelmsbader Konvent (1782) sollte eine neue Ordnung und einen neuen Namen für den Orden ergeben, schlug aber fehl, und die Mehrzahl der Logen und Großlogen entsagten der Strikten Observanz. Diese Entwicklung war das Ende der *Strikten Observanz* im engeren Sinne. Zwar wurde hier die Ordnung der Lyoner *Rektifikation* gutgeheißen, doch kam es nur zu begrenzter Entwicklung in Italien, Frankreich und in der Schweiz (siehe jenen Abschnitt).

4° Das moderne RSR-System blieb für den ganzen französischen Raum vorallem in Genf, Zürich und Basel aktiv. Die Gründung der modernen Großloge des RSR fällt ins Jahr 1954.

Basel spielte während der Französischen Revolution eine frankophile Rolle: Es steht seit je ‹innerlich› der Stadt und dem Staat *Genf* nahe. Der AASR hingegen setzte sich in *Lausanne* fest. Mehr dazu und zu den entsprechenden unterschiedlichen Großlogen und Groß-Orienten in Genf und Lausanne folgt im Abschnitt über die Hochgrade in der Schweiz. Auf Varianten wie den *Rite Moderne* und den *Rite Français réformé* sowie deutsche (preußische) und englische Lehrarten wird hier nicht eingegangen: Sie sind weitgehend von religiösen und esoterischen Inhalten abgewendet und darum auch dem Rosenkreuzertum fremd. Grob vereinfacht dürfte man sagen: Der *Rektifizierte Schottische Ritus nach Lyon* war eine Synthese esoterischer Lehrart in Frankreich, die Lehrart der *Strikten Observanz* seit v. Hund deren deutsches Gegenstück. Nicht direkt kausal, aber doch zeitlich auf den Konvent von Wilhelmsbad folgend, kam es zur Vereinigung der beiden Lehrarten unter dem Verbund-Namen des RSR als *Rektifizierter Schottischer Ritus Strikter Observanz.* - Die mehrfach erwähnten CBCS sind jedoch – im freimaurerischen Rahmen gesehen – ein echt *rosenkreuzerisches Kapitel*.

4.4. Die ‹Schottischen› Hochgrade in den USA

Im Jahr 1806 wurde, wie erwähnt, in New York durch mehrere HG-FM ein *Scottish Sovereign Chapter of RC de Heredom of Kilwinning* errichtet. Aus diesem RC-Kapitel entstand ein *Sublime Grand Consistory* mit 30.°, 31.° und 32.° in N.Y. City. Dieses stand aber in Rivalität zu den dem *Cerneau Ritus* (AASR nach dem Perfektions-Ritus) angehörenden Logen. Cerneau hatte dieses Kapitel nach seiner Vertreibung aus Cuba (1804 oder 1805) in N.Y. gegründet unter der Bezeichnung *«Most Puissant Grand Consistory of supreme Chiefs of exalted Masonary, according to the Ancient Constitutional Scottish Rite of Heredom for the USA».* Immerhin

ORDEN. LOGEN UND DAS ROSENKREUZ

gilt der *Cerneau-Ritus* als erstes ‹reguläres› HG-System des SR in USA – und nicht der 1765 auf Santo Domingo von *Graf Grasse de Tilly* eingeführte *Charleston-Ritus*. Doch war es Tilly, der 1804 sowohl in Charleston einen *Obersten Rat* (für USA) als auch eine *Grande Loge Générale Écossaise de France du Rite Ancien et Accepté* (REAA/AASR), mit Hauptsitz in Paris – gründete, wobei Tilly sich *Groß-Repräsentant des Großmeisters* nannte. Solche Streitigkeiten, sozusagen über das *Erstgeburtsrecht* von Logen, haben die Freimaurerei seit Jahrhunderten viel Energie, Kredibilität und Goodwill gekostet: Anstatt anders orientierte Logen und Kapitel einfach zu tolerieren (oder zu ‹übersehen›) – oder unter einem gemeinsamen großen Ideal sich treffen zu lassen, wurden selbst geringe Unterschiede immer wieder zum Grund für Streit und Trennung sowie zum Spielplatz für persönliche Profilsucht.

1827 wurde der Zwist über den Obersten Rat (AASR) im *Grand Orient de France* so geschlichtet: Ein *Oberster Rat in Charleston* sei 1801 (!!) gegründet worden, und von diesem wiederum 1813 ein *Oberster Rat in New York.* – Das ganze Durcheinander vermag der von Frick (a.a.O: II/II, 102) gegebene Überblick etwas zu durchleuchten. Es gab nun *zwei Oberste Räte für den AASR/RHK* in den USA; die Rangeleien in USA waren dieselben wie in Europa bzw. in Frankreich (siehe Frick II/II, 103). –

1872 erschien in Charleston *Albert Pike's* Buch über den AASR sowie in New York seine bekannteste Schrift *Constitutions*. Sein berühmtes und oft zitiertes Buch *Morals and Dogma* erschien bereits 1871 in Charleston (alle in der Masonic Publishing Company). Pike wurde in der Folge (neben dem mythisierten FM-Prototypen der USA, Benjamin Franklin, der in seiner Politik doch sämtliche FM-Ideale ‹vergaß›) zu einem ebenso mythisierten Prototypen für alle amerikanischen HG-FM hoch-stilisiert, weit über den AASR hinaus, und einschließlich des ‹Ordens› von *Skull and Bones* (gegründet 1832 innerhalb der Yale University, unter dem ‹*Patriarchat*› der *Russell Trust Association*; – siehe http://tiny.cc/z2ly1w).

Die Rituale des AASR waren auch mit der *Suche nach dem Verlorenen Wort* verbunden. Dieses ‹Wort› wurde zurrest vorallem mit dem Tetragramma (יהוה) identifiziert, dann mit dem *Feuer* der Alchemisten, und endlich mit dem Ziel der *klassischen Rosenkreuzer*. – Das sind freilich vier ganz verschiedene Dinge!

SCHOTTISCHE HOCHGRAD-MAUREREI

Die offiziellen Verbindungen zwischen der HG-Maurerei in USA und jener in Frankreich wurden in der Folge eher nebensächlich. Zwar sieht man eine fast explosive Entwicklung der Hochgrad-Freimaurerei in Frankreich von 1730 bis 1775. Doch war im 18. Jh. die Verbreitung in den USA offenbar noch schneller und stärker; – vielleicht im Zuge des Konkurrenzkampfs zwischen französischen und britischen Körperschaften während der militärischen Invasion und industriellen Annexion der Indianer-Gebiete samt dem darauf folgenden Sezessionskrieg. Auch während dem Eintreffen der Siedlungswelle nach den USA am Ende des 18. Jh. (*Benjamin Franklin, Ethan Allen* & Co.!) scheint die *Zusammenarbeit* unter den Logen intensiver gewesen zu sein. Im 19. Jh. bewirkten die *machtpolitischen Wirren* vermehrte Trennungen (Zusammenschlüsse und Auflösungen von Bündnissen, Großlogen udgl.).

Kurioserweise scheint die Entwicklung der Hochgrad-Maurerei *weltweit* ab ca. 1750 mit jener der weltlichen *Herrscher-Verhältnisse* (siehe *Strikte Observanz* mit *Landgraf v. Hessen* als einer der Hauptfiguren!) und jener des *Banken-Trust der Rothschild-Familie* ganz parallel zu laufen (siehe dort), die über ihre Nebenlinien heute die ganze Welt dominiert. Anstatt der Weltherrschaft durch ein menschliches oder göttliches Ideal entstand die Weltherrschaft durch Geld.

4.5. DIE SCHOTTISCHEN HOCHGRADE IN DER SCHWEIZ:

Es ist sinnvoll, der FM-Entwicklung in der Schweiz ein eigenes kleines Kapitel zu widmen: Hier tickten auch im 18. Jh. (also schon *vor der Gründung der Schweizerischen Eidgenossenschaft*) die Uhren anders als im übrigen Europa. Besonders bedeutsam war das während der *Französischen Revolution*, wie man noch sehen wird.

1728 ist der Beginn der (blauen) Freimaurerei in Genf – Schlüsselstadt für die FM im gesamten französischsprachigen Raum, und dies dauerhaft fürs ganze europäische Festland. 1736 gründete ein «gebürtiger Schotte» mit Genfer Bürgerrecht, *George Hamilton*, die Loge *Le parfait Contentement*, deren Stuhlmeister er auch war. 1737 erhielt er von der Britischen Großloge ein Konstitutionspatent und wurde *Groß-Provinzialmeister der Genfer Logen*. –

1739 erschien in Genf der *«Freimaurer, Steinschneider und Medailleur Lorenz Natter (*..?-1763), der 1735 Florenz samt rosenkreuzerischen FM-Akten verließ»*. 1740 übergab er aber besagte Akten *einem RC-Kreis in Petersburg* (siehe dort) Er gilt als Mittelsmann *zur Russischen und Schwedischen Maurerei*.

ORDEN, LOGEN UND DAS ROSENKREUZ

Durch ihn soll das in Rußland *Rite Helvétique* genannte System auch nach Schweden gekommen sein, mit Bildung des *Grand Chapître Illuminé du Système Suédois*. Hier findet man eine Verbindung zur oben erwähnten Rolle des *Bruders von Gustav III von Schweden*.

Ebenfalls 1739 erfolgte die Gründung einer Loge *La parfaite Union des Étrangers* in Lausanne, die sich mit einigen anderen Logen zum *Directoire Helvétique National Romand* zusammenschloß. Im August 1744 und nochmals im März 1745 verbot der (calvinistische) Rat von Genf jegliche Freimaurerei. Die Maurerei lebte jedoch als Geheimbund weiter, und 1754 bildete sich eine neue, und zwar eine *Adoptions-Loge* aus *«Personen beiderlei Geschlechts und verschiedener Religionen»* unter dem Namen *La Parfaite Félicité*. Diese Gründung wird auch auf 1749 datiert – jedenfalls *nach* dem Verbot der gesamten Freimaurerei in Genf. Sie sei erfolgt durch 28 *«Söhne aus calvinistischen Familien»*, und zwar als *Grand Chapître de la Fraternité Illuminée de Genève*.

Es handelte sich (wie man aus dem Namen hören kann) um ein Hochgrad-Kapitel mit Herkunft von der *Loge Saint-Jean de Jérusalem* in Avignon. Gegründet 1737 durch *Charles-François de Calvière* (1693-1777), besaß es 7 Grade. Deren 6.° war der *Écossais*, der 7.° war der *Chevalier d'Orient*. Demnach bestanden – so Frick – in Südfrankreich Mitte des 18. Jh. Hochgrad-Logen *«welche die alchemistisch-kabbalistisch-theosophisch-rosenkreuzerische Tradition des 17. Jh. in die ursprünglichen aus der Werkmaurerei entstandenen Logen aufgenommen haben»*.

Bereits vor den *Illuminés d'Avignon* soll es jedoch in Genf und Avignon bereits Hochgrad-Logen nach dem *System von Clermont* gegeben haben. Daneben war das *RC-Gedankengut* des 17. Jh. – zumindest in der Literatur – nie ganz aus Süddeutschland, der Schweiz und Norditalien verschwunden gewesen.

Um 1772 saß in Lausanne ein *Directoire Écossais Helvétique Romand* (RÉR/RSR) unter Leitung des Großpriors *Bergier d'Illiens*.

In Basel hatten im Jahr 1768 der Ratsherr *Andreas Buxtorf* und der Bürgermeister und spätere Landammann *Peter Burckhardt* (1742-1817) unter dem Logennamen *Eques de Serpente Curvata* ihre Loge *Libertas* der Strikten Observanz zugeführt.

In Zürich führte 1772 der Arzt und Ratsherr *Diethelm Lavater* (1740-1826) – wohl ein Bruder des Theologen Hch. Kaspar L. (1741-1801) – die 1771 gegründete Loge *La Discrétion* ins HG-System (RSR) über, nun aber umbenannt in *Modestia cum Libertate*.

1776 fand – im Anschluß an den Convent der drei schottischen Direktorien strikter Observanz in Lyon – in Basel ein Convent des *Provinzialkapitels Basel* statt. Darauf konstituierten die Schweizer Maurer den *Grand Prieuré de Helvétie* als selbständiges *Straßburger Priorat* mit einem *Directoire Écossais Rectifié* (RSR), arbeitend nach den Richtlinien der *Chevaliers Bienfaisants de la Cité Sainte* (CBCS) und mit denselben Ritualen wie Straßburg.

1779 hatte Lavater das der V. Provinz Burgund unterstehende schweizerische Priorat inne. Die CBCS besaßen in Zürich ein *Schottisches Direktorat* für die Schweiz – neben dem *Directoire Écossais Helvétique Romand* des RSR/RÉR in Lausanne. Am 19. Oktober 1779 huldigten diese Kapitel dem Großmeister über beide Systeme zugleich (Strikte Observanz und CBCS, beide im RSR), nämlich dem *Herzog Ferdinand von Braunschweig* und dem Provinzial-Goßmeister der V. Provinz Burgund, in einem Unterwerfungs-Akt. Im selben Jahr wurde der Anschluß der Waadtländer Logen ans deutsch-schweizerische Priorat durch den Kanton Bern (Vorort der damaligen Eidgenossenschaft) *untersagt*; – ein Verbot, das Bern im Jahr 1782 wiederholte.

1780 schloß sich dieselbe Vereinigung an die 1778 auf dem Lyoner-Kongreß entstandenen Vereinigung der CBCS an. Zu Beginn des 19. Jh. nannte sie sich wieder *Rite Écossais Rectifié* (RÉR/RSR).

1782 folgte der *Konvent von Wilhelmsbad* – ein Durcheinander rivalisierender Lehrmeinungen, an dem die *Pariser Phialethen* als Beobachter teilnahmen.

Nach dem Fehlschlag des Willhelmsbader Convents begann für die Schweiz ein allgemeiner Niedergang der Maurerei – beschleunigt durch die *Französische Revolution*: Basel schloß 1785, Zürich 1786, Lausanne und das übrige Waadtland 1793. Auch Lavater legte sein Amt 1793 nieder, nahm es aber 1810 wieder auf. In Genf überlebte die Freimaurerei die Französische Revolution ganz.

Unter *Napoleon I* (1769/1804 bis 1814/1821) wurden mehrere Logen «wiedererweckt», mußten sich aber alle dem *Großorient von Frankreich* unterordnen. Am 29.07.1810 wurde *in Lausanne ein RC-Kapitel* (nach dem AASR) konstituiert. Dieses lud die Stuhlmeister der Waadtländer Logen und andere Maurer zu einem Konvent am 15.12.1810 ein, wo ein neuer *Grand Orient National Helvétique* (RSR) gegründet wurde, der seine Aktivität am 01.03.1811 aufnahm. Großmeister wurde ein Westschweizer – ein ehemaliger Minister und enger Freund des Polenkönigs Stanisław August II

Poniatowski: *P.M. Glaire*, später Mitglied des Direktoriums der *Helvetischen Republik*.

Die Fürsten und Prinzen von Preußen, Sachsen, Braunschweig und Brandenburg, von Baden-Württemberg, Schlesien und Hessen – und von Friedrich dem Großen bis Wilhelm II, Hindenburg und Kaiser Franz-Josef - waren alle HG-Freimaurer.

Der neue *Grand Orient National Helvétique* existierte bis 1821 (endgültiger Fall Napoleons). Die Meinungsverschiedenheiten innerhalb der Maurerei über die zeitgemäße (Um-)Gestaltung im Sinne der *Anpassung von Lehre und Ritual an die neue Zeit* spiegelten die allgemeine Turbulenz in Europa insbesondere unter den FM wieder. Sie konnte nicht harmonisiert werden; und der damalige *Großmeister Bergier* trat 1821 dem HG-System des *Memphis-Misraïm-Ritus* (MMR / RMM, siehe unten) bei; der *Grand Orient National Romand* löste sich auf.

4.6. SCHWEIZER HG-FM UND ‹BLAUE› FM TRENNEN SICH

Zu Beginn des 19. Jh. lebte – auch im Zusammenhang mit politisch aktiven FM-Logen und FM-ähnlichen Gesellschaften – die allgemeine Gegnerschaft der Freimaurerei wieder auf. – Manche ‹Kantone› verboten die Freimaurerei ganz; es entstanden echte FM-Geheimgesellschaften.

Ein weiteres Resultat der französischen Revolution war, daß viele Schweizer Maurer wieder zum angestammten ‹blauen› FM-System (1.°-3.°) und zur *Großloge von England* zurück wollten. Die Folge war die Trennung der Johannis-Maurerei von der HG-Maurerei. Aus der darum 1819 in Bern gegründeten Provinzial-Loge entstand – zusammen mit den waadtländischen Logen – 1822 die *Große Landesloge der Schweiz*.

1821 kam das neue HG-System des *Memphis-Misraïm-Ritus* (96°) aus Frankreich nach Genf (70°, bearbeitet; unter Bergier: 77°). Dasselbe geschah in Lausanne. Daneben gab es noch einen *«Schottischen Philosophischen Ritus»*. Dieser wurde in Lausanne eröffnet unter dem Namen *«Médiateurs de la Nature»*.

Wegen Machtfragen trennten sich RSR und MMR/RMM; beide unter demselben GM *Bergier* stehend. Das Ganze HG-System der Romandie zerfiel.

In Basel (eher zur französischen Schweiz zu rechnen) wurde ein neues Direktorium RSR / CBCS installiert unter dem GM *Felix Sarasin* (1771-1839); – ihm gehörten 9 Logen an. Sarasin war unter dem Großprior (RSR) und Großmeister (AFAM) *P. Burckhardt* dessen Stellvertreter gewesen. Sarasin wurde 1822 zum Großmeister des *Priorats Helvetien*, trat aber 1828 wegen des allgemeinen Rückganges der Freimaurerei zurück. Das war das vorübergehende Ende des RSR in Basel.

In Zürich wurde 1829 *J.J. von Escher* (1783-1856) von der Großloge *Union des Cœurs* in Genf zum neuen GM des RSR gewählt. Die von ihm angestrebten Neuerungen unterblieben wegen der Wirren von 1830. In der Folge kam der ganze RSR auch in Deutschland – außer an wenigen Orten – zum Erliegen. In der Schweiz gab es noch die Kapitel von Zürich und Genf sowie ‹blaue› Logen in Basel, Aarau, Winterthur, Zürich, Genf und Chur. Durch besondere Umstände erhielt das Genfer Kapitel das Recht, im ganzen französisch-sprachigen Raum Logen zu gründen. So wurde der RSR – selbst in Paris – von Genf aus aufrecht erhalten!

Die Einigungsbestrebungen für die ganze Schweiz hielten an, und 1843 wurden die neuen Statuten eines Logenbundes (aller Logen) für die Schweiz (ausgearbeitet durch die Loge von Le-Locle) vom Schottischen Direktorium und von der Landesloge angenommen, die sich beide zugunsten der neu gegründeten *Großloge Alpina* auflösten. Im Juni 1844 fand deshalb in Zürich ein großes Stiftungsfest mit 14 Logen statt. GM wurde der RSR-Theologe *J.-J. Hottinger*, Mitglied des Großen Rats und Professor für Geschichte an der

ORDEN. LOGEN UND DAS ROSENKREUZ

Universität Zürich. Die Rituale und Lehren waren eine Mischung aus RSR und englischem System der AFAM (klassische ‹blaue› Maurerei) mit nur 3°. Indes wurden auch andere Systeme anerkannt. Diese 3° «*galten aber nur als ‹Erkenntnis-Stufen›*» (Frick, II/II,18). 1842 war in Besançon wieder ein Kapitel der CBCS gegründet worden. Dieses schloß sich bereits 1845 mit den übrigen Logen in Besançon zusammen, und zwar unter dem französischen Ritus des «*Grand Collège des Rites*» innerhalb des *Grand Orient de France*. Die Genfer Loge *Union des Cœurs* blieb erneut als Waise zurück, schloß sich aber 1851 der *Alpina* an, mit dem Privileg, den gesamten RSR zu bearbeiten.

Als die bisher im RÉAA/AASR arbeitende Genfer Loge *Fidélité* sich der *Alpina* anschloß, bemühten sich die Logen des RSR wieder um Autonomie *innerhalb* der *Alpina* – ohne Erfolg. Als Folge existierten in der *Alpina* wieder zwei schottische Systeme (AASR und RSR) nebeneinander, was zu erneuten Wirren führte, mit Rücktritten und Neu- oder Rück-Ernennungen z.t. derselben Personen.

Um 1852 gab es in der Schweiz neben der *Großloge Alpina* erstens das *Directoire Helvétique Romand* mit seinen *HG-Kapiteln von RC-Graden* sowie die Loge *Amitié et Prudence* in Genf (in enger Verbindung zu Frankreich); – und zweitens das *Priorat für Helvetien des RSR* mit den Präfekturen Zürich und Genf.

1854 wechselte das HG-Kapitel der Loge *Fidélité* in Genf vom französischen RÉAA gespalten zum RÉR über. Das Direktorium des RSR in Zürich wollte die HG wieder aus der *Alpina* ausgliedern; – das mißlang. Es folgten lange Unstimmigkeiten innerhalb der HG-Maurerei der Schweiz – natürlich zu deren Nachteil.

1856 entstand, ebenso in Genf, wieder die Loge *Amis de la Vérité* nach dem MMR (erloschen 1821; siehe oben).

1857 beschloß das RSR-Direktorium eine Reform und neue Satzungen, mit dem Beding, das RSR-System dürfe erst mit dem 4.° (*Schottischer Meiser von St.Andrew*) beginnen. Die Eintretenden mußten bereits Meister des 3.° sein – *und Christen!*

1862 gab es neben der *Alpina* in Genf erstens eine Loge *Fraternité*, die dem *Grand Orient de France* unterstand; – zweitens die Loge *Les Amis de la Vérité* des MMR; – in Zürich und Genf je eine Loge des RSR; und in Lausanne ein *Rosenkreuzer-Kapitel*, das als *Grand Orient Helvétique Romand* nach dem AASR/RÉAA arbeitete und mit dem Grand Orient de France ein Freundschafts-Abkommen unterhielt. Der unabhängige Beobachter kann nicht umhin, sich immer wieder zu fragen, warum FM-Logen unter einander – insbesondere solche, die mit dem Begriff ‹amitié› operierten, noch besondere Freundschafts-Abkommen benötigten?

Zwischen 1870 und 1877 geschah ein erneuter Bruch, mit Abspaltungen von – und Wiedervereinigungen mit – der SGL *Alpina*: Das *Directoire Suprême Helvétique Romand* entzweite sich mit der *Alpina* und gründete neue Logen in Vevey, Lausanne, Payerne, Bex, Genf und Schaffhausen. Nach gütlicher Einigung wurden all diese 1877 dennoch der *Alpina* unterstellt, mit zwei Präfekturen in Genf und Zürich. Letztere schlief 1885 ein. Genf erhielt das Großpriorat, das als *Directoire en Helvétie du RÉR* (= RSR) die Tradition der CBCS mit 5° fortführte – deren letzter unterteilt in 3 ‹Sektionen›. Im Jahr 1935 wurde unter der Ägide dieses *Grand Prieuré d'Helvétie Indépendant* das *Grand Directoire des Gaules* gegründet, und als dessen Erbe, im Dezember 2012, in Lyon (aus Erinnerung an den Konvent in Lyon von 1778 und an den Wilhelmsbader Konvent (1782) das *Directoire National Rectifié de France* (D.N.R.F.), das sich «*ausrichtet nach dem, was Jean Baptiste Willermoz damals wollte*».

Das RSR-Großpriorat umfaßt heute sechs Präfekturen: Genf, Basel, Zürich, Neuenburg, die *Préfecture du Léman* mit Sitz in Lausanne und die Präfektur des Tessin. Zwischen der Schweizerischen *Großloge Alpina* und dem RSR besteht ein Vertrag, wodurch der Ritus sich verpflichtet, nur Brüder aufzunehmen, die der SGL *Alpina* als *einziger regulärer freimaurerischer Vereinigung* in der Schweiz angehören. Wer seine Mitgliedschaft zu einer *Alpina*-Loge verliert oder aufgibt, verliert folgerichtig auch seine Zugehörigkeit zum RSR. Das Wappen verweist auf die mythische Herkunft vom Orden der Tempelritter und vom Phönix-Orden.

Der RSR des *Grand Prieuré Helvétique Indépendant* betreut auch noch je ein Kapitel in Italien und Portugal sowie ein aktenkundiges, aber nicht nachweisbares *Rosenkreuzer-Kapitel La Concordia*.

Am 15. Sept. 2013 verkündete das *Directoire National Rectifié de France,* daß es das *Grand Directoire des Gaules* von 1935 wiedererweckt habe, *«damit die Durchführungen des RSR/RÉR gehandhabt und aufrecht erhalten würden in Übereinstimmung mit den Ordens-Regeln und mit den Beschlüssen seiner Gründungs-Konvente».* Die richtige Bezeichnung lautet demnach heute: *Directoire National Rectifié de France – Grand Directoire des Gaules.*

4.7. MASONISCHE SONDER-VEREINIGUNGEN

4.7.1. Die Philalethen

Die *Philalethen* sind als *esoterische Vereinigung* am Rande der Freimaurerei hervorgegangen aus den *Élus de Coën*, und diese aus den *Illuminés d'Avignon* (siehe oben). Der siebte von acht Graden im System der *Philalètes* seit ca. 1777 ist der *Ritter Rosenkreuz*. – Die *Philalètes* entsprachen einer Forschungs-Loge, genannt *Académie Occultiste*, verbanden sich aber bald mit den *Amis Réunis* – einer okkultistischen HG-Loge im *Grand Orient de France*. Die Philalethen hatten keine Riten, keine Zeremonien und keine Vorträge, leiteten aber alle ihre Forschungsergebnisse an die *Amis Réunis* weiter. – Heute gehören die *Philalètes* zum AASR, in der *Grande Loge de l'Association Maçonnique Française*.

4.7.2. DER FM-BUND ZUR AUFGEHENDEN SONNE (FZAS)

Der FzAS entstand im Zug der Freidenker-Bewegung (Haeckel) aus dem *Deutschen Monistenbund* (DMB). Er wurde 1906 als *Freidenkerloge* gegründet, 1907 in FzAS umbenannt und bildete 1923 eine Großloge mit 3000 Mitgliedern. Sie wurde (nach dem Verbot während des II. Weltkriegs) 1945 wiederbelebt und *Reformloge* genannt. Die Zielsetzung des FzAS war und ist noch heute eine humanistische, begründet auf freier monistischer Welt-Anschauung (Veredelung der menschlichen Gesellschaft, unter Betonung der Denk-, Glaubens- und Gewissensfreiheit).

Es handelt sich um eine den Johannis-Logen ähnliche Form mit typischen FM-Zielsetzungen, aber mit dem Unterschied, daß FM-Grundsätze, die vorallem auf der jüdisch-christlich biblischen Basis beruhen, nicht akzeptiert wurden – insbesondere Ablehnung der geöffneten Bibel auf dem Altar; statt dessen Auflegen eines ominösen «*Weißen Buchs*»; – dazu kommt der Zugang für alle Rassen und Bekenntnisse (nicht nur Juden und Christen). Aus solchen Gründen wurde der FZAS von den deutschen Großlogen (die als Grundlage das Konstitutionsbuch von James Anderson benutzen) die Anerkennung als ordentliche Loge verweigert.

Im Anschluß an den Zweiten Weltkrieg schlossen sich alle deutschen FM-Logen zu einer Vereinigten Großloge Deutschlands zusammen (VGLD). Der FzAS bewarb sich erneut um Anerkennung durch diese und erhielt sie unter Verzicht auf die oben genannten grundlegenden Unterschiede. Die Tatsache der ohnehin sehr unterschiedlichen Riten der verschiedenen Logen erleichterte dieses Vorgehen auch für den FzAS. Der letzte *Groß-Sekretär des FzAS* hinterließ einen eindrücklichen Bericht über die Geschichte dieses Bundes, der Art: *«Der FzAS. ist eine aus trüben Quellen entstandene Organisation, die in ihren Grundlagen den Bedingungen der regulären Freimaurerei in keiner Weise entsprochen hat ... Um so bedauerlicher ist es, daß dieser Bund sich in einer unheilbaren Eigenbrötelei immer wieder in Gegensatz zur regulären Freimaurerei gestellt hat, der auf die Dauer unhaltbar bleiben mußte. Der FzAS. ist ein Musterbeispiel für das Schicksal aller irregulären Freimaurerbünde, die an ihrem Geburtsfehler schließlich einmal zugrunde gehen müssen».*

Der heutige FZAS ist keine unabhängige Großloge mehr, sondern nur noch ein Element der Vereinigung ABACUS, die auf H.P.B. und Annie Besant zurückgeht.

4.7.3. TEMPLER-GRADE UND TEMPLER-MAUREREI

Wie Anfangs betont: Seit dem 18. Jahrhundert ist der wahre Ursprung von Templern, Freimaurern und Rosenkreuzern im Logenwesen schwer bis gar nicht zu definieren. Während alle rosenkreuzerischen Strömungen sich immerhin auf die zeitlich nicht allzuweit entfernten realen Dokumente des sog. ‹*Tübinger-Kreises*› und seiner RC-Manifeste ab 1614 berufen können, sind die Legitimations-Urkunden und Mythen für Templer und FM (insbesondere die der Hochgrade) umstritten bis klar antihistorisch. Einigermaßen klar ist, daß fast alle templerischen Strömungen sowie mehrere RC-Bewegungen des 18. Jh. sich den maurerischen Hochgraden anschlossen, oder aus ihnen hervorgingen. Sie sind also *alle* späten Ursprungs – d.h. Gründungen nach Beginn des 18. Jh. —

Die ‹*Tempelritter von St-Johannes von Jerusalem*› der *Großloge von York* führten ihre Tradition auf eine um 1725 oder schon 1693 in York entstandene Loge zurück, die 1761 – wie oben erwähnt – zur GLAE wurde. Die ‹*Tempelritter*› (Neutempler des 18. und 19. Jh.) standen zuerst abseits der FM. Sie wurden erst 1769 in USA bekannt, wo seit demselben Jahr ein *Schottisches Andreas-Kapitel mit RC-Charakter* bestand, dessen Grade durch die irische Militärloge des 29. Rgt nach Massachusetts gebracht worden sein sollen – sich also aus der GLAE ableiten würden. In den USA seien die Templergrade weitgehend aus den Ritualen der französischen

‹*Perfektionisten*› und dem *Deutschen Tempelherren-Orden* (RSR, Strikte Observanz) übernommen und weiterentwickelt worden. Die *Zusammenlegung der Templer mit den Freimaurern* in Deutschland zu Beginn der 50-er Jahre des 18. Jh. durch *Samuel Rosa* und *Karl Gotthelf v. Hund* wurde auch in Frankreich, später noch in Irland nachvollzogen. Beim Kongreß von Lyon (1778) – und definitiv beim Konvent in Wilhelmsbad (1782) – wurde diese Verknüpfung jedoch klar als *anti-historisch und höchstens symbolisch* definiert (CBCS als 6.° im RSR). Dennoch entwickelte sich daraus wiederum ein Netz von Logen, Graden, Riten und Großlogen mit allen möglichen romantischen Benennungen.

In Manchester gab es 1848 dazu die Grade: *Templer vom Roten Kreuz, Ritter von Malta, Ritter vom Rosenkreuz, Tempelritter, Ritter Kadosh* und *Großinspektor*; – in London ab 1844 ein *Großconclave der Tempelritter für Großbritannien*; – ab 1871 einen *Royal Grand Council of Ancient Rites [of Templars]* für Manchester und Bath, und ab 1873 eine Vereinigung aller dieser Körperschaften für ganz Britannien. Zum *Royal Grand Superintendent of Knights Templar* des ‹Großen Königlichen Rates› wurde der hiernach ausführlich erwähnte *John Yarker* gewählt.

4.7.4. DIE INTERNATIONALE TAFELRUNDE VON KÖNIG ARTUS
(«*Ordre International des Chevaliers et Dames de la Table Ronde de la Cour du Roi Arthur à Camelot*»).

Der Orden versteht sich als nicht-okkulte Bruderschaft zur «*Förderung menschlicher Brüderlichkeit im Dienst des Friedens, aufgrund von Studium und Praxis der Symbolik der Romane von der Tafelrunde ...*». – Bei genauerer Betrachtung handelt es sich um einen neu-templerischen Orden, der sich als *Erbe der Graals-Familie* betrachtet, mit dem Ideal, die *Davidische Blutlinie* der Nachkommen von *Jesus (Yehuda ben Yussuf)* zu behüten. Die Fahne des Ordens ist: Auf Azur ein silbernes *Kreuz*; in den vier Ecken je eine zur Mitte strebende silberne *Bourbonen-Lilie*; im Herzen eine *rote Rose* über zwei am Stiel überkreuzten *Efeu-Zweigen*, überhöht von einer roten

Rosenknospe am belaubten Zweig. Die Internet-Seite bringt außerdem einen *Stammbaum der Nachkommen Jesu* (Desposyni; siehe http://tiny.cc/hx9i5w).

Die Gründung fällt an den Beginn des 20. Jh. in *Tintagel* in Cornwall, in der sog. ‹Ritter-Halle›, dem Sitz des Ordens. Diese wurde gebaut durch Sir Thomas Glassock, damals GM des Ordens. Sie wird ebenso benutzt durch die dort ansässigen Maurer der Vereinigten GL von England (GLAE), denen diese Örtlichkeiten gehören.

1983 war der Orden «*Glied einer Vereinigung der großen humanitären und religiösen Gesellschaften*».

4.8. DAS YARKERSCHE SYSTEM UND DIE ROSENKREUZER-GRADE IN DEN LOGEN

Es ist sinnvoll diese beiden Themen ins selbe Kapitel zu nehmen: Erstens war Yarker in jedem nur denkbaren Orden aktiv – ähnlich wie Papus und Eliphas Levi; – zweitens ist das Yarkersche System von einer wirklich krausen Komplexität; – und drittens kommen hier zugleich die meisten rosenkreuzerischen Grade, Kapitel und Riten vor. – Wiederholungen von Bemerkungen und Informationen aus anderen Kapiteln sind jedenfalls unvermeidlich: Mögen sie dem Leser helfen, den Überblick über dieses breite Gewebe zu gewinnen, das historisch so interessant ist und hier so ‹handlich› wie nur möglich zusammengefaßt wird. Daß über die einzelnen Riten fast nichts gesagt werden kann, liegt in der Natur der Sache.

John Yarker

John Yarker (1833-1913) «*der sich sein Leben lang für alle möglichen und unmöglichen Hochgradsysteme und Geheimgesellschaften interessiert hat*» (Frick), wurde 1856 *Royal Arch Mason* (einziges von der Großloge von England anerkanntes HG-System). Im selben Jahr trat er in das «*Jerusalem Konklave der britischen Templermaurerei zu Manchester*» ein, 1871 in den AASR (Cerneau-Ritus) in New York. Er hielt Patente zur Gründung von Logen der *Ancient Accepted Primitive Masonary* und der *Disciples of Memphis* (RMM) und war 1871-1873 Superintendent der englischen *Templer-Maurerei*. Dann verschmolz er den *Misraïm-Ritus* mit mehreren anderen HG-Riten zum «*Souveränen Sanktuarium und Großorient der alten und primitiven Maurer des Schottischen, Memphis- und Misraïm-Ritus*» und nannte sich selber «*Most puissant Sovereign Grand Inspector General of the Ancient and Accepted Scottish Rite of Masonary for Great Britain and Ireland*». Beide Riten und deren Vollmachten wurden in USA zu einem begehrten *Handelsobjekt*. So wurde auch die Beförderung in einen höheren Grad vorwiegend eine Frage des Geldbeutels des betreffenden ‹Kandidaten›.

1879 lernte *Yarker* in den USA *H.P. Blavatsky* kennen. Sie machte ihn zum Ehrenmitglied (Honorary Fellow) ihrer *Thesophical Society*. Dafür machte Yarker *sie* – anläßlich ihrer Veröffentlichung von *Isis Unveiled* (1877) – zur ‹Gekrönten Prinzessin›. Das war der höchste Grad für Frauen des MMR. Das Buch *Isis Unveiled* soll übrigens zuerst *in RC-Kreisen* – vermutlich in der SRiA – verbreitet worden sein, aus denen auch die ersten Mitglieder der *englischen TS* hervor gingen.

W.O. Judge

In Frankreich gehörte Yarker dem Obersten Rat des von *Papus* gegründeten *Ordre Martiniste* an, wofür er Papus zum ‹Großmarschall› des von ihm (und später von *Westcott*) geleiteten *Swedenborg-Ritus* (hervorgegangen aus den analogen französischen ‹Illuminés Théosophes›) machte. Damals bestand *«ein sehr enger Kontakt zwischen den ‹irregulären› HG-FM und verschiedenen mystischen oder okkulten Geheimgesellschaften in und außerhalb Europas und in USA»* (Frick).

Auch war Yarker noch Mitglied der *Societas Rosicruciana in Anglia* (SRiA, siehe dort), welche die Tradition der alten G&RC weiter führte. Frick vermutet, daß er bereits 1860 in *die von E∴A∴ Waite gegründete RC-Gemeinschaft in Manchester* eingetreten sei, die dort schon vor dem Beginn der SRiA aktiv war.

Und endlich traf Yarker Anfangs 20.Jh. in Deutschland mit *Theodor Reuß* zusammen, der ab 1902 die von Yarker ‹wiedererweckten› oder neu zusammengestellten Hochgrad-Riten Deutschlands zu einem umfassenden System des *Orientalischen Templer-Ordens* (OTO – Yarkersches System; siehe später) ausbaute.

Hocherl., Hochw. Br. John Yarker.

Nach wiederholten Reformen bestand nun das System des ‹*Hochleuchtenden und Hochwürdigsten Bruders Yarker 33°, 90°, 96°, Souveräner General-Großmeister ad vitam des Alten und Primitiven Ritus der Maurerei (Ancient & Primitive Rite of Masonary), des Alten und Angenommenen Schottischen Ritus (Ancient*

DAS YARKER'SCHE SYSTEM UND DIE ROSENKREUZER-GRADE

and Accepted Scottish Rite 33°) und des Orientalischen-Ägyptischen Ritus von Misraïm in dem und für das Vereinigte Königreich von Großbritannien und Irland» aus 33° mit 7 Klassen und 95+1 Ritual- oder Verwaltungsgraden und mit einem Fächer von Namen, die von 4.° bis 33.° bzw. 4.° bis 95.° und vom trivialen ‹Obersten Rat› (65°-90°) bis zum pathetischsten Phantasiebegriff variierten (z.B.: 26.° Patriarch der heiligen Vedanten, 27.° Patriarch-Großinstallator der Isis, 30.° Patriarch Großmeister der Patriarchen). Klasse III bestand allein aus dem 13.° und 14.°, genannt ‹Schottisches Kapitel›. Im 15.-18.° der Klasse IV. trugen alle die Bezeichnung ‹*Chapître Rosecroix*›.

Yarker erstellte eine ‹Stammtafel› der von ihm ‹betreuten› Körperschaften: An dessen Spitze stehen die *«Culdeer Mönche* oder *Arcani discipuli»* {eine keltisch vorchristliche Bruderschaft}; zuunterst das Englische *Royal Arch* System nach seiner Revision von 1838 (Details Frick a.a.O., II/II, 208-209). In der ‹3. Stufe› (wir würden sagen: ‹Stammlinie›; – die Jahrzahlen sind Teil des Systems) erscheinen unter dem ‹Geistigen Tempel› (ca. 1740) die ‹*Rose-Croix von Heredom* oder *Ritter von Adler und Pelikan*› (Paris 1738-45) und darunter die *Rosy Cross* (England ca. 1770) neben den französischen *Rose-Croix* (1770). Die ‹1. Stufe› heißt *Architekten, Lehrer*; die ‹4. Stufe› *Templer-Zweig*, und die ‹2. Stufe› umfaßt ein Netzwerk aller englischen und schottischen Systeme der Johannis- und der HG-Maurerei.

Die Bezeichnung ‹*Ritter*›, ‹*Prinz*›, ‹*Souveräne Prinz*›, ‹*Knight and Prince*› *Rosecroix* oder *Rosy Cross* erscheint in mehreren Systemen, meist etwa in der Mitte und vor den eigentlichen Phantasie-Namen; – z.B. als 18.° AASR, als 3.° (der letzte) im HRDK; als 18.° der ‹*Kaiser im Osten und Westen*›; als 64.° im Rite Misraïm; als Klasse 7 bei den *Philalethen*; als 6.° im RSR (CBCS).

In dem 7° umfassenden, in Manchester um 1795 gegründeten Ritus von HRDMKDSH wurde u.a. als 5.° der ‹*Ritter Rosæ Crucis*› bearbeitet.

Außer der Ritter-Romantik findet sich hier als Ritual-Inhalt die Imitation von Tod und Auferstehung Christi. Ob und wie diese *christosophische Version*, die sich von den Martinisten herleiten soll, auf die Alten Rosenkreuzer des 17. Jh. zurückgehe, ist offenbar selbst unter FM-Historikern unklar, doch liefert Frick einen Nachweis dafür (a.a.O., II/II, S. 254):

G. Encausse. ca 1888

«Nach der Entstehungslegende soll das erste RC-Kapitel (‹Souverain Chapître Primatial et métropolitain des Rose-Croix Jacobites›, auch genannt ‹Schottisch-jakobitisches Chapître primordial des Rosecroix à Arras›) im Jahr 1745 in Arras durch den (schottisch-jakobitischen) Thronprätendenten Charles Edward Stuart gegründet worden sein. Der historische Nachweis einer derartigen Gründung wurde jedoch nie erbracht. In das um 1754 gestiftete Kapitel von Clermont wurde erst später der Rosenkreuzer-Grad eingearbeitet. Wahrscheinlich von hier aus übertrug er sich auf andere HG-Riten». – Wir ergänzen: Andererseits ist solch ein Ausgangspunkt für die RC-Maurerei schwer mit den in den RC-Manifesten des 17. Jh. publizierten Inhalten und Zielsetzungen vereinbar.

‹Papus›. ca 1902

Mit den *Symbolen von Rose und Kreuz* tauchten auch die alchemistisch-mystischen *Symbole von Pelikan und Adler* auf (beide in den drei heraldischen Hauptfarben *Schwarz-Weiß-Rot* plus *Gelb*) – und zwar ab den Sechziger-Jahren des 18. Jh. – Der letzte, 25.° im HG-System der *Maîtres Réguliers de Lyon* hieß *Chevalier de l'Aigle et du Pélican, Chevalier de Saint-André, ou Maçon de Hérédon*. Auch die beiden 33°-Système des AASR (Charleston Ritus und Cerneau-Ritus) besitzen ein RC-Kapitel (12.-18.°), nämlich die ‹*Ritter von Adler und Pelikan vom 18.°*›.

1876 schloß Yarker diese beiden letzteren Riten in England, und 1899 auch in Frankreich zusammen. Zugleich wurde *Dr. Gérard Encausse*, genannt *Papus* (Gründer und Oberhaupt vorallem der *Jüngeren Martinisten*) in diesen Ritus aufgenommen, was wiederum eine Annäherung dieser beiden Körperschaften zur Folge hatte. Um 1902 nennt *Papus* sich ‹*Président d'un groupe indépendant des études ésotériques, Président du Suprême Conseil de l'Ordre Martiniste, Délégué Général de l'Ordre Kabbalistique de la Rose-Croix*›.

Im napoleonischen Frankreich wurde 1805 in Paris eine Loge von ‹*Chevaliers de la Croix*› patentiert, die vorwiegend aus sublimen Adligen bestand und die Symbole verschiedener HG-Systeme kopierte. So auch *Adler, Pelikan* und *Rose-Croix*.
Ehrensekretär der seit 1883 in London aktiven TS war übrigens ab 1890 ein gewisser *Frederick Leigh Gardner* (1857-1930). – F.L.

DAS YARKER'SCHE SYSTEM UND DIE ROSENKREUZER-GRADE

Gardner war zeitweilig Sekretär des *Golden Dawn* und verfaßte eine 1903 in London erschienene *Bibliotheca Rosicruciana* mit 604 Titeln rosenkreuzerischer Schriften (Frick, a.a.O., S. 354).

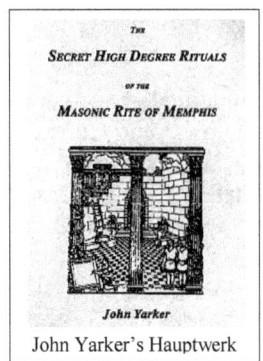

John Yarker's Hauptwerk

Als schönstes Beispiel für die synkretistischen Einigungs-Bemühungen *ohne Machtanspruch* sehen wir Yarkers Versuch, alle drei Strömungen zusammenzuführen: *Schotten* (1.-3.°, 4.-12.°, 12.-20.°, 21.-30.°, 31.-33.°); *Memphis* (1.-3.°, 4.-18.°, 19.-33.°, 34.-90.°, 91.-95.°+GM = 96.°); *Misraïm* (1.-3.°, 4.-46.°, 47.-66.°, 67.-86.°, 87.-90.°) und *Templer*. – Dies in einer Harmonisierung der Grade und in einem einzigen *Sanctuarium*, wobei die Logen der einzelnen Grade jedoch getrennt blieben, mit zwei *«Supreme Grand Councils»*: Der eine umfaßte HRDM, Perfektionisten, AASR (Cerneau); – der zweite die *Reformierten ägyptischen Riten von Misraïm* in Italien (33°) und den *Rite Misraïm Oriental* von Bédarride (90°). Drittens gab es ein *Supreme Sanctuary* für den *Ancient and Primitive Rite of Memphis* (33°, vormals 95° – bzw. weiterhin 95°, je nach Land.

Das Ganze wurde gekrönt durch einen *«Mystical Temple»* als höchste Institution der nationalen Generalräte. Diesem stand Yarker selber vor. Das gesamte Yarker'sche System sah so aus:

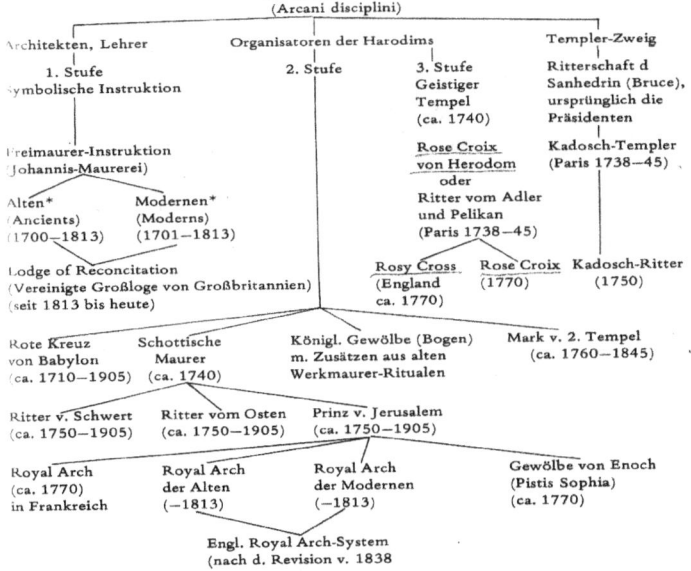

5. DIE ‹ÄGYPTISCHE› HOCHGRAD-MAUREREI

In die Übergangszeit von der Spätaufklärung zur Frühromantik fällt das Régime von Napoleon Bonaparte mit seinem Ægypten-Feldzug und der daraus folgenden akademischen Erforschung und romantischen Verehrung altägyptischer Kultur, Religion und Philo-

sophie, worauf heute praktisch alle Orden und Bruderschaften sich berufen. Da es sich zugleich um älteste *prähistorische* Baukunst handelt, ist selbstverständlich, daß vorallem einige prominente Mitglieder von Freimaurerlogen begannen, sich auf die Kultur des alten Ägypten als Ursprung zu stützen und sich somit als Erben der altägyptischen Mysterien zu verstehen.

In diesem Umfeld entstand ein umfangreiches Textkorpus, wozu freimaurerische Ritualschriften, Abhandlungen über Ästhetik, Philosophie und Theologie, aber auch Erbauungsliteratur sowie Literatur über ägyptische Einweihung gehören. Ein ganzer Komplex romantischen Kulturverständnisses entstand, der sich würdig neben die herkömmliche romantische und phantasievolle Rittertradition der Freimaurerei stellte.

Eine Übersicht über die *Entwicklung des Memphis- und Misraïm-Ritus in Frankreich, Italien, Britannien, USA und Kanada im 19. Jahrhundert* gibt Frick a.a.O. II/II, S. 200.

5.1. GRAF CAGLIOSTRO

Es kann sich hier nicht darum handeln, anderweitig genügend diskutierte biographische Notizen über *Giuseppe Balsamo* (1743-1795) – berühmt als *Graf Cagliostro* – zusammenzufassen. Auch ist es allzu schwer, aus all den hämischen bzw. idealisierten ‹Biographien› unterschiedlicher Interessenlagen einige sinnvolle Hinweise auf die wahren spirituellen Aspirationen und Fortschritte dieses Mannes zu gewinnen, der es offenbar durchaus darauf anlegte, schillernd und undurchschaubar zu wirken und sich an nichts endgültig festmachen zu lassen – eventuell bis er selber Fiktion und Wirklichkeit nicht mehr so genau trennen konnte. Dieses Verhalten entspricht allerdings zugleich dem aller bekannten Adepten des *Steins der Weisen* – von *Basilius Valentinus* über *Sueton/ Sendivogius* bis *Fulcanelli*. Die Verhöre durch die Inquisition trugen sicher nicht dazu bei, Cagliostro Dinge – insbesondere seine ‹häretische› Mitgliedschaft als FM betreffend – erzählen zu lassen.

ÄGYPTISCHE HOCHGRAD-MAUREREI

Ob nicht auch sein Manuskript über ägyptische Maurerei im Archiv des Vatikans schlummert, weil ein anderes Buch an dessen Stelle «*vom Henker öffentlich verbrannt*» wurde, bleibt abzuwarten.

Bereits vor dem HG-FM *Wolfgang v. Gœthe*, der sich nach Palermo begab, um Nachforschungen über Balsamo anzustellen, und der ihn auch in England besuchte, wurde Cagliostro von *D. Lavater*, dem damaligen GM des deutsch-schweizerischen RSR persönlich besucht. Wahrscheinlich bleibt, daß Cagliostro Ende der Siebzigerjahre des 18. Jh. irgendwo (vielleicht unter geborgtem Namen) FM wurde, und daß er mit Weishaupts *Illuminaten* in Berührung kam. Auch daß er mit den Mysterien der Alchemie und des Ordenswesens (vielleicht in Malta) bekannt oder verbunden wurde, erscheint als sicher; denn er hatte gründliche Kenntnisse dieser Gebiete. Sonst wäre er weder zu den oft erwähnten spagyrischen Versuchen (welcher Art auch immer) in der Lage gewesen, noch zur regelrechten Gründung freimaurerischer Gruppierungen, welcher Tendenz auch immer. Seinem sichtlich bewegten Lebenslauf liegt sicher eine romantische Ader ebenso zugrunde wie ein scharfer Verstand. Die Idee, Freimaurerei auf die Basis altägyptischer ‹Einweihungs-Lehren› und Mythologie zu stellen (damals beide noch kaum erforscht), lag für ihn beinahe auf der Hand. Seine selbst-angenommenen pathetischen Titel unterscheiden sich in nichts von denen anderer Exponenten der damaligen HG-FM-Szene in Europa und Übersee. Im Übrigen gab es noch andere ‹ägyptische› FM-Systeme als jenes von Cagliostro. Auch daß er sich dem System von *Swedenborgh* annäherte, weist auf ernsthaftes spirituelles Bemühen hin.

Sicher bleibt jedenfalls, daß Cagliostro (im Sinne der Gleichstellung von Mann und Frau!) für das System der *Adoptionslogen* eintrat. Ebenso bot sein System eine Methode zur seelischen, geistigen und körperlichen *Transformation und Transfiguration im Stil des Rosenkreuzertums* an (Quelle: Lennhoff, Posner, Binder). – Inwieweit dieses jemals funktionierte, läßt sich aber – mangels Beispielen – nicht beurteilen. – Seine Lehren standen auch in Verbindung mit jenen von *Pasqually* und jenen der *Élus Coëns* (einer der echten Quellen der HG-Freimaurerei) sowie der *Philalètes* (siehe oben). Sie enthielten aber sicher auch viel okkultistisches Lehrmaterial. Das paßt zu jener Zeit: Spiritismus, Magie und Okkultismus sind Elemente, die in vielen Orden gepflegt wurden (GD, OTO) – und z.T. noch heute werden (OGA, AMORC).

So steht die ‹Ägyptische Maurerei› für den Beginn der *gemischten* oder *Adoptions-Maurerei* ab Anfang des 19. Jh. – Im AASR beginnt die Adoptions-Maurerei in dessen ersten weiblichen Hochgraden im ‹*Schottisch-philosophischen Ritus*› um 1809. Aber bereits 1805 in Straßburg «*fand ein großes Adoptionsfest unter der Baronin Dietrich, Gattin des Bürgermeisters von Straßburg und Großmeisterin der Loge statt*», und dies in Gegenwart von *Kaiserin Josephine* (1763-1814; in zweiter Ehe Frau von Kaiser Napoleon Bonaparte).

Am Rand der Adoptions-Maurerei erschien die junge *Theosophische Gesellschaft*. Ganz nach dem Adoptions-System arbeitende Logen erhielten gerade von dort viele Mitglieder (OTO, RMM).

5.2. DAS SYSTEM DES RITUS MEMPHIS-MISRAÏM

5.2.1. Die Anfangszeit

Nach der historisch ganz abwegigen Legende wurde der *Orden von Memphis* durch «*Ormuzd oder Ormus, einem Weisen von Ägypten*» in Europa eingeführt. ‹Ormus› (der zoroastrische *Ahura Mazdao*) sei vom *Apostel Markus* im Jahr 46 zum Christentum bekehrt worden. *Um die gleiche Zeit* hätten die *Essener* eine Schule gegründet, die sich mit der Lehre des Ormus vereinigte. Die Schüler dieses Lehrzentrums blieben (immer nach dieser Legende) bis 1118 (das ist das Gründungsjahr des Templer-Ordens!) «die einzigen Bewahrer der alten ägyptischen Weisheit ... » – und so fort.

Grundlage und direkter Vorläufer für den RMM war der durch den *Grafen Cagliostro* begründete *Rite Égyptien* (RÉ). Dessen erste Logenstiftung als *Adoptionsloge*, offen auch für Muslim und Katholiken) war 1775 im Haag. Sein System umfaßte – aufbauend auf den symbolischen 1.°-3.° – fünf *geheime Klassen*, darüber die *Geheimen Oberen* (auf der Erde lebend), und zuoberst *Moses, Elias und Christus* als die nicht stofflich manifestierten «drei Haupt-Vorsteher der Erde».

1805 gründeten napoleonische Franzosen in Mailand einen *Grand Orient d'Italie* für den *Misraim-Ritus* (RM, 90°), andere französi-

sche HG-Maurer einen *Grand Conseil* für den AASR. Der bereits genannte *B. Clavel* (89.° RM) verurteilte aufs Härteste den Orden, dem er abtrünnig wurde. Darin erwähnt er die (jüdischen) Brüder *Joly* und *Marc Bédarride* (letzterer GM im 87.° RM; beide im Generalstab Napoleons in Italien, so Frick, a.a.O., II/II, 169):
«... *brachten im Jahre 1814 den Misraïm-Ritus nach Frankreich ... (dessen) Statuten sind vom 12. März 1816 datiert*». –
Nach anderen Quellen wurde der RM bereits 1803 bzw. 1799 in Avignon bearbeitet. Ihm trat 1810 *Joseph Bédarride* bei; ein vierter – *Michel Bédarride* – wurde 1801 FM in Cesena (Italien), und 1802, zusammen mit *Marc Bédarride,* Meister einer Loge in Paris. Die Schöpfer des Misraïm-Ritus bezeichneten diesen als Wurzel und Ursprung aller FM-Riten und der *Geheimlehre von Isis und Osiris*, die von *Misraim*, dem Sohn von *Cham* und Enkel von *Noah* herkomme. Dessen Weisheit gehe auf Adam selber zurück.

Drei weitere Versionen desselben Gründungs-Mythos bringt Frick a.a.O., II/II, 170, 190 und 192. Einer davon will, *«Brüder»,* die Napoleon nach Ægypten gefolgt seien {die Bédarrides?}, hätten dort den Ritus von Memphis gestiftet. Auch hier finden wir im 18.° den-*Ritter R+C*, im 51.° den *Ritter des Phœnix* und im 54.° den rosenkreuzerischen *Ritter des Pelikans.*

Das System des ‹Orientalischen Ordens von Misraïm› gliederte sich in vier ‹Reihen›, ‹Serien› oder ‹Abteilungen›. Die Grade entsprachen zum Teil jenen des ersten AASR in Bordeaux von 1751. Der 46.° war der *Souverain Prince Rose-Croix de Kilwinning et de Heredom*. Dieser pflegte besonders die *neu-templerische Tradition*. Die ‹mystische Serie› mit 67.° bis 77.° trug vorallem hebräische Bezeichnungen (alle Klassen und Grade finden sich vollständig und detailliert aufgezählt bei Frick, II/II, 174 f.).
Neben dem Misraim-Ritus wurde in Paris 1814 der *Ägyptische* oder *Memphis-Ritus* (95/97 Grade) gegründet, der von *griechischen* Eingeweihten nach Kleinasien gebracht worden sein soll. Vereinigt mit christlichen Lehren der *Rosenkreuzerei* soll der Orden durch die Kreuzfahrer nach Schottland gelangt sein und als *Großloge von Edinburg* zur Wiege der Freimaurerei geworden sein. Der Memphis-Ritus wird auch ‹*Antient and Primitive Rite of Masonry*› und sogar

ORDEN. LOGEN UND DAS ROSENKREUZ

‹Orientalischer Orden von Memphis› genannt – daraus entstanden die ‹Orientalischen Brüder› und der *Rite Memphis-Misraïm*, RMM.

Ab 1870 gelangte der Memphis-Ritus nach England: 1872 kaufte John Yarker ein Patent, um den *Memphis-Ritus* in England zu errichten; 1902 will Theodor Reuß von John Yarker ein Patent zum Konstituieren des *Schottischen Ritus* (AASR, *Cernau*, New York 1807, 33°) und des Memphis-Misraim-Ritus (90° bzw. 97°) in Deutschland erworben haben. Die bekannten Originalunterlagen zeigen jedoch keinen entsprechenden Wortlaut (Frick): Obwohl Reuß in seiner *Zeitschrift Oriflamme* (Dezember 1902) eine Bewilligung für den *Memphis-Misraim-Ritus* (Grade 33°, 90°, 96°) zitiert, erwähnt die tatsächlich vorliegende Charter für Reuß nur die Grade 30°-33° [*Cerneau*, ohne MM]. Reuß nimmt sich von nun an das Recht, reguläre Freimaurer zu erheben. Ab 1906 wird er den O.T.O. aus einigen Graden des AASR. und RMM konstruieren.

5.2.2. EIN EXKURS ZUM BEGRIFF ‹ORIFLAMME›

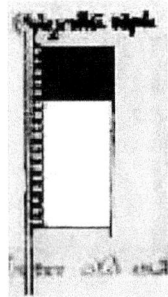

Hier ist es nötig, eine Erklärung zum ‹Namen› ORIFLAMME einzuschieben: Der Ausdruck selbst ist französisch und kann mit *flammendem Gold* übersetzt werden, doch ist die ursprüngliche Bedeutung unklar. Die älteste bekannte *Oriflamme* erscheint im 12. Jh. als schwarz-weiße Fahne der *Tempelritter*. Diese Rechteckfahne oder *Standarte* hieß auch *Bauceant* (Bedeutung umstritten) oder *Bauçant/Baussant* (als *zweigeteilt* übersetzt). Sie war *geteilt* von Schwarz (*Sable*) und Weiß (*Argent*) und erscheint in einem Fall dreifach gelappt. Der weiße Teil konnte (vorallem wenn er außen oder oben stand) mit dem Templerkreuz besetzt sein. Der erneuerte *Ordre Mondial des Templiers* zeigte den Bauçant noch vor wenigen Jahren *geteilt* (*coupé*), besetzt mit einem roten (*Geulle*) Templerkreuz. Der heutige *Ordre Mondial des Templiers* zeigt nur noch ein kreisrundes Templerkreuz in moderner Form.

Nun gibt es aber auch noch den *Ordre Souverain et Militaire du Temple de Jérusalem (OSMTJ)* mit einem *Grand Prieuré Magistral de Suisse* und einem *Haut Magistère* (Sitz in Genf; siehe Bild nebenan).

Die zweite Form der *Oriflamme* ist der spitz zulaufende Speerwimpel: Er konnte, bei einer Höhe von über einer Elle, recht kurz oder auch mehrere Meter lang, und einfach oder gelappt sein, wie man es auf alten Schlachtendarstellungen noch oft sehen kann. In beiden beschriebenen Fällen wurde die Oriflamme am hoch *«direkt zum Himmel»* erhobenen Speer präsentiert – im Frieden durch einen Knappen, in der Schlacht durch einen Ritter (Fähnrich, gonfanonier), dem es strengstens verboten war, den Speer (mithin die Fahne) zu senken. Gemäß der Überlieferung sei der Baucéant nur ein einziges Mal in der Schlacht gesenkt worden, nämlich als dem Träger der Arm abgeschlagen wurde.

Die dritte Form einer ‹*Oriflamme*› ist die von einem horizontalen Querstab oder Gebäude-Teil lang herab *hängende Flagge*. – In der Moderne ist diese dritte Form zu willkürlich geformten, wahllos bedruckten Streifen, Aufstellern und Schildern aus Stoff, Kunststoff, Blech etc. – zu Reklamezwecken – degeneriert. Ja, die Unkenntnis ist so weit gediehen, daß sogar *Phylakterien* – hermetisch bedeutsame *fliegende Bänder mit oder ohne Aufschrift* (siehe Abb. vorhergehende Seite) – als ‹Oriflamme› angesprochen werden!

Zu Beginn des letzten Jahrhunderts stand der Ausdruck *Oriflamme für* die Zeitschrift des OTO, bzw. des Reußschen Ordens-Konglomerats: Als ‹*Organ für die Interessenten der Deutschen Hochgrad-Freimaurerei, des Swedenborgh-Ritus und des ‹Ordens der Rosenkreuzer›* kam die Zeitschrift *Oriflamme* zuerst in München, dann in Berlin heraus. Am Ende des ersten Jahrgangs nannte sie sich ‹*Organ des Großorients der Schottischen 33°-Freimaurer & Souveränen Sanktuariums 95° in und für das Deutsche Reich – Organ der Swedenborgh-Freimaurer und des Ordens der Rosenkreuzer›*. Diese Zeitschrift bestand bis 1923 – und erneut ab 1961 bis 1974 als Blatt des Schweizer Nachfolge-Konglomerats: ‹*Ordo Illuminatorum / Ordo Templi Orientis / Fraternitas Rosicruciana Antiqua / Ecclesia Gnostica Catholica›*. 1947-1961 hieß die Zeitschrift ‹EOL-Mitteilungsblatt›.

Der Name ORIFLAMME für den *Verlag*, der u.a. dieses Buch veröffentlicht, ist hingegen angelehnt an die *alte Templer-Tradition*, deren besonderes Charakteristikum die sogenannte *Toleranz* war – diese aber nicht im Sinne des Duldens verstanden, sondern im Sinne der konkret dargelebten *Einheit in der Vielfalt* aller echten esoterischen Überlieferungen aller Zeiten. Das sind jene Brüder und Bruderschaften, deren *gelebter* Grundsatz: *«Freiheit, Brüderlichkeit und Liebe»* über jedes Vereins- oder Ordenswesen hinaus geht: Ihnen geht es um den *offenen, ehrlichen Austausch* unter Wahrheitssuchern jeglicher Sprache, Kultur und Religion, in gegenseitiger Kenntnis und Respekt, wie ihn die Tempelritter des Mittelalters pflegten. – Auch heute streben sie wieder die Belebung derart gleichgesinnter Gruppierungen an: Einander die Hand zu reichen, um *gemeinsam für das Eine Licht* zu zeugen – als Ausgleich zu wachsender Unkenntnis, Lieblosigkeit und Finsternis in der Welt. Dieser Grundsatz gibt auch den *Roten Faden* zum vorliegenden Buch vor. – Kehren wir also zu diesem zurück!

5.2.3. Die erneuerten Riten von Memphis und von Misraïm

Isaak Adolphe Crémieux, Gründer und Vorsitzender der *Alliance Israélite Universelle*, Großmeister des *Rite Misraïm* 33.° und des AASR, Mitglied des *Grand Collège des Rites* – dazu französischer Minister – gründete einen *Obersten Generalrat* für den 90.° des ‹*Rite of Mizraïm*› und wurde dessen zweiter Großmeister. Leiter dieses Ritus in England waren drei General-Konservatoren: *S. Rosenthal, Robert Wennworth Little* (nachmals Begründer der *Societas Rosicruciana in Anglia*) und der *Earl of Lemerick*. – Zusammen mit seinem Sekretär *Gambetta* erneuerte *Crémieux* den MMR.

I.M.A. Crémieux.

Ein enger Kontakt bestand vom RMM zum ‹*Red Cross Order*›, dessen voller Name lautete: ‹*The Imperial Ecclesiastical and Military Order of the Knights of the Red Cross of Rome and Constantine*›. – Das wäre also kein templerischer, sondern ein rein politischer, den fatalen ‹Kreuzrittern› des 14. Jh. nachempfundener Orden im Dienste Roms.

Seltsamerweise wird dieser *Rot-Kreuz-Orden* nicht nur – ganz unhistorisch – auf *Constantin den Großen* zurückgeführt (unter Bezug auf den berühmten Traum *«in hoc signo vincas»*), sondern auch – historisch – auf *Angelos Kommenos*, der 1185-1195 als *byzantinischer Kaiser Isaak II* regierte – Namens-Nachfolger des kasarischen *Isaak I* am Beginn des Zerfalls des Byzantinischen Reichs im 7. Jh.: Im Osten war das ‹jüdische› Kasarenreich im Osten seit dem 10. Jh. ‹verschwunden›, doch im Westen waren die Kasaren – wie in einer frü-

ÄGYPTISCHE HOCHGRAD-MAUREREI

heren Studie gezeigt – über die Capétiens und deren Sprößlinge aus den erheirateten Linien der Burgunder, Karolinger und Saxen schon fest an der Macht (König Philippe Auguste Capet, 1180 bis 1223). – Der letzte echte ‹Capétien› war bekanntlich *Philippe le Bel* – also ein ‹*Sonnenkönig*›, und der Zerstörer des Templer-Ordens.

Ebenso merkwürdig sind folgende Zusammenhänge: 1861 hatte *Eliphas Levy* von England aus das französisch-sprachige Europa bereist. – 1864 entstand in Genf, wohin der OTO sich zurückgezogen hatte, die *Internationale Organisation* des *Roten Kreuzes*. – Andererseits fällt gerade ins Jahr 1865 – also ins selbe Jahr wie die Gründung der SRiA! – die ‹Wiedererweckung› des *Rot-Kreuz-Ordens* durch Wennworth Little – *seit 1861 HG-FM (Royal Arch), Anhänger der deutschen G&RC und der ‹Asiatischen Brüder›*. Aus dem *Royal Arch* System seinerseits ging hervor der auch als *amerikanischer Ritus* bezeichnete *York Ritus* mit den 3 Basis-Graden und 3 ‹kryptischen› Graden (einer davon der *Ritter vom Roten Kreuz*) sowie drei weitere, ebenso unhistorische Rittergrade. – Mehr Details zum *Royal Arch* siehe Frick, a.a.O; besonders Ss. 212-217.

5.2.4. Der Neue Ritus Memphis-Misraïm

1881 wurde dann der eigentliche *Alte und Ursprüngliche Ritus von Memphis-Misraïm gegründet*, nachdem *Garibaldi* (nach anderer Quelle Yarker) den 1788 von Cagliostro gegründeten *Ritus von Misraïm* mit dem *Ritus von Memphis* vereinigt hatte. – *Garibaldi*, später «*Großmeister aller möglichen Obœdienzen*» und Idol aller italienischen Patrioten war 1844 in Montevideo in die Loge *Amis de la Patrie du Grand Orient de France* (Paris & Montevideo) eingeweiht worden.

Giuseppe Garibaldi, Freiheitskämpfer

Heute besteht offenbar eine große Nähe der Lehren und Riten des *Ancient & Primitive Rite of Memphis*-Misraim (APRMM) und des AASR zu jenen der *Societas Rosicruciana* (SRiA und SRiS).

Zu den ‹ägyptischen› Logen-Systemen gehörten auch noch die *Aegyptischen Bauherren* und die *Magier von Memphis*. Deren Lehrinhalt (nur zwei HG) war «*reiner Hermetismus in freimaurerisch-mystischer Hülle*» (Frick). Und ins Jahr 1981 fällt die Gründung der französischen Frauen-Großloge, hervorgegangen aus der Verschmelzung der ‹ägyptischen› Frauenlogen *Hat-Hor* (1956) und *Le Delta* (1971).

6. ‹RECHTE› HAND UND ‹LINKE HAND› – DER FINSTERE ROSENKREUZER–OKKULTISMUS

J. Péladan

M.V.St. Guaïta

Sozusagen einen Sonderfall des Rosenkreuzertums bilden die ‹Rosenkreuzer der Linken Hand› – also jene, die mit der Überlieferung des *Satanismus* in Verbindung stehen. - Und natürlich gab es einige Figuren in der Grauzone dazwischen. In dieses Randgebiet scheint der Kreis um *Louis Claude de Saint-Martin* zu gehören: Das sind die ‹Alten Martinisten›. Ihre Lehren dienten als Grundlage eines Zirkels um *Josephin Péladan* (1859-1918) und *Marquis Marie-Victor Stanislas Guaïta* (1861-1897). Guaïta sei «ein überzeugter *Rosenkreuzer der Linken Hand*» gewesen, habe als Vertreter der Schwarzen Magie zu den *Luziferischen Gnostikern* gehört, und zwar als *Satanist* und *Paganist*, der sich als legitimer Nachfolger der französischen Okkultisten des frühen 19. Jh. verstand: Seine Vorbilder waren *Antoine Fabre d'Olivet* (1768-1825), *Hœne Wroński* (1776-1853), *Alphonse-Louis Constant* (= Eliphas Levy (1810-1875) sowie *Saint-Yves d'Alvèdre* (1842-1909). Guaïta's Schriften erschienen unter dem Sammeltitel *Essais des Sciences Maudites*, von 1890 bis 1896. Zu seinem weiteren Zirkel gehörten – so Frick, II/II, 391 f. – die z.T. bereits anderweitig genannten *Papus, Paul Sédir* (= *Yvon le Loup*), *Paul Adam, Charles Melinge*, der Martinist *Gabrol*, der Bibliopole und Alchemist *Emmanuel Lalande* (pseud. *Marc Haven*; – vgl. das Vorwort von E. Canseliet zu: *Mutus Liber – Das Stumme Buch der Alchemie*). –

Mit ihnen begründete Guaïta 1888 (als ‹Präsident des Obersten Rats›) den *Ordre Kabbalistique de la Rose-Croix* (OKRC). Doch erfolgte bald dessen Spaltung wegen Streitigkeiten über die ‹wahre› Lehre des Rosenkreuzes: *Guaïta* wollte seine satanistischen Neigungen einbringen, nebst indischen Einflüssen aus der *Französischen theosophischen Gesellschaft*; – *Péladan* wollte eine abendländisch-esoterische, christkatholische Rosenkreuzerei, trennte sich ab und gründete 1892 seinen *Ordre de la Rose-Croix du Temple et du Graal*, auch *Ordre Rose-Croix Catholique* genannt. – Er habe sich sozusagen als Fürst der klassischen RC-Tradition betrachtet, meint Frick dazu.

Einen ähnlichen Orden hatte 1850 bereits ein Arzt und Alchemist von Toulouse, der *Vicomte de Lapasse* gegründet. Sozialismus, Libertinismus, Satanismus und Messianismus gehörten damals in der französischen Bohème sozusagen spielerisch zum guten Ton. – *Péladan* gründete zudem in Paris einen *Salon Rose-Croix*, wo sich Künstler aller Art trafen, darunter auch Éric Satie und Saint-Pol-Roux, die zum Kreis des letzten bekannten *Adepten des Steins der Weisen* gehörten: dem großen F*ulcanelli*. – Ebenso gründete Péladan die aus der ‹*Hermetischen Schule*› desselben Kreises entstandene *Université Libre des Hautes Études* und die ab 1895 bestehende *Société Alchimique de France* samt ihrem Monatsblatt *Rosa Alchemica – L'Hyperchimie*. –

In der Pariser Comédie Française wurde ein *Théâtre de la Rose-Croix* eingerichtet, wo 1893 diverse hermetisch-symbolische Stücke aufgeführt wurden, wie z.B. *Orpheus, Le Mystère du Graal, Le Mystère de la Rose-Croix, Les Argonautes*. Man darf annehmen, daß auch hier Fulcanelli als *Spiritus Rector* auftrat: Er war zweifelsfrei ein HG-FM, und sein Pseudonym steht vielleicht für einen der Exponenten aus Kultur, Wissenschaft und Diplomatie (Adel), die dort verkehrten. Viele wohlklingende Namen jener Zeit tauchen in beiden Zusammenhang auf.

Zum ‹Rosenkreuzertum der Linken Hand› sind zudem die «*Fratres Lucis*» und der Orden des *Golden Dawn* in seiner späteren Phase unter Leitung von Aleister Crowley zu zählen:

Der Orden der *Fratres Lucis* oder *Brüder des Lichts* (auch *Brüder des Lichtkreuzes – Brethren of the Cross of Light* genannt) stammte aus Paris und war, obschon nicht identisch, so doch (ev. als ein Zweig der Strikten Observanz des RSR) verbunden mit dem Orden der ‹*Brüder des Hakenkreuzes*› (*Order of the Brothers of the* ⊕), und vielleicht mit einem Ritual namens ‹*Ritter vom Hermetischen Kreuz*›, das ebenfalls aus dem französischen Raum stammte (über beide keine Information in üblichen Medien). Indessen sei daran erinnert, daß auch die *Adyar-Theosophen* in ihrem Signet die *rechtsdrehende runde Swastika* benutzten; ebenso die Zeitschrift *Lucifer*.

Nach ihrer eigenen Ordens-Legende stammten die *Brüder des Lichts* aus Florenz. Auch gibt es eine Verbindung zum AASR des 19.Jh. – Mitglieder sollen u. A. *Graf Cagliostro, Thomas Vaughan,*

ORDEN. LOGEN UND DAS ROSENKREUZ

Robert Fludd, der *Graf von Saint-Germain, Mesmer, Swedenborgh* und *Martinez de Pasqually* gewesen sein. Tatsächlich hat Florenz alte RC-Tradition (siehe die *Weißen von Florenz* um 1300, mit *Dante* als deren Exponenten) und wieder im 18. Jh. Doch dieses *rein rosenkreuzerische* Erbe hat mit schwarzer Magie nichts zu tun.

Innerhalb all dieser Entwicklungen stehen nun zwei Orden im Mittelpunkt, die relativ spät, nämlich mitten im 19. Jh. entstanden und noch heute (mehr oder weniger) existieren. Es sind dies erstens der *Orientalische Templer-Orden* – *Ordo Templi Orientis*, auch O.T.O. genannt – und zweitens der Orden der *Aufsteigenden Morgenröthe* – *Golden Dawn* (GD) genannt. Hier stößt man auf zwei besonders bekannte Namen, die – sozusagen – die neue Entwicklung kennzeichnen: die Teilung des RC- und Logentums nach der «*Rechten Hand*» – also nach der klassischen Richtung der FFRC des 17. Jh. und der FM und G&RC des 18. Jh. – und nach der «*Linken Hand*» – also in der Richtung *schwarz- und sexualmagischer* Gruppierungen und Orden.

Da beide – OTO wie GD – zu Beginn einander nahe standen, ihre Exponenten auch zuerst gemeinsame Vorstellungen hatten, sind die beiden Orden entwicklungsgeschichtlich nicht von Anfang an von einander zu trennen. Fast undurchdringlich sind die Verquickungen und Vernetzungen unterschiedlicher und doch verwandter Gruppierungen und Ideenwelten. Dabei entstammten grundsätzlich alle derselben Quelle und prägten gleichermaßen die große Zahl Freimaurerischer Riten und mystisch-hermetischen Rosenkreuzertums in der Zeit vom Beginn des 17. bis zur Mitte des 19. Jh. – Einmal spontan oder aus uralten Vorgänger-Bewegungen gebildet; jetzt verbündet, durchmischt oder gar vereinigt; – dann wieder getrennt und einander bekämpfend; – dann sich wieder vereinigend, mutierend, erneuernd, aufs Älteste zurückgreifend, sich wiederum trennend ... – der vorliegende Versuch, maurerisches Logentum und reines Rosenkreuzertum im Gewirr der Gedanken, Systeme, Ideale, Machtkämpfe und kommerziellen Konkurrenzen zu verfolgen, ergibt – ganz unvermeidlich – ein nur teilweise befriedigendes Ergebnis: Heraklit's Wort *alles fließt – panta rhei*, παντα ͼρει – wird da deutlichst illustriert. Die zwei nun anvisierten Systeme, OTO und GD bilden indes zugleich die doppelte Schwelle am Tor zur Gegenwart und zum heutigen Standort, von dem aus wir in die Zukunft blicken können – nämlich auf die kommende endgültige Entwicklung zum Sieg des Universellen Lichts über alle menschliche Beschränktheit – und auf das naturgesetzliche Gegengewicht in Form dunkler, einengender und vergewaltigender Praktiken und Systeme.

ORDO TEMPLI ORIENTIS (OTO)

6.1. DER ORDO TEMPLI ORIENTIS – OTO

Dieser wurde – entsprechend seinen Führungs-Gestalten – einer der schillerndsten Orden der Neuzeit. Einerseits ein «Sammel-Orden» wurde er zugleich zur Mutter diverser Spaltprodukte, die z.T. noch heute bestehen. Den Ausgangspunkt bildete, so Frick, «*der Wiener Okkultist, Freimaurer und Rosenkreuzer Dr. phil. Carl Kellner (1850-1905) ... ein Theosoph und überzeugter Rosenkreuzer*». In den Siebziger-Jahren des 19. Jahrhunderts wurde Kellner Mitglied einer Loge in der Tschechei. Er hatte Verbindungen zu den ersten Mitgliedern der soeben gegründeten Deutschen Theosophischen Gesellschaft und «gehörte bereits zu *dem theosophisch-rosenkreuzerischen Zirkel in München*, der offensichtlich als Ursprungsstätte sowohl der Theosophie in Deutschland wie auch des OTO anzusehen ist». In den USA wurde Kellner anscheinend Mitglied der *Hermetic Brotherhood of Light*; im Orient soll er in die Geheimnisse der Schwarzen Magie und in den *Tantrismus der Linken Hand* eingeweiht worden sein. Sein früher und plötzlicher Tod wird mit diesen Umständen in Verbindung gebracht.

Carl Kellner

In den Neunziger-Jahren faßte Kellner den Plan, mit seinen Freunden eine Geheimgesellschaft zu gründen, die das überlieferte magisch rosenkreuzerische und mystisch maurerische Gedankengut fördern sollte. Mit einer *Academia Masonica* zur Erforschung der Geheimlehren im Rahmen und im Hintergrund eines ausgebauten Ordens nach Art des durch Hartmann und Reuß von Yarker aus Britannien übernommenen MMR wurde als ‹organisatorischer Kristallisationspunkt›, als eine Art ‹innerer Orden› am 1. September 1901 der *Orientalische Templer-Orden* (unter der lebenslänglichen Leitung von Kellner) gegründet. Nach dem Tod von Kellner und der Übernahme des OTO durch *Carl Albert Theodor Reuß* (1855-1923) «*wurde der OTO dann in der Version von 1906 in der Öffentlichkeit bekannt*» (Frick). Reuß war 1876 FM der *Pilgrims Lodge 238* in London geworden, wurde aber, wegen seines stark linkspolitischen Engagements, das er lebenslänglich nicht aufgab, 1881 wieder ausgeschlossen.

Therodor Reuß

Dem Okkultismus schon früh zugeneigt, fand Reuß bald Anschluß zur rasch wachsenden *Theosophischen Gesellschaft* in Eng-

73

land und auf dem Kontinent, die damals noch starke rosenkreuzerisch mystische Züge trug. Und wie Annie Besant, die ebenfalls ihren Weg zur Theosophie über den politischen Links-Radikalismus gefunden hatte, lernte Reuß H.P. Blavatsky kennen. 1885 trat er der *Theosophical Society in England* bei. Im August 1896 finden wir Reuß bei der Gründung der *Deutschen Theosophischen Gesellschaft* an der Seite von *Franz Hartmann* als dessen Vizepräsidenten wieder (siehe dort).

Als Theosoph lernte Reuß auch *Leopold Engel* kennen. Er plante nun, das *«moderne»* Rosenkreuzertum mit dem Illuminatentum des 18. Jh. zu verbinden. *«Dabei stieß er auch auf den Illuminaten-Orden* (IO) *Weishaupts, dessen Gegnerschaft zum Rosenkreuzertum ihm entweder nichts ausmachte oder von ihm gar nicht verstanden wurde».* Seine Vorstellung war, alle esoterisch ausgerichteten *mystisch-maurerischen, rosenkreuzerisch-illuministischen* und spirituell *okkulten* Geistesströmungen am Ende des 19. Jh. in einer Dachorganisation zusammenzufassen. – In diesem Zusammenhang ist es nötig, vorweg klarzustellen, daß der Ausdruck *okkult, Okkultismus* selber nur für den Begriff *geheimwissenschaftlich* steht und a priori keinerlei schwarz-magische Conotation besitzt.

Aufgrund eines auf den Inhaber lautenden Patents zur Gründung «Schottischer Logen» ließ Reuß den *Illuminaten-Orden* wieder aufleben. Diesem Orden trat 1896 auch *Leopold Engel* bei – in Fricks Worten *«ein Theosoph nationaler Prägung».* Man befindet sich hier ja bereits in den Anfängen der völkisch nationalen und rassistischen Agitation mit Exponenten wie dem Rassenideologen und späteren NSDAP Reichsleiter *Alfred Rosenberg.*

Zwistigkeiten mit Reuß veranlaßten Engel zur Gründung eines eigenen *Illuminaten-Ordens*; dazwischen vereinte er sich wieder mit dem I.O. Reußscher Prägung, trennte sich dann aber ganz von ihm. 1924 wurde Engel's Illuminaten-Orden aus dem Vereinsregister Dresdens gestrichen; ein neuer Gründungs-Versuch 1927 scheiterte.

1931 starb Engel, und 1933 wurde auch der Reuß'sche I.O. (wie alle übrigen Orden) durch die NS-Reichsregierung verboten. Ein RC-orientierter I.O. existiert noch unter dem Namen der *Psychosophischen Gesellschaft* in Zürich. Das oben genannte Patent wurde auf einen gewissen *L.G. Lebauche, Prince de la Rose-Croix* – HG-Maurer im 18.° des

Leopold Engel

ORDO TEMPLI ORIENTIS (OTO)

Memphis- bzw. 46.° des *Misraïm-Ritus* zurückgeführt, der dieses Patent von *Adam Weishaupt* persönlich erhalten haben soll. Es gibt aber Zweifel an der Echtheit dieses Patents.

Die nächste Neugründung von Reuß (nach 1896, mit Berufung auf das Patent von Adam Weishaupt selbst, siehe oben) geschah «nach dem Ritus des AASR, gemäß den Logengesetzen des *Illuminaten-Ordens*» im März 1901. Reuß war damals bereits Mitglied der *Societas Rosicruciana in England* (SRiA), aber auch HG-FM innerhalb des *Yarker'schen Systems*. Im Dezember 1901 traf er in London den damaligen Großbeamten der *Regular United Grand Lodge of Great Britain and Ireland*, der zugleich stellvertretender Großmeister der ‹irregulären› *Supreme Grand Lodge of Great Britain and Ireland* des *Swedenborgh-Ritus* war, nämlich den führenden Rosenkreuzer *Wynn Westcott*. Von diesem erhielt Reuß ein Konstitutions-Patent zur Gründung eines Tempels des *Swedenborgh-Ritus der Freimaurerei in Deutschland*.

Da er damit in Deutschland nicht ankam, holte sich Reuß – diesmal von Yarker – ein Patent, zur Gründung eines *Großorients des Schottischen Ritus der Alten und Angenommenen Freimaurer* (AAFM) in Deutschland sowie eines ‹*Souveränen Sanctuariums des* APRM *und des Ägyptischen Ritus von Misraïm*› *für das Deutsche Reich*. – Hier gibt es die bereits erwähnten Zweifel.

Im darauffolgenden Februar wurde zudem ein *Orden der Rosenkreuzer* gegründet. Reuß selber gab sich den Titel eines *vom Souveränen Sanktuarium und Großorient in und für das vereinigte Königreich von Großbritannien und Irland ernannten General-Großmeisters in und für das Deutsche Reich*.

Zu den Gründungs-Mitgliedern des OTO im Jahr 1902 gehörte neben *Kellner*, *Reuß* und *Hartmann* etwas später auch *Dr. Rudolf Steiner*, damals Generalsekretär des deutschen Zweigs der *Adyar-TG*. – Steiner wurde ab 1905 zudem als leitender HG-Freimaurer innerhalb des OTO aktiv: Als Reuß nach England verreiste und das Großmeister-Amt in die Hände von *H.P. Eberhard* legte, übergab er Steiner die Bearbeitung der höchsten Grade für Deutschland, nämlich des Memphis 90.° und des Misraïm 95.°; – dies, weil Eberhard den MMR ganz ablehnte. Es ist dies die Zeit von 1905 bis 1914, worüber Biographien und die Selbstbiographie Steiners allgemein schweigen. – Außerdem war Steiner damals Leiter der *Androgynen RC-Loge Mystica Æterna* – eines Zweigs des OTO, und er gehörte zu dem im OTO integrierten *Ordo Rosicrucianum*. Weitere Details hierzu im Abschnitt über *Golden Dawn*. (GD).

ORDEN. LOGEN UND DAS ROSENKREUZ

Das weitgehend Yarker'sche System von Reuß enthielt 90° in 17 Klassen. Vom 31.° an steigerten und überpurzelten sich die ebenso pathetischen wie phantastischen und zumeist inhaltslosen Namen. Der 46.° hieß ‹Souveräner Prinz vom Rosenkreuz von Kilwinning›. Wie Reuß das von ihm in sein System integrierte Rosenkreuzertum verstanden haben wollte ersieht man aus der entsprechenden Passage seiner Schrift *Was muß man von der Freimaurerei wissen?* – *Eine allgemeinverständliche Darstellung des Ordens der Freimaurer, der Illuminaten und Rosenkreuzer* (Berlin, H. Steinitz, 1901 und Folge-Auflagen). Reuß alias *Peregrinus* schreibt dort (zit. Frick a.a.O.):

«Die moderne Gesellschaft der Rosenkreuzer ist gegründet auf dem Ritus und auf den Ceremonien der mittelalterlichen Brüder vom Rosenkreuz, deren Geschichte Anlaß zu vielem Kampf und Streit gegeben hat. Die gegenwärtig existierenden Rosenkreuzer {sc. *RC-Logen!*}*haben aber gar keinen andern Zusammenhang mit den Alten Rosenkreuzern, als den Namen und die Rituale. Sie befassen sich nur mit dem Studium der mystischen Maurerei und der philosophischen Systeme. Nur Freimaurer-Meister können aufgenommen werden. Sie erteilen neun Grade.»* –

Es folgt die Aufstellung der neun Grade: in England sind es sieben ‹Adepten›, ein ‹Magister› und ein ‹Magus›, in Amerika sind nur 5.°-7.° ‹Adepten›; ansonsten stimmen die Namen praktisch überein. – Und Peregrinus fährt fort:

«In Deutschland bestehen die Rosenkreuzer seit alten Zeiten, und in Berlin arbeitet ein Kapitel der modernen Gesellschaft der Rosenkreuzer, genannt ‹Großloge für Deutschland› ... In Amerika ist Philadelphia Sitz der obersten Leitung in Händen von Dr. W.W. Westcott ... In Schottland ist Edinburgh der Sitz des Hohen Rates der Rosenkreuzer, und der Graf von Kintore ist Ehren- und Groß-Magus.

Den Rosenkreuzern wird oft vorgeworfen oder nachgesagt, daß sie Crypto-Katholizismus und insbesondere, daß sie den Marienkult betreiben. Die Rosenkreuzer behaupten (sic!) aber, daß diese Vorwürfe vollständig unbegründet sind. Die Rosenkreuzer lehren nämlich nur: ...» – es folgt ein Gewirr halb verdauter, halb mißverstandener Thesen und Erklärungen, teils aus der universellen theosophischen Lehre, teils aus dem magischen Symbolismus, teils aus der Theosophie von *Jacob Bœhme* und *Johann Georg Gichtel*.

Im Jahr 1904 war die ‹irreguläre› *Große Freimaurerloge von Deutschland* – hervorgegangen aus der *Allgemeinen Bürgerloge* A.B.L. – samt ihrem ‹Großmeister› *H.P. Eberhard* zum Reußschen System übergetreten, in der Absicht, dadurch «regulär zu

ORDO TEMPLI ORIENTIS (OTO)

werden» (doch war ja auch Reuß's Patent umstritten). Als jedoch Reuß 1906 nach England übersiedelte, kam es zum Bruch zwischen ihm und Eberhard. Als Grund sieht Frick Differenzen über die im inneren Kreis des OTO geübten Praktiken sexualmagischer Art. In Wirklichkeit dürfte eher das Einschreiten der Sittenpolizei der Anlaß zum Wegzug von Reuß nach England gewesen sein.

In London baute Reuß den OTO weiter aus. Auch kam er in Kontakt mit Papus. – Frick: «*In einem von Reuß unter dem 24. Juni 1908 ausgestellten Patent wurden* Papus, Téder {= Charles Détré, Nachfolger von *Papus* als Haupt der Martinisten}, und *Victor* Blanchard {dessen Nachfolger} vom ‹*Großmeister des Souveränen Sanktuariums von Deutschland, Peregrinus*› zu Mitgliedern des neu installierten *Souverain Grand Conseil Général du Rite de Memphis-Misraïm pour la France et ses dépendances* ernannt. {Das führte zu einer Vernetzung mit dem *Martinisten-Orden,* der zu folgen hier nicht nötig ist} ... *Der OTO ist aber in Frankreich nie in der Form wie in England, der Schweiz oder Deutschland aufgetreten.*»

Da der *Deutsche Großlogen-Bund* Reuß's Gründungen nicht anerkannte, wurde Reuß durch die SRiA als Mitglied ausgeschlossen. Trotzdem integrierte er alle seine Gründungen oder ‹Wiedererwekkungen› in seinen OTO und bemühte sich, diesen zu reformieren, umgeben von einigen Freunden der Ersten Stunde des OTO. Der OTO bestand nun aus zehn Graden, deren 1.° bis 3.° symbolische Grade waren. Der 4.° war ein *schottischer*, der 5.° ein *Rosenkreuzer*-, der 6.° ein *Templer-Rosenkreuzer*-Grad. Der *Supremus Rex* war das Oberhaupt des OTO und eher ein Verwaltungsgrad. Die Mitglieder rekrutierten sich aus diversen *irregulären* Systemen sowie aus der Adoptions-Maurerei des *Droit Humain* (TG), da aus den regulären Logen – bei Gefahr des Ausschlusses – niemand beitreten wollte. Der OTO bestand nur aus Adoptionslogen.

Hartmann hatte sich, nachdem er ‹*General-Groß-Administrator des Ordens der Alten Freimaurer vom Memphis- und Misraïm-Ritus in Deutschland*› sowie ‹*Ehren-Großmeister des Großorients 33° von Deutschland*› geworden war, vom OTO zurückgezogen.

Der Lehrinhalt des OTO war ein Gemisch diverser Lehren im bereits erwähnten Stil (Frick, II/II; 480 ff.), wobei er sich in einem in *Oriflamme* publizierten *Manifesto* ausdrücklich von Geisterbeschwörungen und spiritistischen Praktiken distanzierte. Der Text ist durchsetzt mit Tendenzen nationaler, völkischer und sozialer Art, darunter vorallem Das Bild des ‹Deutschen Weibes› als Mutter, Hüterin des Herds und mystische Heilige (vgl. die spätere

Nazi-Doktrin!). Dazu kam ein ausdrücklicher Hinweis auf die englischen *Suffragetten*. Die Kernaussage war:

«*Unser Orden besitzt den Schlüssel, der alle maurerischen und hermetischen Geheimnisse erschließt: Es ist die Lehre von der Sexual-Magie; und diese Lehre erklärt restlos alle Rätsel der Natur, alle freimaurerische Symbolik und alle Religionssysteme ... Wir sagten in unserem Manifesto von 1903, daß wir dem gehörig vorbereiteten Bruder die praktischen Mittel liefern, sich schon in diesem irdischen Leben Beweise seiner Unsterblichkeit zu verschaffen. Wohlan, eines dieser Mittel ist eine gewisse Yoga-Übung ...*» − um auszumünden in eine Erklärung tantrischer Art über das Erwecken der Kundalini: «*... − und schließlich tritt die Große Vereinigung ein, wo der Übende zum Seher wird − bei vollem Bewußtsein − und das Gesehene erlebt. Das ist die weiße Sexualmagie!*» −

Man kann also sagen, daß Kellner, Hartmann und Reuß fernöstliche Yoga-Übungen im Westen bekannt machten. Reuß beanspruchte, der OTO vereinige die gesamte geheime Wissenschaft aller orientalischen Orden und habe alle Probleme der Philosophie und die Rätsel des Lebens gelöst. − Er besitze das Geheimnis des Steins der Weisen, das Lebenselixir der Unsterblichkeit und die Universalmedizin». − Allein, schon die letzte Behauptung zeigt dem Kenner, daß in Wirklichkeit nichts davon zutraf.

Der OTO zeigt auch gewisse Anlehnungen an das System der *Hermetic Brotherhood of Light* (H.B.L.) von Pascal Randolph.

1912 schloß sich *Crowley's* Geheimgesellschaft A∴A∴ (*Atlantean Adept*) mit dem OTO zusammen, was für Reuß eine Vergrößerung seines Ordens und seiner eigenen Bedeutung und Macht darstellte. Liest man Crowley's *Letter to a little Sister*, so erhält man andererseits den Eindruck, ihm sei es − nebst der Ausdehnung *seiner persönlichen* Bedeutung − vorallem um ein Gefäß − größer als sein A∴ A∴ und mit einer fertigen Struktur − gegangen, worein er seine Ideen und seinen Einfluß gießen könnte: Reuß sollte ihn nicht umsonst in den (sexualmagischen) 9.° aufgenommen haben. Dem entsprechen die Tatsachen der Folgezeit. Reuß selbst nahm für sich den ‹Grad› eines *Outer Head of the Order* an, mit folgender Umschreibung (zit. Frick II/II, 506):

«*Die oberste Autorität des OTO ist konzentriert im O.H.O.* (Outer Head of the Order / Ober-Haupt des Ordens) *oder Frater Superior. Der Name der Person, welche dieses Amt bekleidet, wird nur seinem unmittelbaren Vertreter mitgeteilt. − Die Autorität des O.T.O wird in allen englisch sprechenden Ländern ausgeübt von dem mittels Patent bestellten und delegierten* Most Holy Illustrious,

GOLDEN DAWN (GD)

Most Illuminated and Most Puissant Baphomet 10.°, Rex Summus Sanctissimus 33.° 90.°, 96.°, Past Grand Master of the United States of America, Grand Master of Ireland, Jona and all the Britain (Free and Independent Great Britain and Ireland), National-Großmeister ad Vitam des M∴M∴M∴, *dessen Hauptquartier sich in ... London S.W.* {Adresse von Crowley!} *befindet.* – Auch hier kommt ein Grad *V° = Rose Croix* vor.

6.2. DIE AUFSTEIGENDE MORGENRÖTE (GOLDEN DAWN)

Noch am Beginn der Redaktion dieses Buchs zeigte sich das G.D. auf seiner *Home-Page* http://tiny.cc/jz21xw als *Outer Order of the Rosicrucian Order of Alpha and Omega*, «gegründet 1906 durch S.L. Macgregor Mathers» (was falsch ist) in erschreckender Deutlichkeit: Der Site trug eine Vielzahl rechts-extremistischer Logo's und eröffnete mit dem Video eines Rituals, wo alle Anwesenden schwarze Gesichts-Schleier trugen. Spontan mit *«Golden Dawn»* aufzurufen war eine Seite die den Orden G.D. als eine magisch-okkulte *Gesellschaft der Linken Hand* darstellte und auch bezeichnete als: *«The Hermetic Order of the Golden Dawn® (HOGD), a black-magical organization with strong ties to Neo-Nazi and white supremacist political parties and organizations around the world, has in recent years taken control of a plethora of occult orders and esoteric societies, using trademarks, lawsuits, and other forms of coertion ...* – Also (grob übersetzt) eine *«weltumspannende schwarzmagische, weltweit rechts-extremistische Organisation, die u.a. mit Zwangsmethoden eine Unmenge okkulter Orden und esoterischer Gesellschaften kontrolliert».* – Das Signet ist eindeutig ... -

GD international heute... ‹Zeichen des Tiers› in Griechenland ... und GD USA heute!

Alles rosenkreuzerische ist aus dieser Seite verschwunden – außer einigen dort fast nostalgisch anmutenden Symbolen.° Es dominieren jetzt Darstellungen von gewaltbereiten Jugendlichen und Alten sowie allzu eindeutig rechts-radikale und satanistische Symbole.

Das Link ist dasselbe geblieben; der Inhalt propagiert Gewalt, Chaos und Schwarzmagie. Sogar der Slogan *Blut und Boden* sowie Quasi-Hakenkreuzfahnen sind da (siehe Abbildung).

ORDEN. LOGEN UND DAS ROSENKREUZ

Entstehung und Blüte des *Golden Dawn* sahen ganz anders aus:

6.2.1 Name und Gründung

Der Name Golden Dawn – Goldene Morgenröte – läßt sich mühelos verstehen im Zusammenhang mit dem theosophischen Begriff der – *aufsteigenden Morgenröte – Aurora Consurgens*, der sich außer in einem alchemistischen Traktat auch in dem geradezu so betitelten Buch von *Jakob Bœhme* findet. Dieses Buch erschien 1612, also noch vor den berühmten *Rosenkreuzer-Manifesten* (ab 1614). Ein anderer Zusammenhang mit der *Goldenen Morgenröte* findet sich im Mythos des *Lucifer als Morgenstern*. – Frick (II/II, 357-361) gibt in diesem Zusammenhang eine ausführliche Rezension von Buchtiteln sowohl operativ alchemistischen als auch alchemistisch-mystischen Inhalts, darunter ein Manuskript, das von Einigen dem Thomas v. Aquin zugeschrieben wird.

Als Basis der Gründung des G.D. gilt ein etwas obskures, in einer Geheimschrift abgefaßtes Manuskript, das ein englischer Pfarrer und publikationsfreudiger Freimaurer, *Rev. Woodford*, um ca. 1885 in einem Antiquariat gefunden haben will. Woodford war Mitbegründer der bekannten Forschungsloge *Quatuor Coronati* im Jahr 1886, aber Mitglied nicht der SRiA, sondern gemäß Waite (zit. Frick a.a.O.) *«einer sehr alten Rosenkreuzerischen Gemeinschaft, die sich aus Suchern beiderlei Geschlechts zusammensetzte, deren Namen aber ... weitgehend unbekannt geblieben sind».* Frick schlägt als Namen dieser Gesellschaft die ‹*Hermetic Students of the Shining Light of the Dawn* – die hermetischen Erforscher der leuchtenden Morgenröte› vor, die einen hebräischen Namen hat: חברת זרח אור בקר; – also *eine kabbalistisch-okkulte Geheimgesellschaft*, die bereits um 1810 in London aktiv war. Auch zu dieser Gruppe habe Eliphas Levy enge Beziehungen gepflegt.

Die Authentizität des genannten Manuskripts ist mehr als fraglich. Entziffert wurde es durch *Westcott* zusammen mit einem weiteren Mitglied der SRiA. Der Inhalt betrifft fünf mystische Rituale unbekannter Herkunft. Die Spur der Autorschaft führt über *Levy* und zwei mit einander vermengten *Fräuleins A. Sprengel* nach München und zu *Theodor Reuß* als Mitglied eines *Münchener Rosenkreuzer-Zirkels* am Ende des 19. Jh. Ein Briefwechsel zwischen Westcott und einer Person mit dem mystischen Namen S(apiens) D(ominabitur) A(stris) führte zur Gründung des G.D. – Frick widmet außer dem ersten Manuskript auch der Frage nach der Identität einer ‹Miss S.D.A.›, die auch als Schwester (Sprengel) galt, eine

akribische Untersuchung mit dem Resultat, daß es sich *um einen (als solcher ganz unbekannten) Mann* gehandelt haben müsse ... –
Wie dem auch sei, so steht doch fest, daß die Basis des G.D. das gemischte Erbe der ‹echten› Rosenkreuzer nach 1614 und der freimaurerisch tätigen deutschen G&RC des 18. Jh. darstellte, wobei der (oder die) mysteriöse ‹S.D.A.› hauptverantwortlich im neuen «... *formlos in den 7.° = 4.° ‹zweiten Ranges› des Golden Dawn of England erhob»*, das in Frankreich *L'Aube Dorée de France*, in Deutschland *Goldene Dämmerung von Deutschland* genannt wurde. -

S. L. McGregor Mathers

Zu den ‹ersten drei Meistern› des Ordens gehörten *Westcott, Woodman* sowie *Samuel Liddel MacGregor Mathers* (1856-1918; siehe den ersten Absatz dieses Kapitels). Diese Gruppe wurde von ‹S.D.A.› zur Gründung eines *Order of Golden Dawn* ermächtigt, die dann am 1. März 1888 stattfand, wobei Westcott die (fingierte) Urkunde zur Gründung des ersten Tempels (*Isis-Urania*) als S.D.A. unterschrieb. Man stellt also fest, daß die Gründung des G.D. eine grundsätzlich rosenkreuzerisch-freimaurerische war. Natürlich war unter den Gründern der ersten französischen Loge des G.D. auch Eliphas Levy. –

Der Gründungs-Mythos beruft sich auf die *«Geheimgesellschaft der Deutschen Rosenkreuzer, die im Jahr 1398 durch Christian Rosencreutz gegründet worden war»*, und deren theosophische, hermetische und alchemistische Lehren an die ‹jüdische› Kabbalah angebunden worden seien (Frick).

6.2.2. Der ‹Hermetische Orden der Goldenen Morgenröthe›

Dieser bearbeitete vorerst vier Grade, die den ersten vier Graden der SRiA und der *Deutschen G&RC* entsprachen: *Zelator Junior – Theoricus – Practicus – Philosophus*. Das G.D. wurde im Stil einer *Adoptions-Loge* geführt, und Im Gegensatz zur SRiA mußte man zur Aufnahme *nicht bereits FM* sein.

Die Lehre des G.D. umfaßte damals vorallem Mystik, Elementenlehre, Qabbalah, die Lehre von *Mikrokosmos* und Makrokosmos. Die Seele des Mitglieds sollte vorallem ein *individuelles Bewußtsein*, dann eine elementisch ausgewogene *Aura* erlangen und bis zum 4.° eine *vollendete Persönlichkeit* werden. Im Philosophen-Grad kam das Fünfte Element dazu, hier auch *Akasha* genannt und als universelle Ursubstanz – alchemistisch auch als *Äther* oder *Quinta Essentia* – interpretiert.

Erst im inneren oder zweiten Orden – einer Gründung von Mathers, dem das Vorige nicht reichte – kam als Symbol die *Rote Rose auf Goldenem Kreuz* zum Zug, und das war auch sein Name: *Red Rose and the Cross of Gold*. Seine Legende basiert vorallem auf der *Fama Fraternitatis* und deren Beschreibung der Auffindung des Grabmals von CRC. Außer den Lehren, dem Ordenskleid und der Organisationsform habe Mathers, ebenso *auf astralem Weg*, von ‹Unbekannten Oberen› u.a. die Anweisung zur Herstellung eines Lebens-Elixirs erhalten. Auch den Brüdern der G&RC wird nachgesagt, ein solches Elixir versprochen zu haben.

In Mathers innerem Orden trat nun der *Spiritismus* in den Vordergrund der Lehre; seine Frau diente ihm als Medium. Die Grade dieses ‹Inneren Ordens› waren: *Drei Adepten-Grade* (A. minor, A. major, A. exemptus = 7.°). Außer eigentlichen spiritistischen Séancen erfolgten hier auch wirkliche Geisterbeschwörungen bis hin zur Theurgie mit Hilfe alter magischer Formeln – wie jene der *Clavicula Salomonis* und eines Manuskripts aus der Pariser Bibliothèque de l'Arsenal: *La Sainte Magie du Abramelin*. Letztere wurde einem Juden Abraham von Worms (1362-1485) zugeschrieben. 1898 erschien eine englische Übersetzung davon unter dem Titel: *The Book of the Sacred Magic of Abra-Melin*. Schon Levy und Bulwer-Lytton sollen dieses Manuskript gekannt und seine magischen Prozeduren beschrieben haben. Später gingen diese ins System von Crowley über.

6.2.3. Der Übergang von der Rechten zur Linken Hand

1897 übernahm Mathers das Amt des Großmeisters (Chief Adept) des G.D, weil Westcott «wegen Unstimmigkeiten» zurückgetreten war. Er bestimmte die magischen Rituale im ‹inneren› G.D. Sein Ziel wurde es nun, die alten naturmagischen Gesetze und Formeln wieder bewußt zu machen, und dank magischer Erfahrungen in die Kenntnis der Gesetze der Welt einzudringen. Dazu gehörten vorallem der Tarot, die Geomantie und der *Kundalini-Yoga*, vermischt mit tantrischen Methoden. So glitt der G.D. mehr und mehr in die Praktiken der ‹Linken Hand› hinein, und es scheint wohl, daß hier der wahre Grund für den Rücktritt von Westcott liegt.

Aufgrund größerer Mitgliederzahlen im ‹Inneren Orden› und wohl auch, um die magische Praxis noch auszudehnen, wurde – bereits unter Westcott – ein *dritter, innerster Orden* eingerichtet, mit einem 8.° (Magister Templi) und einem 9.° (Magus), wie bei SRiA und G&RC – plus ein 12.° (Ipsissimus), was nun den *Zehn Sephiroth* entsprechen sollte. Dieser ‹Dritte Orden› war als *«Große Weiße Loge der Adepten»* (entsprechend der ominösen ‹Großen Weißen Bruderschaft der Ormusse›) den ‹geheimen Oberen – *Secret Chiefs*› des Zweiten Ordens vorbehalten. Diese Bruderschaft sei auch in der Theosophischen Gesellschaft bekannt gewesen (Frick).

Die definitive Wende trat ein, als 1898 *Aleister Crowley* sich in den Orden aufnehmen ließ. Auch Crowley griff auf die genannten magischen Schriften zurück; man erkennt hier den kritischen Punkt der Entwicklung auch in Richtung der *Sexualmagie*. Schon nach einem Jahr wurde er zum Adeptus minor befördert. Wegen der allgemeinen Empörung der übrigen Mitglieder darüber verzog Crowley sich nach Paris zu *Mathers*, worauf dieser ihn in den 5.° und 6.° beförderte. Darauf beschloß die Londoner Loge Mathers abzusetzen und Crowley auszuschließen. Nach vergeblichen Versuchen einer Gruppe Getreuer, Mathers und Crowley zu rehabilitieren *und das Ordens-Vermögen für sich zu sichern*, mußten die Beiden nachgeben, umso mehr, als Crowley auch noch der Durchführung Schwarzer Messen und «sittlicher Vergehen» beschuldigt wurde. Neuer Ordens-Leiter wurde der bekannte irische *Dichter William Butler Yeats*. Dieser versuchte, zwischen den Parteien zu vermitteln, u.a. durch Tolerieren der intern entstandenen Splittergruppe *The Sphere*. Doch die Querelen nahmen zu: Yeats trat als Imperator des G.D. zurück. Ab 1901 folgte ein Zerfall des Ordens; – 1902 teilte er sich. Die Bewahrer der Linie von Mathers benutzte als Plattform die Zeitschrift *Unknown World*, welche G.D.-Mitglied A.E. Waite herausgab. Der Ton dieser Artikel war, *«um die Magie zu praktizieren bedürfe es zweier Fähigkeiten: der Phantasie und der Willenskraft ...»* – und ganz ähnlich tönte es noch 1969 aus der letzten Nummer der Zeitschrift *Oriflamme* des damaligen Schweizerischen O.T.O.-Konglomerats im Kanton Appenzell (Schweiz).

Der enge Mitarbeiter von Mathers, Dr. med. *Edward Berridge*, brachte nun im G.D. noch den *Vampirismus* ins Spiel: *Bram Stoker*, Verfasser des berühmten Romans *Dracula* war ebenfalls ein Mitglied des Golden Dawn.

Über den Verbleib des G.D. nach Mathers Muster ist nichts Weiteres bekannt, als daß er sich in einen neu errichteten Tempel im Westen Londons zurückzog. Auch über die Gruppe, die in Edinburgh weiterbestand, ist nichts mehr bekannt.

In Paris übernahm nach dem Tod von Mathers dessen Frau die Leitung des Ordens für Frankreich und die USA. In Chicago war 1900 durch ein *Ehepaar Lockwood* ein *Thoth-Hermes-Tempel* errichtet worden. Frau Lockwood war Theosophin, woraus sich erneut die Näher des G.D. zur Theosophie erklärt. Für Details zur weiteren Entwicklung des G.D. sehe man bei Frick II/II, 385 ff., mit dem entsprechenden bibliographischen Anhang ebenda.

Zusammenfassend kann gesagt werden, daß offenbar Crowley, der allgemein als Exponent des G.D. betrachtet wird, in Wirklichkeit dort (trotz seiner Neigung zu Sexualmagie und Satanismus wie Reuß) wenig Bleibendes bewirkte. Vielmehr fiel er dort als starke, den Orden beunruhigende Persönlichkeit auf, die aber nie eine wirklich führende Position einnahm. Man sollte sich jedoch bewußt bleiben, daß die *Bücher von Crowley* – besonders jenes über Tarot – *The Book of Thot*, das relativ früh entstand – einen umfassenden Geist und Durchblick sowie eine geniale Gabe des Erfassens zeigen, die nur leider durch die innere Wahl dieses wohl auch sehr geltungssüchtigen und durch was oder wen auch immer verführten Menschen – von der Rechten zur Linken Hand – aus dem Licht in den Schatten sich verirrte. –

All dies zeigt einmal mehr, wie wichtig die *eindeutige und bewußte Orientierung* eines Kandidaten auf seinem spirituellen Pfad ist und bleibt.

Ein weiteres wichtiges Mitglied des G.D. war *E.A. Waite* (1857-1940). Geborener Amerikaner, lebte er lange in England und wurde dank seiner Zeitschrift *The Unknown World* zu einem der Chef-Ideologien des G.D. Waite verfaßte eine Anzahl wichtiger Werke – einerseits über Rosenkreuzertum, andererseits über rituelle Magie, den Graal und Alchemie sowie über Freimaurerei und Tarot. Sein Anliegen war es, die Verbindung zwischen alten Mysterienbruderschaften, dem Christentum und der Christosophie (Theosophie des Christentums) aufzuzeigen. Dasselbe Motiv gilt für den vorübergehenden Aufenthalt von Rudolf Steiner im GD.

Crowley war einer der hervorragendsten Gegner von Waite im G.D., was leicht zu verstehen ist. Waite war auch Freimaurer und verfaßte als solcher *The Secret Tradition in Freemasonary* und eine *New Encyclopædia of Freemasonary*. In den USA war er Ehren-Großaufseher der Großloge von Iowa. Im Jahr 1902 – und im Zuge der Turbulenzen um die Neu-Orientierung des G.D. (denn alle eigentlichen Exponenten waren gestorben, abgesetzt oder zurückgetreten) – versuchte eine Gruppe um Waite eine Erneuerung des Ordens, die aber fehlschlug. Seine Aufforderungen gingen dahin, sich von Magie und Astrologie zu trennen, um sich ausschließlich der christlichen Mystik zu weihen, was ja auch von Anfang an das eigentliche Ziel des Ordens gewesen war.

6.3. ‹STELLA MATUTINA› – MORGENSTERN ODER LUCIFER?

Jene Mitglieder des (zweiten) Ordens von *Golden Dawn*, die an der ritualistischen Magie festhalten wollten, schlossen sich unter einem gewissen *Robert W. Felkin* (1853-1926, SRiA) zusammen. Den Namen des Ordens änderten sie in *Stella Matutina* um. Der ursprüngliche erste Orden hieß seit 1900 *Mystic Rose (Rosa Mystica)*, ab 1902 *Order of the M[ystic] R[ose] in the Outer – M.R.O.*, und anschließend *Alpha and Omega – A.O.* – wie bis vor Kurzem noch auf der Homepage des Ordens vermerkt (siehe oben, S. 79).

Robert W. Felkin

Felkin belebte in diesem Orden ab 1903 vorallem Geisterbeschwörungen auf magischer und spiritistischer Basis. Im Jahr 1904 suchte Felkin in Deutschland Kontakt mit dort lebenden *Rosenkreuzern aus der freimaurerischen G&RC-Tradition*; 1907 wurde er FM in *Edinburgh*. Durch die genannten RC-Kreise kam er auch in Berührung mit der (rosenkreuzerisch orientierten) deutschen Sektion der *Theosophischen Gesellschaft*, und zwar über deren *Generalsekretär, Dr. Rudolf Steiner*. Steiner war damals auch noch Leiter der *androgynen Rosenkreuzer-Loge Mystica Æterna*. Das war ein Zweig des noch jungen O.T.O. von Reuß (siehe oben).

Felkin glaubte, in Steiner das *«Missing Link»* zwischen den klassischen Rosenkreuzern des 17. Jh, den G&RC des 18. Jh. und der Moderne gefunden zu haben; – Steiner erhob Felkin in den Grad des *Magister Templi* des *Ordo Rosicrucianorum* im O.T.O. Daraufhin reorganisierte Felkin die *Stella Matutina* im Stile dieser Rosenkreuzer-Gesellschaft des O.T.O., worauf er nach Neuseeland fuhr, um dort eine *Stella Matutina* zu gründen (diese aktiv bis 1978).

1919 gelang es Felkin, die Entarteten der englischen *Stella Matutina* hinaus zu hebeln und die Übrigen – unter dem Eindruck seiner Kontakte mit R. Steiner – geschlossen in die jetzt neu bestehende *Anthroposophische Gesellschaft* überzuführen. Daraus wurde die erste englische Sektion der *Anthroposophischen Gesellschaft*.

Gleichzeitig denunzierte eine Leiterin der *Stella Matutina* in London, *Christine* Stoddart, den Orden als kommunistisch zionistische Organisation, die nach der Weltherrschaft strebe; der dortige Tempel wurde geschlossen. Ein anderer Leiter, *Israel Regardie*, verließ den Orden 1934 und publizierte alle möglichen Akten von *Stella Matutina* und *G.D. –* Der Tempel in Bristol überlebte bis 1960 in Anlehnung an die Anthroposophie.

6.4 DER WEISHAUPT'SCHE ILLUMINATEN-ORDEN

Adam Weishaupt wurde in einem Jesuiten-Kloster erzogen und erlangte schließlich den Titel eines Professors für Kanonisches Recht. Im Laufe der Jahre bekam er mit der katholischen Lehre Schwierigkeiten, und so kam es, daß er zum persönlichen Schüler des Philosophen *Mendelssohn* wurde, der ihn zum *Gnostizismus* bekehrte. 1770 soll Weishaupt vom *Rothschild-Clan* kontaktiert worden sein, um in dessen Auftrag in Ingolstadt den Geheimen Orden der *Bayerischen Illuminaten* zu gründen.

Weishaupts Bayerischen Illuminaten sind nicht mit anderen ‹*Illuminati*› zu verwechseln, die wohl aus der Weishaupt'schen Gründung hervorgingen, sich aber in der Folge z.T. ganz anders orientierten – am wenigsten mit den heute mit dem sogenannten ‹*Schwarzen Adel*› in Verbindung gebrachten *Illuminati*. Jene infiltrierten bereits im Altertum die ‹*Bruderschaft der Schlange*› in Mesopotamien und treten (noch) nicht persönlich in der Öffentlichkeit auf, sondern manipulieren öffentliche Persönlichkeiten aus dem Hintergrund (‹mind control›). Adam Weishaupt benutzte jedoch diesen Namen für seinen Orden, dessen Ziele jenen der ‹*Illuminati*› ähnlich waren – womöglich, um damit die öffentliche Aufmerksamkeit zu erregen und Verwirrung zu stiften: Es gibt Quellen, die Weishaupt als autokratischen Idealisten schildern; also als einen autistischen Träumer eher denn als einen Demagogen. —

Am 16. Juli 1782 wurde das Bündnis zwischen den FM und den *Bayerischen Illuminaten* in Wilhelmsbad besiegelt. Dieser Pakt verband etwa 3,000,000 Mitglieder der führenden Geheimgesellschaften miteinander. Ein Abkommen des Konvents in Wilhelmsbad bewirkte die Aufnahme von Juden in die FM-Logen, Diese hatten damals sonst noch kaum bürgerliche Rechte. Mit der Kontrolle über die *Bayerischen Illuminaten* erhielt der Rothschild-Clan auch direkten Einfluß auf andere wichtige Geheimlogen. (Siehe dazu: J. v. Helsing, *Geheimgesellschaften und ihre Macht im 20. Jahrhundert*. ISBN 3-89478-069-X).

1785 wurden aufgrund einer Razzia durch Organe des Bayerischen Kurfürsten in Weishaupts Haus subversive Papiere des Ordens konfisziert und veröffentlicht. Weishaupt tauchte unter, arbeitete aber im Untergrund weiter: 1786 tauchte ein ‹Orden› *Deutsche Einheit* auf und verteilte Flugschriften mit denselben Ideen wie zuvor – und mit der Devise *Liberté – Égalité – Fraternité!*

Weishaupt starb im Jahre 1830 im Alter von 82 Jahren. 1834 übernahm *Giuseppe Mazzini* die Führung des bayerischen Illuminatenordens und hielt diese Position bis zu seinem Tode, 1872. Während seiner Führungszeit in diesem Orden korrespondierte Mazzini mit dem berühmten HG-FM *Albert Pike*, dem ‹Souveränen Großmeister des Alten und Akzeptierten Schottischen Ritus der Freimaurer› (AASR) in der *südlichen* (!) Jurisdiktion der USA,

Pike war von *Mazzini* zum Leiter der Operationen der bayerischen Illuminaten in den USA ernannt worden. Pike und Mazzini arbeiteten als Top-Illuministen zusammen: Pike übernahm die theosophischen Aspekte ihrer Operationen, Mazzini die Politik. Als die Freimaurerlogen des *Großen Orients* aufgrund Mazzinis revolutionärer Aktivitäten in Europa in Verruf kamen, präsentierte Pike Mazzini einen Plan zur Gründung eines *Superhochgrad-Ordens über dem 33.°*, in den nur eine ganz enge Auswahl von Mitgliedern eingeweiht werden sollten, und der absolut geheim bleiben sollte. – Das wäre dann wohl der sog. ‹*Club der Dreizehn*› ...

6.5. DAS UNVERMEIDLICHE THEMA ‹ROTHSCHILD›

«*Die Rotschilds*» sind ein unvermeidliches Thema, wenn von den *Bayrischen Illuminaten* und den *B'nai B'rith* die Rede ist. Das ist auch kein Wunder, handelt es sich doch heute, wo allein das Geld regiert, um den zweifellos mächtigsten Clan der Welt; – um eine echte Bruderschaft, verstreut unter die verschiedensten Namen, Nationen und Konfessionen, einschließlich so mancher ahnungsloser Vereine und Gruppen; denn nur wenige Mitglieder des Clans tragen wirklich diesen Namen. Die Rothschilds waren früh Mitglieder verschiedener FM-Logen in ganz Europa; und es ist sogar sehr wahrscheinlich, daß sie in Wirklichkeit zu den größten Förderern dieser Organisation gehörten: Deren internationales politisches und wirtschaftliches Potential mußte ihnen sofort sinnfällig werden; das erfolgreiche Arbeiten über alle äußerlichen und inneren Grenzen hinweg lag ihnen im Blut, und sie hatten Erfahrung damit. Auf denselben Tatsachen beruht bekanntlich der Welterfolg des rothschild'schen Bankenwesens, dessen Beginn mit dem der Freimaurerei zeitlich genau zusammenfällt. – Ein Internet-Autor berichtet (unter http://tiny.cc/oe17xw; hier stark gekürzt):

ORDEN. LOGEN UND DAS ROSENKREUZ

«Als die Bayrischen Illuminaten bloßgestellt waren, ging die zentrale okkulte Macht über alle Geheimgesellschaften Europas an die *Carbonari* über – auch *Alta Vendita* genannt – und dirigiert durch *Carl Rothschild*, einen Sohn des Patriarchen *Amschel*. Im Jahr 1818 beteiligte sich Carl an einer Geheimakte, die von der Alta Vendita an alle FM-Hauptsitze versandt wurde, betitelt: *Leitfaden ... für die Häupter der höchsten FM-Grade*. [Leider] ging ein Exemplar davon verloren. Das Maurerische Handbuch: *10'000 berühmte Freimaurer*, Bd. 4, S. 74 nennt zwei weitere Rothschild-Söhne – *James Meyer Rothschild* und *Nathan Meyer Rothschild*. James Rothschild in Paris war ein AASR Maurer 33.°; sein Bruder *Nathan* Mitglied bei der *Lodge of Emulation in London*. Der FM-Autor *Katz* nennt *Solomon Meir Rothschild* als *„einen weiteren der fünf Brüder, aufgenommen am 14. Juni 1809"*. So wurden die Rothschilds früh auch mächtig in der Freimaurerei». – Den ganzen Clan deshalb *«satanic»* zu nennen, ist aber nackte Verleumdung.

Lionel de Rothschild (das *de* wurde im März 1817 in Wien hinzugefügt und 1822 in Frankreich durch *Baron* ergänzt) war Mitglied der ersten kommunistischen Internationale. Der FM *Mazzini* – ein Förderer des Kommunismus – pries Rothschild mit den Worten: *«Rothschild könnte König von Frankreich sein, so er nur wollte!»* – (Zit. Frederic Morton, selber ein Rothschild, in : *The Rothschilds*. - London, Secker & Warburg, 1962. – Ein sehr beachtenswertes, gut geschriebenes Buch!

Drei jüdische Autoren stellen fest, der *B'nai B'rith* sei eine *«Abspaltung des Order of Zion und als Spionage-Front fürs Haus Rothschild organisiert»*. Auch bei den *Bilderbergern* stehen die Rothschilds in erster Front – eng liiert mit dem CFR (*Counsel of Foreign Relations der USA*) – der ebenfalls ursprünglich eine Geheimgesellschaft war. Und die *Rothschilds* unterstützten (über ein Testament von C. *Rhodes*) auch die Bildung einer Geheimgesellschaft *nach dem Vorbild von Jesuiten und FM*, und ausgehend von der *Jesuit Georgetown University*, mit dem Auftrag, ein *One-World Gouvernment* – eine *Weltregierung mit Zentrum in England* – errichten zu helfen. Deren innerer Kreis bildete sich im März 1891; ein zweiter Kreis möglicher Mitglieder bestand u.A. aus *Lord Balfour*, *Sir Harry Johnson*, *Lord Rothschild*, *Lord Grey*.

Übereinstimmende Informationen legen den Gedanken nahe, daß es sich dabei ursprünglich um die Weishaupt'schen *Illuminaten* handelte. Im *inneren Kreis* der Rhodes-Gesellschaft, der *Round Table Group*, wurde Lord Rothschild ersetzt durch seinen Schwie-

ZUM THEMA ROTHSCHILD

gersohn, *Lord Rosebury* (*=Rosenberg)*, «des unauffälligeren Namens wegen». Dieser Kreis dehnte sich nach dem 2. Weltkrieg aus zum *Royal Institute of International Affairs*.

Um 1905 herum ‹erwarben› die Rothschilds, im Rahmen einer Großanleihe an den *Vatikan*, den über die FM-Loge ‹Propaganda 2› dirigierten *Banco Ambrosiano* samt Verwaltung des gesamten Vatikanischen Finanzverkehrs, und ab 1823 den weltweiten Finanzverkehr der katholischen Kirche. Auch das Vermögen des russischen Zaren lag in der Verwaltung der Rothschilds. Diese finanzierte auch die *Russische Revolution* ...

Bei der Gründung der USA waren die Rothschilds selbstverständlich mit von der Partie; – der Entwurf der 1-US-$ Banknote stammt von Philippe [de] Rothschild.

Gerüchte wollen, der *Erste Weltkrieg* sei im Hinblick auf die ‹*Neue Weltordnung*› inszeniert werden, um das zaristische Rußland unter die unmittelbare Kontrolle der bayerischen Illuminaten zu bringen. Rußland sollte dann als ‹Buhmann› benutzt werden, um die Ziele der *Bayerischen Illuminaten* weltweit zu fördern. –

Der Zweite Weltkrieg sollte über die Manipulation der zwischen den deutschen Nationalisten und den politischen Zionisten herrschenden Meinungsverschiedenheiten fabriziert werden. Daraus sollte sich eine Ausdehnung des russischen Einflußbereiches und die Gründung eines Staates Israel in Palästina ergeben.

Der Dritte Weltkrieg sollte sich, denselben Quellen zufolge, als weltweiter Konflikt aus den Meinungsverschiedenheiten ergeben, die die *Illuminati* zwischen den *Zionisten* und den *Arabern* hervorrufen würden. Teilziel dieses Krieges wäre es, *Nihilisten und Atheisten* auf einander zu hetzen, um einen sozialen Umsturz noch nie gesehener Brutalität zu provozieren. Nach Vernichtung des Christentums und des Atheismus würde man den Menschen dann die ‹wahre Luziferische Doktrin› bringen. – Soweit die Quellen.

Ob nun der Leser solchen ‹Berichten› und Vermutungen gutgläubig oder skeptisch gegenüber stehe – es lohnt sich jedenfalls, die genannten Quellen, deren Literatur sowie die seit 1875, bzw. seit 1993, abgelaufenen Welt-Ereignisse mit einander zu vergleichen und sich seine eigene Meinung zu bilden. Auch Icke's Buch *The Biggest Secret* sollte ernst genommen werden, da genau dokumentiert und mit nachweisbaren Bildern versehen. – Das Ganze ist jedoch *keine Verschwörung*, sondern ‹nur› allerhöchste *Strategie!*

Pike wurde übrigens *fälschlich* auch schon als Gründer des ‹*Ku Klux Klan*› genannt. Dieser war eine rechtsradikale rassistische, fanatisch antikatholische und antisemitische Vereinigung, gegründet durch einige Offiziere der USA-Südstaaten (1865) und aufgelöst 1871. Eine neue Gründung ‹lebte› 1915-1940; – es folgten verschiedene ‹Wiederbelebungen› bis 1990 ... – Das Bild ist von 1871.

Schlußbemerkung zu diesem Kapitel: Bis dato scheint der hier aufgezeigte Einfluß keine der bekannten RC-Bewegungen, es sei denn G.D. erfaßt zu haben; doch sind diese zur einheitlichen, weltweiten *Indoktrination* auch wenig geeignet, wenig zahlreich, und nicht so mächtig wie die stark und unübersichtlich vernetzten, der GLAE *unterworfenen* FM-Logen, Großlogen, Großoriente etc. Hier ist es wichtig, zu unterscheiden zwischen einer *Lehre* (d.h. formulierter *Überlieferung*), einem *Dogma* (d.h. *verbindlicher Formalisierung* der Lehre) und einer *Doktrin* (förmlich zwingender *Indoktrination* von Individuen und Gruppen – ob Parteien, Kirchen oder Orden).

6.6. EIN BLICK AUF DIE KÖNIGLICHE BLUTLINIE

Nun drängt sich ein kleiner Exkurs auf: Die *Spencers*, eine alte schottische und früh auch amerikanische ‹Adels›-Familie – und die *Spencer-Churchill's* mit Ablegern bis zu den *Kennedy's* – waren HG-Freimaurer des *Schottischen Ritus* seit dessen Beginn (vgl. Fritz Springmeier: *The Top 13 Illuminati Bloodlines* – zitiert in David Icke, *The Biggest Secret*, p. 412). – A.a.O. liest man: «Diana {Spencer, die 1969 per Unfall ermordete Prinzessin} hatte *gemeinsame Vorfahren mit Charles* ... über James I, den ersten *Stuart*-König von England und Schottland. Dieser spielte u.a. eine wichtige Rolle bei der Verbreitung der *Bruderschaft* (der *Illuminati*) und bei der Bildung der *Virginia Company*». Letztere wurde 1606 durch *King James I* als Instrument der *Landnahme in Amerika* gegründet. Ab 1620 handelte sie unter dem Namen *Pilgrim Fathers*(!). – Icke (a.a.O.) zeigt auf, daß *die heutigen USA mit der damaligen Virginia Company identisch* seien; – darum genau besehen *noch heute keine Nation*, sondern eine *Firma* – und folglich nach wie vor – juristisch gesehen – *Eigentum der britischen Krone!*

Der Sohn von *Maria Stewart*, James (*James VI of Scotland*, bzw. *James I of England*, 1567-1625), soll dann den *Zusammenschluß*

ZUM THEMA ROTHSCHILD

von Templern, Rosenkreuzern und anderen Geheimgesellschaften unter dem Namen Freimaurer gefördert haben. Ebenso wurden durch *James I* der Kolonialrat und alle Kolonisten mittels der *Charta von 1606* verpflichtet, *sämtlichen damaligen und noch kommenden Bewohnern* von Amerika das (calvinistisch-puritanische) Christentum *aufzuzwingen.* Darin wiederholt sich das typische Vorgehen, das wir andernorts bezüglich der Römer – der antiken wie der späteren – bereits mehrfach darlegten.

Dieser kleine Exkurs in die Weltgeschichte der hohen ‹Adelsfamilien› zeigt die unbedingte Vernetzung der spirituellen Entwicklung der Menschheit mit politischer und wirtschaftlicher Machtpolitik – und mehr. Er wirft ein besonderes Licht auf die auf S. 21 geschilderte Ansprache des gemäß gesicherten Dokumenten mit der Schottischen HG-Freimaurerei so eng liierten *Herbert Spencer* an einer öffentlichen Versammlung der amerikanischen TS im Jahr 1896, im altbekannten Sinne: *«Tu felix Austria nube!»*

Herbert Spencer

Baron Lionel Rothschild nimmt im englischen Unterhaus seinen Platz ein
(1858)
Bildquelle: Frederic Morton: *The Rothschilds;* – a.a.O.

7. GEGNER DER FREIMAUREREI: DER ANTIMASONISMUS

7.1. DER KLERIKALE ANTIMASONISMUS

Das Stichwort für dieses Kapitel gibt die Ansprache von *Leon Gambetta* am 4. Mai 1877 (er «erblickte das Licht» 1869 in Marseille). – Die Proteste der *Bischöfe* gegen die Aufhebung der weltlichen Macht des Papstes konterte er so:

«... und ich äußere nichts Anderes als die innersten Gefühle des französischen Volks, wenn ich über den Klerikalismus dasselbe sage, wie früher mein Freund (Pastor) *Peyrat: „Der Klerikalismus? – Das ist der Feind!"».*
Die *Kirche* aber sieht gerade in allen ‹Freidenkern› – den ‹*Libres Penseurs*› *«den Feind»*. – Und das hat sich *seit es Theosophen, Rosenkreuzer und Freimaurer gibt*, nie wirklich geändert – selbst wenn es Ausnahmen gab. Gewissens-, Rede und Pressefreiheit sind weltweit stets wieder von einer der etablierten Mächte in Frage gestellt bis brutal unterdrückt worden – stets aus denselben ur-menschlichen Gründen. Das vorliegende Buch wäre völlig mangelhaft, wollte es solche Themen verschweigen; darum sei ihnen jeweils ein eigenes Kapitel gewidmet, das alle Standpunkte kurz zu beleuchten versucht.

Am 26. Juni 1985 statuiert die Vereinigte Großloge von England in ihrem Dreimonats-Bulletin: *«Die Freimaurerei ist weder eine Religion, noch eine Ersatzreligion. Sie verlangt von ihren Mitgliedern, daß sie an ein Höchstes Wesen glauben, liefert aber selbst keine eigene Glaubens-Methode. ... – Es gibt keinen Freimaurer-Gott. Ein Freimaurer bleibt dem Gott der Religion ergeben, die er bekennt. Die Freimaurer begegnen einander in der gemeinsamen Ehrfurcht vor dem Höchsten Wesen, doch bleibt dieses «das Höchste Wesen» der Jedem eigenen Religion; und es ist nicht Aufgabe der Freimaurerei, zu versuchen, alle Religionen zu einer einzigen zu verschmelzen. – Es gibt keinen freimaurerischen Misch-Gott ...»*

Das spielt an ans messianische Ideal des Talmud, hinsichtlich einer einzigen Weltreligion und einer einzigen Weltregierung unter jüdischer Führung. Diesem Ideal eiferte vorallem der im MMR, im AASR, in der internationalen jüdischen Gemeinschaft, in der französischen 2. Republik und in Frankreichs Bankenwesen an der Spitze wirkende *Isaak Mose Adolphe Crémieux* nach (siehe S. 68).

Bereits 1953 kam die *Grande Loge de France* durch die Veröffentlichung dieser Grundsatz-Erklärung in die Zwickmühle zwischen dem *Grand Orient de France* und der *Grande Loge Nationale Fran-*

çaise: Obschon teilweise aus *Agnostikern* bestehend, legt sie Wert auf gute Beziehungen zur katholischen Kirche, empfängt auch gelegentlich deren Würdenträger zu Vorträgen oder Seminarien, wie sie dies auch für Repräsentanten anderer Religionen tut (Wikipedia/*Grande Loge de France*). «*Die Grande Loge de France erneuert die Verpflichtung ihrer Logen, bei ihrer Arbeit eine offene Bibel unter Zirkel und Winkel auf dem Altar aufzulegen; – einige Logen lesen die ersten Verse des Johannes-Evangeliums, wo sie meistens geöffnet ist, doch ist das freiwillig*» (Claude Gagne). –

Diese Hervorhebungen sind aus folgenden Gründen relevant: Im Jahr 1877 hatte der *Grand Orient de France in seiner Grundsatz-Erklärung* Folgendes veröffentlicht: «*Metaphysische Auffassungen gehören zur Privatsphäre seiner Mitglieder und entziehen sich jeder dogmatischen Auffassung*».

- Artikel 1 der *Constitutions*, welcher den Glauben an Gott und an die Unsterblichkeit der Seele verlangt, wird folgendermaßen abgeändert: «*Die Freimaurerei als vorallem philanthropische und Fortschritts-orientierte Institution verfolgt die Wahrheitssuche, das Studium der universellen Moral, der Wissenschaften und Künste sowie die Ausübung von Wohltätigkeit. Ihr Grundprinzip ist die absolute Gewissensfreiheit und die menschliche Solidarität. Sie schließt niemanden seines Glaubens wegen aus. Ihre Devise ist: Freiheit, Gleichheit, Brüderlichkeit.*»

Die Anrufung des Größten Baumeisters aller Welten (GBAW) war hiernach nicht mehr obligatorisch, ebensowenig die aufgeschlagene Bibel mit aufgelegtem Winkel und Zirkel auf dem Altar {bei den anderen Buch-Religionen sind es der Pentateuch bzw. der Koran; Anm. d. Her.} – jede Loge tut nach ihrem Gutdünken. – Daraufhin war der Grand Orient de France durch die ‹Große Mutterloge Aller› – die Großloge von London – verurteilt und vom Orden der Freimaurer ausgeschlossen worden.

Die Encyclica *Humanum Genus* von *Leo XIII* im Jahr 1884 wirft der «Sekte der Freimaurer» militanten Antiklerikalismus – und sogar ‹Satanismus› vor sowie die Annahme von Positivismus und Rationalismus, entsprechend dem angelsächsischen Deismus des 18. Jh.. Als aufmerksamer Leser erkennt man: Der Begriff «Freimaurer» könnte leicht auf jeden andere Orden ausgedehnt werden:

«*Seit durch den Neid des Dämons das menschliche Geschlecht sich jämmerlich von Gott trennte ... ist es in zwei feindliche Lager geteilt, die nicht aufhören, zu kämpfen – das eine für Wahrheit und Tugend, das andere für Alles, was Tugend und Wahrheit widerspricht. Ersteres ist das Reich Gottes, also die wahre Kirche Jesu*

ORDEN. LOGEN UND DAS ROSENKREUZ

Christi, deren Glieder ... notwendigerweise von ganzem Herzen und mit dem ganzen Willen Gott und seinem einzigen Sohn dienen müssen. – Das Andere ist das Reich von Satan ... –

Zwei Pentagramme überkopf!

« ... In unserer Zeit scheinen die Anstifter des Bösen sich verbündet zu haben unter dem Impuls und mit der Hilfe einer vielerorts verbreiteten und hoch-organisierten Gesellschaft: der Freimaurerei ... – Öffentlich und unter offenem Himmel unternehmen sie es, die heilige Kirche zu ruinieren, um, wenn es möglich wäre, die christlichen Nationen der Wohltaten zu berauben, die sie dem Erlöser Jesus Christus verdanken ... Das Hauptziel und der Geist der maurerischen Sekte waren ... völlig an den Tag gebracht worden durch die klare Manifestation ihrer Agitationen ... – Angesichts dieser Tatsachen war es für den apostolischen Stuhl ganz einfach (!), die Sekte der Freimaurer zur kriminelle Gesellschaft ... zu erklären (und) die schwersten Strafen gegen sie auszusprechen ...»

«Im Laufe von eineinhalb Jahrhunderten hat die Sekte der Freimaurer unglaubliche Fortschritte erzielt. Mit List und Kühnheit hat sie alle Schichten der gesellschaftlichen Hierarchie besetzt, und begonnen, im Schoß der modernen Staaten eine Macht auszuüben, die beinah der Allmacht gleich kommt. Aus dieser raschen Ausdehnung sind für die Kirche, für den Adel und fürs Volkswohl genau die Übel gefolgt, die unsere Vorgänger längst vorausgesehen hatten ... und dies in solchem Maß, daß man in Zukunft das Schlimmste befürchten muß; – zwar nicht für die Kirche, deren feste Fundamente durch keines Menschen Hand erschüttert werden können, doch hinsichtlich der Staaten, in deren Schoß entweder diese Sekte der Freimaurer oder andere ähnliche Gesellschaften, die mit jener zusammenarbeiten ..., allzu stark geworden sind ...

1893 wurde in Rom die *Internationale Antimasonische Liga* gegründet;1896 fand in Trento ein Konvent dieser Liga statt. 1903 schrieb *Leo XIII* einen *Exorzismus* gegen die Feinde der Kirche. – 1910 gründete *Paul Copin Albancelli* die *Französische Antimasonische Liga*; Am 27. Mai 1915 genehmigte *Benedikt XV* den Kanon 2335, wodurch Alle, die einer maurerischen Gemeinschaft oder einer antiklerikalen Geheimgesellschaft beitreten, *lata sententia* (d.h. stillschweigend) exkommuniziert werden.

Am 28. März 1937 veröffentlich *Papst Pius XI* seine *Encyclica Nos es muy conocido* (uns ist sehr wohl bekannt), worin er die religiöse Verfolgung in Mexiko seit der von der Kirche als freimaurerisch verurteilten (!) Verfassung von 1917 beklagt. – Am 28. Oktober 1958 wird *Angelo Giuseppe Roncalli*, von dem gesagt wird, er sei in den *Orden der Rosenkreuzer* (AMORC?) aufgenommen worden, zum *Papst Johannes XXIII* gewählt – man sagt: als Neutralisation des Gegenpapsts im 14. Jh., *Johannes XXIII (Baldassare Cossa)*. Als Nuntius in Frankreich (1944) pflegte er Beziehungen mit FM-freundlichen Politikern, nahm sogar selbst im Kreis von FM-Brüdern an Weißen Logen (ohne Schurz) teil, erwirkte aber andererseits auch Privilegien bei den Nazis (*Franz v. Papen*).

1961 nahm der *Jesuitenpater Michel Riquet* an einem regulären Logenanlaß des *Grand Orient de France* teil; 1974 betrieb er eine Befriedung der Kirche mit der französischen Freimaurerei.

Opus Dei

Am 11. September 1975 deklariert die Hl. Glaubenskongregation, der Kanon 2335 (siehe oben) meine allein jene Katholiken, die einer kirchenfeindlichen Gesellschaft angehörten, doch bleibe es den Klerikern, Ordensbrüdern der Kirche *und säkularen Mitgliedern der Kirche* verboten, einer masonischen Gesellschaft anzugehören – *außer mit Dispens.*

Im Jahr 1983 schweigt der *Kanon 1184* des neuen Kirchenrechts (*constitutio apostolica sacræ disciplinæ*) über die Freimaurer (betreffend Jene, denen man die katholischen ‹Sakramente› versagen muß), und er hält auch die im alten Kanon 2335 enthaltene Exkommunikation nicht aufrecht. Dafür erscheint der Ausdruck *«Jene, die ihren Namen einer Gesellschaft geben, die an Verschwörungen gegen die Kirche teilnimmt ... ».* – Doch im November desselben Jahres korrigiert die Glaubenskongregation:

«Manche glaubten, die Meinung der Kirche über die Freimaurerei habe sich geändert, weil im neuen Kirchengesetz nichts über sie gesagt wird. Die Hl. Glaubenskongregation ist in der Lage, darauf zu antworten, daß dieser Umstand aus einem Redaktions-Kriterium folgt, das auch betreffend andere Gesellschaften angewendet wurde ... – Das Urteil der Kirche über die Freimaurerei ist also unverändert, weil deren Grundsätze immer als unvereinbar mit der Lehre der Kirche betrachtet wurden. Daher verbietet es die Kirche weiterhin, sich dort einzuschreiben. Katholiken, die Freimaurer-Mitglieder sind, befinden sich im Zustand schwerer Sünde ... Die örtlichen kirchlichen Behörden sind nicht kompetent, über die

Natur der Freimaurer-Gesellschaften ein Urteil zu fällen, das zu einer Wegbedingung dessen führen würde, was hiervor gesagt ist ...
1987 findet in *Toulouse* ein Kolloquium zwischen Freimaurern und Katholischen statt. Aber im Juli desselben Jahrs qualifiziert die Generalsynode der *Church of England* die Freimaurerei als ketzerisch und verurteilt die maurerische Praxis als unvereinbar mit der Zugehörigkeit zur christlichen (!) Kirche.
Diese gespaltene (oder doppelspurige) Haltung setzt sich auch im neuen Jahrtausend unverändert fort:
Am 2. März 2007 wiederholt der Vatikan seine Verurteilung der Freimaurer: *«Die Zugehörigkeit zur Freimaurerei und zur katholischen Kirche sind unvereinbar»* erinnert *Mgr. Gianfranco Girotti*, Rektor des apostolischen Pœnitentiariums und wiederholt die Äußerungen der Hl. Glaubenskongregation (treue Nachfolgerin der Inquisition des Spätmittelalters).

Church of England

Am 10. Mai 2010 lädt wiederum die *Grande Loge Nationale de France* zur Teilnahme an einer Konferenz in ihrem großen Tempel, mit Mgr. *J.- Ch. Descubes,* Erzbischof von Rouen, Pfarrerin *Agnes von Kirchbach*, dem Imam Sheikh Chaled Ben Cheikh und dem Oberrabbiner Chaïm Korsía, zum Thema: *Reguläre Freimaurerei und Monotheismus im 20. Jahrhundert. –* Gleichentags vereinigt in Lyon der Club *Dialogue et Démocratie Française*, zu welchem männliche und weibliche Freimaurer aller Obœdienzen gehören, den Erzbischof von Lyon, Kardinal *Barbarin*, den Oberrabbiner *Richard Wertenschlag*, den Präsidenten des Regionalrats des Islamischen Kults, *Azzedin Gacci*, und den reformierten Kirchenpräsidenten von Lyon, *Joël Rochat* in einem ‹Dîner Debat› zum Thema *Laizismus, Religion, Spiritualität*. Msgr. *Bernard Barsi*, Erzbischof von Monaco, erinnert an die Verlautbarung der Glaubenskongregation vom 26. Nov. 1983 und verkündet (als Gast der FM!), daß die Zugehörigkeit zur Freimaurerei, welcher Obœdienz auch immer, mit der Zugehörigkeit zur katholischen Kirche unvereinbar sei ...

7.2. DER POLITISCHE ANTIMASONISMUS

Es ist unvermeidlich und selbstverständlich, daß in einer Körperschaft welcher Orientierung auch immer, worin Exponenten aus Wirtschaft, Gesellschaft und Politik zusammen kommen, früher oder später politisiert wird – bzw. daß sie durch hohe Institutionen politisch interpretiert und mißbraucht wird. Dagegen hat die Freimaurerei nicht einmal die Tatsache geschützt, daß in ihren Zusammenkünften die Themen Religion und Politik tabu sind. Begünstigt wurde diese unselige Entwicklung andererseits durch Menschen, die in der Freimaurerei – in Sonderheit in den Hochgrad-Systemen und ähnlichen Organisationen – eine Entfaltungsmöglichkeit ihres persönlichen Einflusses suchten und fanden – und dies, betrachtet man die Geschichte genau, schon im 18. Jahrhundert; d.h. seit Beginn der Aufnahme von *Gentlemen Masons* in die ursprünglichen Maurer-Gilden (siehe Hinweis an jener Stelle).

Andererseits konnte selbstverständlich erwartet werden, daß hochrangige Personen, wenn sie in einer Loge aktiv wurden, manche weitere ‹hochkarätige› Personen aus ihrer unmittelbaren Umgebung mitbringen würden – und Jene wieder Weitere ... – Und drittens, daß die ‹noblen Herren›, da diese einmal ‹informell› im selben Kreis beisammen waren, mit einander auch über ihre noblen Anliegen verhandeln würden: Treffen sich zwei Ärzte an einer Hochzeit, sprechen sie *immer* über Medizin mit einander. Ganz gleich geht es selbstverständlich Obersten, Prinzen, Theologen u.s.w. – Das ist eine anerkannte ‹professionelle› Indisziplin.

Zwei markante Ereignisse aus dem vergangenen 20. Jh. führen dies deutlich vor Augen Dabei soll man sich erinnern, daß Politiker wie Gambetta, Garibaldi, Karl Marx, Metternich, die deutschen und französischen Sozialphilosophen, Napoleon, die russische kaiserliche Familie, das britische Königshaus – und so weiter und so fort – jederzeit aktive Freimaurer mit höchstem Einfluß waren und noch sind. – Und so ist es nur folgerichtig, daß – auch in politischer Hinsicht – die Mitgliedschaft bei der Freimaurerei inkompatibel ist mit zentralen Machtsystemen, die der Grundauffassung sind: «*Gut ist, was dem Staate (der Kirche, etc.) nützt!*» —

Im Jahr 1922 zwang die *Dritte Internationale* alle Mitglieder der französischen kommunistischen Partei, zu wählen: zwischen der *Partei* und der *Freimaurerei*. Daraufhin verbot die kommunistische Partei *Frankreichs* ihren Mitgliedern, Freimaurer zu sein!

Auch *Hitler* (wie weiter oben die Kirche) schob die Verantwortung für verschiedene subversive Aktionen den Freimaurern zu; – ja, er schrieb sogar die Vorkommnisse die zum Ersten Weltkrieg führten, auf ihr Konto. Der weitere Verlauf ist genau analog zu dem bei der katholischen Kirche:

Am 17. August 1935 verbietet Hitler die Freimaurer-Orden Deutschlands. – *Stalin, Mussolini, Salazar, Pétain* und *Franco* (der seinen Vater haßte, welcher FM war), tun dasselbe. – Am 14. August 1940 verbietet die NSDAP alle Geheimgesellschaften; läßt die Logen auflösen und ihre Güter und Archive beschlagnahmen. *In Paris* wird eine antimasonische Ausstellung präsentiert.

In Frankreich befiehlt am 11. August ein Gesetz die Entfernung aller Freimaurer aus allen öffentlichen Ämtern, sowie die Veröffentlichung der Namen der FM-Würdenträger im Amtsblatt. Daraufhin werden 540 Personen deportiert, 989 werden füsiliert.

Pinochet war ein ‹inaktiver› Maurer; *Allende* war Meister vom Stuhl der Loge *Hiram* zu Santjago, als er erschossen wurde.

Es fällt auf, daß mehrere dieser Daten in den Zeitraum der Cerealien fallen (August-Vollmond ± ca. 4 Tage) – eines Fests, das von den Kelten als *Lughanasadh*, von den Katholiken als ‹*Mariæ Himmelfahrt*›, von den Protestanten als ‹*Erntedankfest*›, von den französischen Katholiken als ‹*St-Barthélémy*›, von den gallischen Landwirten als ‹*Fête du Vin*› – alle in der Form eines folkloristische *Sonnenfests* – übernommen wurde.

Am 18. Juni 1982 wird *Roberto Calvi*, Mitglied der Loge *Propaganda Masonica Due* (P2) {diese geleitet durch den Großmeister *Licio Gelli*, der 1981 vom Großorient Italiens ausgeschlossen worden war} durch eine Mehrfach-Täterschaft ermordet: Er war Präsident der *Banco Ambrosiano*. Deren Hauptaktionär war spätestens nach 1970 die Bank des Vatikans (IOR); – diese selbst seit spätestens 1925 unter dem Einfluß des Rothschild-Bankenkartells.

Am 8. Juni wurde in Barcelona *Omar Bongo* umgebracht – Präsident der Republik Gabon und Großmeister der Großloge von Gabon.

7.3. DER ANTI-ANTIMASONISMUS

Kontroversen – d.h. der ‹Kampf› zwischen Befürwortern und Gegnern einer Sache – sind typisch für alle Lebensäußerungen in dieser unserer zweigeteilten Natur. Es gibt aber noch ein Drittes: Daß Beteiligte oder auch Außenstehende der Kontroverse als solcher in intelligenter Überparteilichkeit entgegengewirken – sei es, weil sie der fruchtlosen Auseinandersetzungen müde sind, sei es, daß sie hinter der aktuellen spezifischen Kontroverse das Potential einer generalisierten Unterdrückung oder Verfolgung befürchten und dieser Entwicklung vor ihrer eigentlichen Entfaltung zuvorkommen wollen. Dann wird aus der Kontroverse zweier Interesse-Gruppen ein allgemein gesellschaftliches Phänomen, das im Extremfall zu Demonstrationen, Streiks und gar zum Aufstand führen kann. – So auch im Fall der Freimaurerei als modernem Prügelknabe *aller* Gegner *jeder* esoterischen Geistigkeit: Im ‹Erfolgsfall› wäre es ja «einfach» (siehe S. 94), allfällige Maßnahmen oder Verbote auf alle übrigen Gruppen auszudehnen – wie 1917, 1922 und 1935! –

Umso wichtiger und ganz aktuell ist daher der *aktive gute Kontakt* zwischen allen bonafiden Vereinigungen – Logen, gnostischen ‹Kirchen›, Ritter-Orden und Rosenkreuzern – in der ganzen Welt. Die Dynamisierung dieser fürs Ganze dringenden Teil-Therapie wird im vorliegenden Buch *Anti-Antimasonismus* genannt.

Der Anti-Antimasonismus basiert also nicht auf *«Kampf gegen falsche Meinungen»*, denn jede Meinung hat einen reellen Grund – und sei es nur die Unwissenheit oder Unkenntnis der objektiven Tatsachen. So wurde lange, aufgrund von sehr viel (Des-)Informationen über Literatur und Internet, im Volk ein Antimasonismus aufgebaut, der auf der Furcht vor Manipulation und ‹Machtübernahme› durch freimaurerische Kräfte beruht (sog. Verschwörungstheorien). Neutrale Fakten wie der *Skull-and-Bones* Orden oder der Skandal um die *Propaganda*-Loge P2 werden als Nährboden für Volks-Unsicherheit benutzt, die genau jenen Kräften dient, die an Manipulation und an Machtübernahme am meisten interessiert sind. –

Nein, der *Anti-Antimasonismus* basiert auf dem *Guten Willen intelligenter Menschen*, in der Wirrnis Klarheit, aus emotionalen Divergenzen Dialoge, und aus Konfrontationen positive Kenntnisnahme entstehen zu lassen, welche die Vielfalt zu einer innerlich bewußten, nach außen aber formlosen Gemeinschaft führen kann – ganz unwichtig ob von Freimaurerei, von Templertum, von allgemeinem Okkultismus oder vom Kirchenstaat die Rede sei. – Das gegenwärtige Buch möchte dabei eine Hilfe sein.

ORDEN, LOGEN UND DAS ROSENKREUZ

Nun kann man sogar unter den oben erwähnten öffentlichen Anlässen mit positiven Äußerungen kirchlicher Exponenten – versteht man sie als ehrliche Versuche und nicht als theatralische oder manipulative ‹Tests› – einen kirchlichen Anti-Antimasonismus vermuten und den Mut der betreffenden Personen bewundern. Auch die FM-seitigen Versuche einer *«Befriedung der Kirche mit der Freimaurerei»* (siehe oben) dürfen so verstanden werden. Ganz deutlich aber wird es erst, wenn die Medien, wenn das Volk auf der Straße, wenn sogar Politiker in den Räten ihre Stimmen erheben. – So auch in der sogenannten *«Fichen-Affäre von 1904»*. Es ist sinnvoll, den Verlauf zu verfolgen – als Beispiel dafür, wie die Dinge im Zwielicht sich zuspitzen, bis es zum Eklat kommt – meistens aufgrund eines oder mehrerer ‹spontaner› Todesfälle. – Beispiele mit anderen Namen und Vorzeichen können mühelos aus merkwürdigen Todesfällen des 20. Jahrhunderts abgeleitet werden, wie z.b. der ‹Selbstmord› eines Kommandanten der Schweizergarde im Vatikan, der ‹Selbstmord› eines deutschen Ministers in einem Hotel in Genf, der Tod eines israelischen Präsidenten, der Mord an J.F. Kennedy, und so immer weiter. – Doch zurück nach dem Frankreich von 1904:

Die Regierung von *Émile Combes* (Dr. Theol., antiklerikaler ex-Priesterseminarist {!}, FM seit 1869) setzt Delegierte ein mit dem Auftrag, die republikanische Gesinnung der Bewohner in den Gemeinden zu überwachen. Er verlangt Fichen betreffend den republikanischen Eifer vorallem von Funktionären und Militärs. Auf Initiative von *Louis Lafferre*, Abgeordneter von Béziers und hoher freimaurerischer Würdenträger, werden die Logen aufgefordert, Fichen über die Offiziere zu erstellen und sie dem Kriegsminister, *General André* zuzustellen. *Jean Jaurès* (reformsozialistischer Politiker und Philosoph, 1914 von einem Nationalisten ermordet) und *Alexandre Millerand* (einflußreicher sozialistischer Politiker bis 1940 [!]) – beide Freimaurer – protestieren. Aber Laferre bleibt bei seinen Fichen und schließt Millerand aus dem *Grand Orient* aus.

Nun gibt es *zwei* Fichen-Sammlungen, mit ca. 20'000 Namen: Eine, genannt *Carthago*, für Offiziere, die des Klerikalismus verdächtigt werden; die andere, genannt *Corinthe*, für die republikanische Elite. – Der *Grand Orient de France* beteiligt sich an den Fichierungen trotz Widerstands einiger Brüder FM. Die Sache platzt, als *Bidegain*, Sekretär im *Grand Orient*, eine Kopie der Fichensammlungen an die Zeitung *Le Figaro* verkauft, die sie publiziert. Der Abgeordnete *Guyot de Villeneuve* verliest die Fichen in der Abgeordnetenkammer; der Monarchist *Syveton* ohrfeigt den Kriegsminister, dieser demissioniert zehn Tage später. Drei Wochen danach wird Syveton erdrosselt in seiner Wohnung gefunden (was als Selbstmord wegen einer Sittlichkeits-Affäre publiziert wird). Man beeilt sich, die Sache den Freimaurern in die Schuhe zu schieben; 35 Abgeordnete gehen in Opposition zu Minister Combes, der einen Monat später (19. Januar 1905) stürzt. – Das Ganze ist eine Modell-Geschichte, die sich inzwischen vielfach wiederholt hat ... Und wie sieht es im Jahr 2014 aus? Die echte Freimaurerei hat während des 20. Jh. weltweit viel von ihrem Einfluß eingebüßt und viele Mitglieder verloren – außer in Frankreich, wo sie zunahm: Heute soll es in Frankreich 150'000 Maurer geben, davon 23'000 Schwestern; – d.h. auf die Haupt-Obœdienzen verteilt: Der *Grand Orient*, die *Grande Loge Nationale Française* und die *Grande Loge de France* sollen je 50'000, 38'000 und 28'000 Mitglieder zählen; die Loge *Droit Humain* – bisher die einzige gemischte Obœdienz – 15'000 Mitglieder; die *Grande Loge Féminine de France* etwa 14'000. Der Großteil der 6'000'000 FM in der Welt sind Amerikaner ($^2/_3$) und Briten (Quelle: Internet, Dez. 2013).

Das alte Handwerks-Gesellentum ist aus der *Arbeitswelt* weitgehend verschwunden, bleibt jedoch eine anerkannte *soziale* Institution unter den Handwerken und im Bauwesen.

Endlich gibt es noch den *Anti-Antimasonismus* unter den FM selber: 1996 erfolgte die Gründung einer f*reien interkontinentalen Freimaurergesellschaft.* – 2002 wendete sich der GM des *Grand Orient de France* gegen die Begünstigungspolitik unter Brr. FM. – Im Jahr 2003 empfing Präsident Chirac (HG-FM) offiziell am 23. Juni (Johannistag!) die Würdenträger der neun wichtigsten Obœdienzen der französischen Freimaurerei: Grand Orient de France, Grande *Loge de France, Droit Humain, Grande Loge Féminine de France, Grande Loge Traditionnelle et Symbolique Opéra, Grande Loge Mixte de France* (= Adoptions-Großloge), *Grande Loge Féminine de Memphis-Misraïm, Grande Loge Mixte Universelle,* und die *Loge Nationale Française.* –

Im November desselben Jahrs wird überdies in Nice die *Grande Loge Traditionnelle et Moderne de France* gegründet. Und im Februar 2011 installierte ein Kollegium höchster Exponenten der *Vereinigten Großloge von England*, der *Vereinigten Großloge von Deutschland* und der *Nationalen Großloge Frankreichs* die *Grande Loge Nationale Régulière de la Principauté de Monaco.*

Im Brennpunkt des Anti-Antimasonismus steht die Diskussion um die Unantastbarkeit der *Laizität*, d.h.:

1° Trennung von Kirche und Staat; -2° Unabhängigkeit von kirchlichen Konzepten und Parteien; – 3° Ausschluß der Kirchen von öffentlicher Politik, öffentlicher Administration und Erziehung:

Zum 100. Jahrestag des *Gesetzes von 1905 über* die *Trennung von Kirche und Staat* demonstrierten mehrere Hundert Freimaurer aller Obœdienzen in Paris, um die Laizität zu befestigen. Der GM des *Grand Orient de France*, Jean-Michel Quillard deklarierte in einer Radio-Ansprache:

«Die Laizität ist ein Grundwert; sie ist das Fundament der Republik!» –

Und die Freimaurer, welche die durch *Präsident Sarkozy* eingesetzte Studienkommission zum selben Gesetz von 1905 als *«eine Gefahr»* einschätzten, deponierten beim Präsidenten der Nationalversammlung eine Liste mit Vorschlägen, dazu bestimmt, die Laizität zu verteidigen. – Ja, In Frankreich gehen die Uhren anders!

Nachsatz zu diesem noch lange nicht abgeschlossenen Kapitel: Ebenfalls im Jahr 2011 verkündet Msgr. *Bernard Barsi, Erzbischof von Monaco*, indem er an die oben mehrfach erwähnte These der Hl. Glaubenskongregation vom 26. November 1983 erinnert, daß der Beitritt zur Freimaurerei – gleich welcher Obœdienz – unvereinbar sei mit der Zugehörigkeit zur katholischen Kirche ...

8. MASONISCHE EINFLÜSSE UND NEUGRÜNDUNGEN AM RANDE

Der Ausdruck «am Rande» soll nicht Unwichtigkeit ausdrücken, sondern allein relative Distanz vom Hauptthema dieses Buchs: das ist die Vielfalt von Verbindungen zwischen dem Logenwesen seit dem 18. Jh. und dem Rosenkreuzertum seit Beginn des 17. Jh. Darum erhalten an und für sich weniger wichtige Orden hier gelegentlich mehr Raum, als an und für sich genommen schwerer wiegende Orden und Gruppen. Auch würden sonst die vielfachen persönlichen Verquickungen und die Vielfach-Mitgliedschaft einiger besonderer Exponenten einmal mehr nur ungenügend sichtbar gemacht. Auch sei hier nochmals betont, daß die *Loge als Form – samt gewissen Bezeichnungen* – keineswegs einzig bei den FM auftritt, sondern in fast allen Vereinigungen, bis hinein ins moderne mystische Rosenkreuzertum, obschon nicht immer Allen bewußt.

8.1. CARBONARI UND HANDWERKSGESELLEN

Die *Carbonari* waren im Italien des beginnenden 19. Jh. die starke, schnell wachsende republikanisch patriotische Kraft, welche die ganze Politik zunehmend dominierte, bis österreichische Kräfte sie aufrieben und von Jägern zu Gejagten machte: «Der Absolutismus ward unter priesterlicher und polizeilicher Obhut in seiner strengsten Form wieder hergestellt.» (Schuster, II, 393). Doch das bonapartistische Feuer war nicht mehr zu löschen: Hier ist es, wo Garibaldi seine bekannte Rolle als Freiheitskämpfer spielte; – hier ist es auch, wo zum ersten Mal das ursprünglich templerische *Rote Kreuz* als Feldzeichen wieder auftrat, bevor in England und in der Schweiz der Orden der *Ritter vom Roten Kreuz* (und fast gleichzeitig das humanitäre *Internationale Rote Kreuz*) gegründet wurden (siehe Kapitel 4).

Geistig werden die Carbonari mit den *Freimaurern* verbunden. Man versteht leicht, wie der an sich rein handwerkliche Köhlerbund – die Carbonaría – für die Republik begeistert werden konnte, und zwar vorallem durch bonapartistische Freimaurer über deren soziale Verbindungen. Man hat versucht, ein internationales historisches Band herzustellen – vom Orden der italienischen *Carbonari* = *Köhler* zu den französischen *Fendeurs* = *Holzhacker*. Zweifellos war das freiheitliche und abgeschiedene Leben der Köhler samt deren Infrastruktur auch sehr geeignet, ein ‹Maquis› der revoutionären Kräfte aufzunehmen und zu verstärken. Schuster nennt (und relativiert) eine Zahl von 700'000 Mitgliedern. – Zudem gab es in den Städten auch eine Gesellschaft der *Calderacci* = *Keßler*.

Orden, Logen und das Rosenkreuz

Die *baracche* = *Hütten* der Carbonari hatten eine gewisse Gemeinsamkeit mit den antiken *Bauhütten Roms*. Die Mitglieder hießen *Buoni Cugini* – *Gute Vettern*, was an die *Bons-hommes* der Katharer des 13. Jh. erinnert: Die Einheiten (Quasi-Logen) wurden *Verkauf[splatz]* – *vendita*, in Frankreich *vente* genannt – auch bei den späteren bürgerlichen Logen der Carbonaría in der Stadt. Möglicherweise wurde aus ‹*véndita*› später die ‹*Vendétta*› und daraus die *Maffia*... –

Giuseppe Garibaldi in Carboniere-Tracht.

Dem Orden Fremde hießen *pagani* – *Heiden*. Die Versammlungen waren ähnlich aufgezogen wie eine FM-Loge, mit Vorsitzenden, Aufsehern (mit Beil!) etc. – Für die detaillierte Symbolik siehe Schuster II, 406. – Auch die Aufnahme der Novizen glich der bei den FM üblichen. Der zweite Grad war der *Meistergrad*, der Dritte der des ‹*Auserwählten*›, und der vierte Grad hieß ‹*Großmeister der Auserwählten*›.

Die Devise war *Freiheit, Gleichheit, Fortschritt*. – In den 20-er Jahren des 19. Jh. traten auch Frauen der Carbonaría bei. Sie waren in sog. *Gärten* zusammengefaßt, hießen *Gärtnerin* – *Giardiniera* – und leisteten *geheime Nachrichtendienste*. Der Gedanke liegt nahe, der FM Mozart habe seine *Finta Giardiniera* mit einem Seitenblick auf die (vor-napoleonische) Carbonaría komponiert, die bereits ähnlich republikanisch gesinnt war, wie jene.

Ähnliche charakteristische Vereinigungen scheint es bei den *Gesellenschaften* (franz. *Compagnons, Compagnonnages*) gegeben zu haben. Das noch heute bekannte Beispiel sind die *Hamburger Zimmermanns-Gesellen* – beruflich den Holzhackern nahestehend – sowie die im französischen Pyrenäengebiet heute noch existierende *hermetische Einweihungs-Kette der Schafhirten*.

Ende 19. Jh. gab es unterschiedlich erfolgreiche Versuche zum Zusammenschluß von Gesellschaften; eine Blüte waren die daraus hervorgehenden romantischen Dichter – und z.B. die Bewegung der ‹*Wandervögel*› mit ihrem ‹*Zupfgeigen-Hansel*›, kurz vor 1900 bis ca. 1930.

8.2. Die Martinisten-Orden

In früheren Kapiteln wurde wiederholt der *Martinisten-Orden* erwähnt, gegründet durch *Martinez de Pasqualli* (1727?-1774) und seinen Jünger, *Louis Claude de Saint-Martin* (1743-1803). Zwar ist dies weder ein Orden des echt freimaurerischern Logenwesens, noch ein eigentlicher Rosenkreuzer-Orden. Am ehesten noch ist er verwandt mit der Theosophischen Gesellschaft und ist doch eigentlich selbständig – abgesehen davon, daß praktisch alle Exponenten aller anderen Orden jener Zeit kürzer oder länger darin Aufnahme fanden. Es ist daher angebracht, ihm ein ausführliches Kapitel zu widmen. Das bringt unbedingt Wiederholungen zu früher Gesagtem mit sich; doch ist dies unvermeidlich – und angesichts der Komplexität der ganzen Geschichte auch nicht ganz unnötig.

8.2.1. Die sog. Alten Martinisten

L.C. de Saint-Martin

Saint-Martin bildete nie selber eine eigene religiöse oder initiatische Gruppe. Sein Werk ist vorwiegend theosophisch und philosophisch zu nennen. Als Kommandant des Regiments von Foix kam er mit der occitanischen Kultur und Überlieferung in Berührung (Katharer, Tempelritter und Graals-Tradition). In einer Garnison in Bordeaux einquartiert, ließ er sich in den von Martinez de Pasqually gegründeten FM-Orden der *Élus Coën* einweihen und wurde im höchsten Grad des ‹*Réau Croix*› (*Königliches Kreuz*) dessen Sekretär. Einige Jahre später verließ er diesen Orden und wurde nach gründlichen metaphysischen Studien zum «*größten französischen Theosophen seiner Zeit*».

Saint-Martin übersetzte J. Bœhme ins Französische: Er empfand dessen Nähe zur *initiatischen Gnosis* und zur Theurgie seines Meisters Pasqually. Diese nannte er den «*aktiven Schlüssel zu Allem, was Böhme in seinen Theorien entwickelt hat*». Er betrachtete jedoch Letzteres als den «*direkten Weg zu den höheren Sphären*» (so wie dies auch die heutigen mystischen Rosenkreuzer sehen), während die Magie von Pasqually «*sich in einer Region bewegt, wo Gut und Böse verquickt und vermischt sind*».

Sein aus Alchemie und Mystik bekanntes Pseudonym war *Le Philosophe Inconnu* – und seine Werk-Titel (entstanden vorallem 1775-1803) erinnern sehr an Böhme und Gichtel. All dies führte dazu, daß er *Der Französische Swedenborg* genannt wurde. Der Reichtum seiner Kenntnisse und seines Werks begeisterten viele okkultistische Freimaurer und machte die böhme'sche Theosophie in Frankreich bekannt: Saint-Martin wurde zum Haupt-Ideal des OKRC – *Ordre Kabbalistique de la Rose-Croix* (siehe dort).

8.2.2. Die ‹Jüngeren› Martinisten

Im Jahr 1888 verzweigen sich die Richtungen erneut: In Dresden gründete *Franz Hartmann* den deutschen *Rosenkreuzer-Orden*, der aber um 1905 von *Theodor Reuß* übernommen worden und im OTO aufgegangen sein soll (siehe dort). Im gleichen Jahr gründete *Stanislas de Guaïta* zusammen mit *Joséphin Péladan* den *Ordre Kabbalistique de la Rose-Croix*, dem alsbald auch *Gérard Encausse*, genannt *Papus*, beitrat (siehe dort).
Ins Jahr 1891 fällt die Gründung des *Jungen Martinisten-Ordens* durch *Papus* und *Augustin Chaboseau*. Der Orden nimmt in Anspruch, Erbe des initiatischen Vermächtnisses von *Louis-Claude de Saint-Martin* zu sein. Seine Zielsetzung ist die Fortführung der jüdisch-christlichen Esoterik.

Augustin Chaboseau

Einer der Mitarbeiter von *Jacques Paul Migne* (1800-1875, Autor der *Patrologia Græca* und der *Patrologia Latina*) bei dessen Redaktion des *Dictionnaire de la Litérature Chrétienne* war *Eliphas Levy*, genannt ‹Zahed›. Dort nannte er sich *ancien Professeur*. Ab ca. 1852 studierte Levy eifrig die Schriften von *J. Bœhme*, *Swedenborgh*, *Saint-Martin* und *Fabre d'Olivet*. Anschließend verfaßte er sein Hauptwerk *Dogme et Rituel de la Haute Magie* (Paris, 1856).

Zugleich bemühte er sich um internationale Kontakte zu Rosenkreuzern und rosenkreuzerisch-mystisch-maurerischen Zirkeln. 1853 reiste er deshalb nach London, wo er offenbar dem dortigen *RC-Zirkel* beitrat. Levy's Einfluß auf die *Geheimlehre* von H.P. Blavatsky, auf die Ideologie des AASR und auf die Lehren des *Golden Dawn* seien «unumstritten» (Frick, II/II, 400). Die eigentlichen Gründer und Entwickler des *Ordre Martiniste* (die sog. *Jungen Martinisten*), mit dem Levy (wie *Guaïta*, *Péladan*, *Sédir*, etc.) eng verbunden war, wurden oben bereits erwähnt: Auch sie gehören zu den Gründern des *Ordre Kabbalistiqe de la Rose-Croix*.

Die Vernetzung aller rosenkreuzerischen Systeme und Untersysteme freimaurerischen Einschlags entspricht jener bei der HG-Freimaurerei, weshalb Überschneidungen, Wiederholungen und ‹Widersprüche› in der gegenwärtigen Studie unvermeidlich sind.

Am Rande zu erwähnen ist noch die *Société Alchimique de France*, ein ebenfalls von Guaïta gegründetes System. Dieses hatte drei Basis-Grade, wonach man sich um die höheren Grade des

Ordre Kabalistique de la Rose-Croix bewerben konnte. Sein Publikations-Organ war die Zeitschrift *Rose+Croix*, der Haupt-Initiant zu Beginn des letzten Jahrhunderts scheint François Jolivet Castelot gewesen zu sein. Der 1.° dieses Ordens entsprach dem 3.° des Martinisten-Ordens.

F.J. Castelot in seinem Labor (im Licht dieswes Bildes für echte Alchemie ungeeignet)

Nach dem Tod von Guaïta wurde *Papus* Großmeister des Martinisten-Ordens sowie des *Ordre Kabalistique de la Rose-Croix*. Wegen seiner Verbindung mit Guaïta warf man ihm auch Schwarzmagie vor und sprach von *«schwarzer Rosenkreuzerei»*. Zwei wichtige literarische Produkte von Papus sind sein Buch *Kabbala* und die von ihm gegründete Zeitschrift *Le Voile d'Isis* (erschienen 1890-98, 1905-1949. Schriftleiter war erst *Sédir*, dann der Verleger *Chacornac*. 1899 wurde Papus Mitglied des HG-Systems RMM.

Zu erwähnen ist hier noch der 1889 in einem Lokal der *Theosophen* (nämlich der Loge *Le Droit Humain*) in Paris abgehaltene *Congrès spirite et Spiritualiste International*. Hier *«versammelten sich alle Kategorien von ‹Erleuchteten› – Spiritisten, Spiritualisten, Kabbalisten, Theosophen, Philanthropen, Swedenborghianer und Hochgrad-Maurer mehrerer mystisch-okkulter Systeme – aus den Ländern Spanien, Italien, Holland, Schweden, Norwegen, Polen, Rußland, Schweiz, Belgien, Deutschland, Frankreich, Portugal, England, USA, Mexico und Australien»* (Frick II/II, 410). Besonders präsent waren die Martinisten unter der Führung von *Papus*.

Papus, der in vielen europäischen Ländern für seinen Martinisten-Orden warb, wurde 1901 durch den *Großfürsten Nikolaus* beim esoterisch interessierten *Zaren Nikolaus II* eingeführt. In einem Brief an diesen nannte er sich *«Président du Groupe Indépendent d'Études Ésotériques, Président du Suprême Conseil de l'Ordre Martiniste, Délégué Général de l'Ordre Kabbalistique de la Rose-Croix»*. Als Papus starb, gab es in Paris fünf Martinisten-Logen. Deren eine, namens *Papus*, war das Vorzimmer zu den HG-Logen des von Papus mit den Martinisten verbundenen RMM. Der *Grand Prieur des Gaules* dieser Gruppe, *Chevillon*, setzte zugleich die Tradition des RSR/CBCS im Sinne von Willermoz fort. Nach dem 2. Weltkrieg verbot *Maréchal Pétain* sämtliche Logen und Bünde aller Art. Chevillon wurde in einem Haftlager der Vichy-Regierung ermordet.

In den USA nahm der Martinismus eigene Wege mit Richtungsänderungen, Spaltungen u.s.f. – In Frankreich begann 1914 eine enge Zusammenarbeit zwischen den Martinisten und dem RSR / CBCS. Nach dem Tod von Papus (1916) und seines Nachfolgers Détré (= Téder, 1918) folgte als GM der Martinisten *Jean Bricaud* aus Lyon, ein ehemaliger Priester und überzeugter Neognostiker. Er war auch Mitglied der HG-FM in Lyon und der *Église Gnostique Universelle*, wo er zum *Évêque Primat Jean II* ernannt wurde. Bei seinem Tod (1934) führte er den Titel: *Souverain Patriarche de l'Église Gnostique Universelle; Recteur de la Rose-Croix; Grand-Maître de l'Ordre Martiniste; Grand Hiérophante pour la France du Rite Ancien et Primitif de Memphis-Misraïm; Président de la Société Occultiste Internationale* (= FUDOSI, siehe dort).

8.3. SWEDENBORG-RITUS UND SWEDENBORG-KIRCHE

Der Name dieses freimaurerischen Hochgradsystems beruft sich auf *Emanuel Swedenborg*, obwohl das System keine Zusammenhänge mit seinem Werk aufweist und auch die heutige *Swedenborg-Gesellschaft* jedweden Zusammenhang mit diesem Ritus von sich weist. Die Geschichte des Ritus läßt sich unterteilen in ein kurzlebiges System im 18. Jahrhundert, welches in den Wirren der Französischen Revolution unterging, und ein jüngeres aus dem 19. Jahrhundert – bis heute in kleinen Resten fortbestehend.

8.3.1. Der ältere Swedenborg-Ritus

Dieser wurde gegründet 1787 durch einen *Comte de Grabianca*, hatte erst Logenform, wurde dann aber öffentlich. Das stärkte den Orden der *Illuminés d'Avignon* (auch *Rite de Pernetty* genannt), der, gegründet 1766 durch *Dom Antoine Joseph de Pernetty* (ehemaliger Benediktinermönch, 1716 – 1796), 1778 in Avignon wirkte,

1779 aber als *Académie des Vrais-Maçons* nach Montpellier transferiert wurde. 1785 entstand eine Loge dieser *Académie* auf der Insel Martinique. – Pernetty «*betrieb eine hermetische Freimaurerei*»; er stand in Kontakt sowohl zu den *Martinisten* als auch zu den *Theosophen* einer Gruppe, die sich um 1787 *Illuminés Théosophes* (bzw. in England *Illuminated Theosophists*) nannte. Der Ritus bearbeitete insgesamt sechs Grade (einschließlich der 3 Johannis-Grade) mit hermetischen, theosophischen, numerologischen und alchemistischen Spekulationen, mit Traumdeutung und der Suche nach dem Stein der Weisen, gemischt mit katholisierenden Elementen, wie der Verehrung der *Jungfrau Maria* und der Rezitation des *Athanasianums*. – Das war ein lutheranisches, vorallem in der anglikanischen Kirche gängiges, auf den alexandrinischen Bischof Athanasius (259-373) bezogenes Glaubensbekenntnis: Dreieinigkeit Gottes, Zwei-Einigkeit des Christus («... und ... so sind auch *Gott und Mensch ein Christus ...*»).

Schon zu Lebzeiten Swedenborgs gerieten seine Anhänger in Konflikt mit der *lutherischen Kirche Schwedens*. Diese erwirkte 1769 durch einen Prozeß ein Druck- und Verbreitungsverbot der Schriften Swedenborgs. – 1788 bildete sich in einem Londoner Vorort die erste öffentliche Gemeinde. 1792 entstand in Manchester die *Printing and Tract Society* als älteste Missionsvereinigung der Swedenborgianer, und 1810 die noch heute international tätige *Swedenborg-Society* für Druck und Verbreitung von Swedenborg-Schriften.

8.3.2. Das zweite nach Swedenborg benannte System

Das System der freimaurerischen ‹Jungen› (oder ‹Neuen›) Swedenborgianer› entstand angeblich um 1859 in USA durch einen (später suspendierten) swedenborgianischen Geistlichen, *Samuel Beswick* (1822-1903). 1876 wurde dieses System über Canada nach England exportiert; – 1877 installierte sich in London die *Supreme Grand Lodge and Temple for Great Britain and Ireland* des Swedenborg-Ritus. Diesen führte dann *Theodor Reuß* 1902 in Deutschland ein. Es gibt jedoch noch eine andere Version:

Frick (II/II, 388) schreibt:

«*Die aus den Iluminés d'Avignon hervorgegangenen Illuminés Théosophes Frankreichs wurden in England zu den Illuminated Theosophists, von denen sich am Ende des 18. Jh. der freimaurerähnliche Rite de Swedenborgh abspaltete, um zunächst am Beginn des 19. Jh. in USA unter englischen und französischen Einwande-*

rern ein stilles Dasein zu führen. Der nicht-freimaurerische Teil entwickelte sich zur Swedenborgh-Kirche, die als religiöse Gruppe noch heute existiert.»

Gemäß Frick wurde der freimaurerische *Swedenborgh-Ritus* 1870 von England nach Canada exportiert (die Quellen widersprechen einander also). - 1876 erwarben *Yarker* und zwei weitere Personen ein Patent für eine Logengründung nach diesem Ritus in Manchester. Vom FM-Standpunkt aus natürlich als irregulär betrachtet, ist dieser Ritus derzeit nicht in Deutschland, aber in England noch aktiv.

In dieses wiederum komplizierte und durch *Yarker* pompös als *Primitive and Original Rite of Freemasonary or Swedenborgian Rite* benannte System konnten nur FM-Meister (3.°) eintreten. Zu den ursprünglich drei symbolischen gab es noch einen 4.° – mit dem *Blue Brother* und dem *Red Brother* an der Spitze. Nach einigen Reformen wurde der Ritus im 20. Jh. auf ein 10°-System ausgedehnt:
I. Stufe: *Elementare oder Symbolische Maurerei* mit den 3°; –
II. Stufe: Die *Studierende Maurerei* (Gemisch von theosophischen und magischen Lehren seit Bœhme) mit 5.°-7.°; – III. Stufe: Die *Maurerei der Illuminaten, oder Religiöse Stufe*; – und die IV. Stufe: Die *Erleuchteten Brüder vom Rosenkreuz* oder *Aktive Maurerei* – mit sich steigernden Namen vom 8.° bis 12.° –

8.3.3. Die Swedenborg-Kirche

Mitte des 19. Jahrhunderts war die *Neue Kirche* (engl. *New Church*) in allen größeren Städten Englands und Schottlands vorhanden. Ihr Hauptanliegen war eine Reformation der christlichen Lehre. Die Lehre Swedenborgs wurde auch in den britischen Kolonien verbreitet. Dort erfolgte 1792 in Baltimore die erste Gemeindegründung. 1817 wurde in Philadelphia die *General Convention of the New Jerusalem* gegründet. Von ihr trennte sich 1897 die strengere Richtung der *General Church of the New Jerusalem* ab.

1848 wurde die *Generalversammlung der Neuen Kirche in Deutschland und der Schweiz* gegründet. Die Gemeinde in Berlin entstand 1900. 1922 schlossen sich die Gemeinden Berlin, Wien und Bochum-Herne zum *Deutschen Bund der Neuen Kirche* zusammen. Die Gemeinde Berlin wurde am 9. Juni 1941 durch die Gestapo aufgelöst. Sie fand im September 1946 als einzige Swedenborg-Gemeinde in Deutschland wieder zusammen. 1952 entstand in Zürich die Swedenborg-Gesellschaft als ‹neue› religiöse Gemeinschaft.

8.4. DIE NEOGNOSTIKER

8.4.1. Die Église Gnostique Universelle

Eine gewisse Ähnlichkeit mit den Lehren der klassischen *und* der modernen Rosenkreuzer erkennt man in den neognostischen Gruppen und ‹Kirchen› des 19. Jh. – vorallem in Frankreich. Diese bauten ihrerseits wieder – teilweise – einander widersprechende und befehdende freimaurerische Hochgrad-Systeme auf; – darunter vorallem die *Église Gnostique Universelle* mit einer (wieder einmal sexual-magisch aktiven) Hauptgruppe ‹*Spirite*› in Paris und einer anderen (urgnostisch orientierten), ‹*Catholique*› im Sinne von *allumfassend*, in Lyon. Letztere outete sich wie folgt (Frick, II/II, 342):

«*Die Kirche betont ausdrücklich, daß sie keine Sexualmagie ausübt. Sie hat ihren Mittelpunkt in Lyon und verwahrt sich gegen eine andere Kirche gleichen Namens, die ihren Sitz in Paris hat und den Lehren der alten Gnostiker – insbesondere des* Valentinus *– einen anderen Sinn gibt. Die Kirche von Lyon nimmt die alten gnostischen Lehren wörtlich. Sie leugnet auch jede Beziehung zu der in Deutschland erschienen* ‹Gnostischen Katholischen Messe›.»

Selbstverständlich ist unter der ‹*Deutschen Gruppe*› der Berliner OTO nach Reußschem Muster zu verstehen.

Frick gibt noch einen bibliographischen Anhang zu diesem Kapitel – sowie eine Tabelle der Oberhäupter der *Église Gnostique Universelle*. Die hier angegebenen Zweige sind dort leider nicht eindeutig zu identifizieren.

8.4.2. Der Spiritistische *Bruderbund für Neues Leben*

Der amerikanische Mystiker Thomas *Lake Harris* (1823-1906) und der Spiritist und zugleich Swedenborgh- und Mesmer-Jünger *Jackson Davis* (1826-1910) – hielten spiritistische Séancen ab und gründeten diesen ‹Bruderbund›. Dessen Anhänger sollten «*lernen, ihr Selbst völlig zu verleugnen, um sich ganz der göttlichen Kraft im Menschen hinzugeben*». Um diesen Zustand zu erreichen, benutzten sie besondere Atemtechniken. Dadurch sollte der ‹*göttliche Atem*› *– Divine Breath* oder *Holy Spirit* – im Körper des Gläubigen wirksam werden ... – Harris fügte dem noch die *Freie Liebe als Mittel der geistigen Vereinigung* (‹spiritual union›) hinzu – also das Herbeiführen auf physischem Weg eines geistigen Höhepunkts, was – spirituell gesehen – bekanntlich immer zu Enttäuschungen führen muß. Frick führt diese libertinistischen Lehren und Praktiken auf die Tradition der sog. *Sperma-Gnostiker der Antike* zurück – den eigentlichen Gegenpol der antiken *asketischen Gnostiker* – sowie auf entsprechende Lehren von *Swedenborgh* in seinem Buch *Deliciæ Sapientiæ de Amore Coniugali*.

8.4.3. Der Messianismus von Shabbatai Tsvi

Im 17. Jh. lebte in der Türkei ein proselytistischer Jude – ein gewisser Shabbatai Tsvi, der sich als Messias ausgab. 1666 wurde er durch den Sultan festgesetzt und vor die Wahl gestellt, entweder zum Islam zu konvertieren, oder zu sterben. Tsvi wählte das Erstere. Die meisten seiner früheren Anhänger stempelten ihn hierauf zum Hochstapler und Betrüger und gingen auf Distanz.

Hingegen die Marranos, Conversos und Krypto-Juden – also die Opfer der Judenvertreibungen vorallem in Spanien seit dem Jahr 1492 – wählten Shabbatai Zvi als ihr Vorbild. Zusammen mit einem Rest von Anhängern des Pseudo-Messias bildeten sie ein Untergrund-Netzwerk und betrieben insgeheim weiterhin Tzvi's Missions-Tätigkeit. Durch Infiltration, heimliche Verbindungen und geschickte Intrigen fanden sie Platz in der Gesellschaft, und ab 1717 – d.h. nach dem Tod von Shabbatai Tzvi – sollen sie die Maurergilden in England unterwandert und eine eigene (noachitische) Freimaurerei aufgebaut haben. So sollen sie neben einem äußerlich mystisch orientierten Leben die Errichtung einer einheitlichen Weltregierung auf der Basis der universellen ‹Jahweh-allein-Bewegung› vorbereitet haben, worüber Autoren wie *Silbermann und Finkelsein* (Buch: «*Keine Posaunen vor Jericho»*) in unseren Tagen berichten. Als ein Exponent dieser Bewegung wird *Jacob Frank* genannt, der bei der Gründung des *Bayrischen Illuminaten-Ordens von Weishaupt* großen Einfluß ausübte. – Die heutige *Noachitische Glaubensgemeinschaft* in den USA hat damit jedoch nichts zu tun.

8.4.4. Thayendanegea und Sitting Bull

Es ist schwierig, Zeugen für die indianische Spiritualität im 17. bis 19. Jahrhundert zu finden – und praktisch unmöglich, spätere zu nennen: Die ‹totale Zivilisation› in den USA hat fast Alles verstellt, vergewaltigt, verschluckt. Dabei hätte die originale Reinheit und

THAYENDANEGA UND SITTING BULL

Menschlichkeit – um nicht zu sagen Genialität – der Ureinwohner als leuchtendes Vorbild dienen können. Dies kann heute noch aus Zitaten indianischer ‹Loyalisten› ersehen werden: Das sind Indianer und Indianerinnen, die einerseits die Unabwendbarkeit des Schicksals der ‹500 Nationen› klar erkannten, andererseits aber versuchten, mit den Invasoren auf der Ebene vernünftiger Toleranz einen ‹Modus Vivendi› zu finden, wodurch möglichst viel indianische Eigenart, Freiheit und Gesundheit im weitesten Sinne bewahrt, und viel Blutvergießen hätten vermieden werden können. Indes: sie wurden die Opfer ihrer Ehrlichkeit und der skrupellosen Machinationen der neuen Machthaber. Einige ihrer begabtesten Führer - zugleich hohe geistige Wesenheiten – wurden sogar unter den Weißen berühmt:

‹Joseph Brant› (*Thayendanegea*, der berühmteste aller Kriegshäuptlinge, charismatischer *Mohawk*-Führer, und als ‹Loyalist› ein geachteter Diplomat und Kompagnieführer); seine Schwester, ‹Mary Brant› (*Degonwadonti)*, ebenfalls berühmte *Mohawk*-Führerin); – *Tekumseh*, geachteter und verehrter *Shawnee*-Führer; – *Tenskwatawa*, sein Bruder, zugleich Religionsführer, und einige Andere.
Der in der modernen Welt Bekannteste, aber 100 Jahre Jüngere ist sicherlich *Sitting Bull*, Stammeshäuptling, Medizinmann und großer spiritueller Leiter der *Lakota-Sioux*.

Im Gegensatz dazu stehen Figuren wie der u.a. als ‹Freiheitskämpfer von Vermont› klassierte *Ethan Allen*: Studienabschluß in *Yale* (!), US-Settler und Landspekulant wie sein Vater, Abenteurer, Gemischtwarenhändler, Viehdieb, Provokateur als Freund und im Auftrag von *Benjamin Franklin* (Herbeiführung blutiger Unruhen zwischen Siedlern und Indianern

Ethan Allen

sowie Aller untereinander; – bzw. Nord- gegen Südstaatler); – als solcher Bandenführer der terroristischen ‹Green-boys›. – Dazu noch Besitzer eines Eisenwerks, etc …

Warum widmet dieses Buch obigen Indianer-Häuptlingen ein eigenes Kapitel? – Weil ihre Lehren und ihr gelebtes Vorbild sich kaum unterscheiden von dem eines ‹Nachfolgers Christi› – eines rosenkreuzerisch gesinnten Freimaurers, Gnostikers oder ‹Ritters›. Dies mögen folgende Zitate nach *Thayandanegea* illustrieren:

ORDEN. LOGEN UND DAS ROSENKREUZ

«Unsere Weisen werden Väter *genannt, und sie beweisen wirklich diese Eigenart. Nennt ihr Euch Christen? Inspiriert die Religion von Ihm den ihr Erlöser nennt, euren Geist, und leitet sie eure Handlungen? ... – Es wird von Ihm überliefert, er habe nie einen geknickten Schilfhalm gebrochen. Hört also auf, euch Christen zu nennen, sonst verkündet ihr der Welt eure Heuchelei. Hört auch auf, andere Nationen Wilde zu nennen, wo ihr doch zehnmal mehr die Kinder der Grausamkeit seid, als sie ... – Niemand unter uns verlangt einen anderen Lohn für eine tapfere und edle Tat, als das Bewußtsein, seiner Nation gedient zu haben».* —

Und zu König George III gewandt: *«Ich verneige mich vor keinem Menschen, denn ich gelte als Prinz bei meinem Volk. Aber ich will gerne deine Hand schütteln.»*

John Brant/Thayendanegea wurde 1776 *Freimaurer* und gründete 1798 eine Loge in der nach ihm benannten Stadt Brantford. Er war ein begabter Übersetzer im Dienst der anglikanischen Mission bei den Mohawks und starb im Jahr 1807.

Sitting Bull war in Vielem sehr ähnlich wie *Thayendanegea.* Er war *Meister einer Loge in Nebraska, HG-Freimaurer* bis zum 32° AASR, und *Tempel-Ritter*. Er starb 1917 und wurde mit freimaurerischen Ehren begraben.

Nachsatz: Am 24. Oktober 2013 wurde der Führer einer linksgerichteten Indianer-Organisation im Süden Mexikos, *Heriberto Pazos* von Bewaffneten erschossen, die auf einem Motorrad an ihm vorbeigefahren waren.

Red Cloud (Sioux) zusammen mit *American Horse* bei der Vertrags-Unterzeichnung in Fort Laramie, 1868

9. DIE SOCIETAS ROSICRUCIANA

Eine sehr zentrale rosenkreuzerische Logen-Gründung am Ende des 19. Jh. stellt die *Societas Rosicruciana in Anglia* (SRiA) dar: Sie orientierte sich am *Gold und Rosenkreuzertum* des 18. Jahrhunderts und übernahm das Gradsystem von deren FM-Orden. Aus der RSiA rekrutierte sich ein Teil der ersten Mitglieder von Blavatsky's englischer *Theosophical Society* ebenso wie ein Teil der ersten Mitglieder von Golden Dawn und OTO (siehe unten). Darum gilt die SRiA zwar als an die TS angelehnte rosenkreuzerische Organisation, aber auch als Nebenzweig der FM, gegründet durch rosenkreuzerisch gesinnte FM.

Nach anderer Quelle wurde die SRiA durch den 1833 verstorbenen Theosophen *Godfrey Higgins* gegründet. Das ist unwahrscheinlich, da dies allzulange vor der Gründung der TS gewesen wäre. – Sehr interessant ist hingegen, daß Higgins seine Lehre in einem Buch darlegte, das den Titel trägt: *An attempt to draw aside the veil of the Saïtic Isis, or An Enquiry Into the Origin of Languages, Nations, and Religions* (London, 1836). Dieses Buch erscheint als direkter Vorläufer des sehr bekannten und wichtigen Werks *Isis Unveiled*, verfaßt und publiziert rund 40 Jahre später (1877) durch *Helena Petrowna Blavatsky*, mit derselben Zielsetzung und denselben Schwerpunkten. Die populären Kritiken (z.B. von Wikipedia) zu *Isis Unveiled* sind erbärmlich; auch schmähen sie u.a. Aussagen und Ziele, wovon in beiden Bänden dieses hervorragenden geistesgeschichtlichen Werks überhaupt keine Rede ist ... –

Andere Quellen nennen als Gründungsjahr der SRiA 1866, und als Gründer *Robert Wenworth Little*. Dieser habe die Gesellschaft *nur für christliche Freimaurer* gedacht. Der FM *R. W. Little* (1840-1878) gilt als ‹Exponent› der SRiA. Sein als Großmeister dieses Ordens benutzter Titel war der *Supreme Magus*. Dieser Titel wird noch heute so benutzt. Frick schildert Little u.a. als Anhänger der *deutschen und österreichischen G&RC* sowie der *Asiatischen Brüder* (siehe dort).

So gab es also *mehrere* RC-Bruderschaften als direkte Vorläufer der SRiA.

1880 wurde *William Wynn West-*

Samuel Liddell Mac-Gregor Mathers

cott Mitglied der SRiA und übernahm 1891 als Oberster Magus im Jahre die Leitung. Zusammen mit *Samuel Liddell MacGregor Mathers*, Mitglied der SRiA und gemäß Bild damals ein *Corpsstudent*, gründete er später den *Hermetic Order of the Golden Dawn* (siehe dort).

Heute ist die SRiA in Ortslogen – sogenannte *Kollegien* gegliedert – in mehreren Städten der Britischen Inseln, seit 1878 auch in Australien aktiv. Im Jahre 1880 wurde ein Amerikanischer Zweig gegründet: die *Societas Rosicruciana in Civitatibus Foederatis*, von welcher sich im Jahre 1907 die *Societas Rosicruciana in America* abspaltete (sie kürzt sich leider ebenfalls mit den Initialen SRIA ab; das gegenwärtige Buch unterscheidet die beiden durch die Orthographie der Abkürzungen: SRiA = Anglia; SRIA = America). Die SRiA ist der nachweisbar am längsten bestehende Rosenkreuzerorden der Gegenwart, dafür aber historisch verflochten mit allerlei anderen Orden und Logen – selbst mit jenen der ‹*Linken Hand*› (siehe weiter oben, Kapitel 6).

A.E. Waite

Im Rahmen der beliebten spiritistischen, mystischen und magischen rosenkreuzerischen Zirkel des 19. Jh. in Britannien wuchs die SRiA als eine *synkretistisch-religiöse Rosenkreuzer-Bruderschaft*.

A.E. Waite (2. Okt. 1857 - 19. Mai 1942) berichtet darüber in seiner *Geschichte der Bruderschaft vom Rosenkreuz*. - Waite hatte bereits 1860 in Manchester eine eigene RC-Gemeinschaft gegründet; – diese ging aber 1869 in der SRiA auf. - 1901 wurde er FM; 1902 trat er der SRiA bei, ab 1891 war er leitendes Mitglied des *Golden Dawn*. Unter dem Einfluß von *Aleister Crowley* wurde das G.D. in ein halbes Dutzend Zweige zerrissen, und Waite, lebhaft befeindet durch Crowley, verließ es 1914. – Ebenfalls 1914 gründete er seine neue *Fellowship of the Rosy Cross*.

Ein weiterer Gründername großer Bedeutung innerhalb der SRiA ist der von *Kenneth Robert Henderson Mackenzie* (1833-1886). Er brachte noch das Element der *französischen mystischen Maurerei* ins Ideen-Gebäude der SRiA. Mackenzie gilt als eine der zentralen Figuren in der Menge *rosenkreuzerisch*-gnostisch orientierter ‹Geheim›-Organisationen. Im Dezember 1861 besuchte Mackenzie (unter dem mystischen Namen *Baphomet*) in Paris den sehr bekannten *Eliphas Levy*.

Eliphas Levi

Der Martinist Eliphas Levy wurde Ehrenmitglied der SRiA und später auch noch Mitglied des OTO; ebenso Lord Bulwer-Lytton (1803-1873). Eine dritte berühmte Misch-Gestalt in diesem Sinne war der Arzt *Dr. William Wynn Westcott* (1848-1925), der außer in der SRiA auch im *Golden Dawn* und in der Theosophischen Gesellschaft von *H.P. Blavatsky* eine hervorragende Rolle spielte. Westcott wurde 1850 FM als Mitglied einer «*sehr alten Rosenkreuzer-Loge*» im System von RSR/CBCS, und zwar in Frankfurt am Main. Dort gab es den Überrest eines deutschen *freimaurerisch alchemistisch-rosenkreuzerischen Systems*, dem auch der Chemiker *Wöhler* und ‹Lord› *Bulwer-Lytton* angehört hatten.

Westcott verfaßte mehrere Werke mit interessanten Titeln zum *Symbolismus der Freimaurer und der Rosenkreuzer des 18. und 19. Jh.* sowie eine *History of the Societas Rosicruciana in Anglia* (1900 bzw. 1916). In der Zeitschrift *The Lamp of Toth* brachte er zum ersten Mal den Namen des *Hermetic Order of the Golden Dawn* an die Öffentlichkeit. –

W W Westcott

Der in den Siebziger-Jahren des 19. Jh. entstandene *Schottische Zweig der SRiA* (die ‹Logen› heißen hier noch heute ‹Colleges›) gründete um 1879 in New York als Gegenzweig der SRIA die *Societas Rosicruciana in the United States of America* (SRiUSA). - 1880 folgte die Gründung eines College in Paris. In Deutschland aber war es *Theodor Reuß*, der eine solche Gründung versuchte. Die Tatsache, daß Reuß aufgrund seines Ausschlusses aus der Londoner Loge (1906) von keiner Loge mehr akzeptiert wurde, erwies sich aber als fatales Hindernis. Mehr über Reuß im Abschnitt über den *Ordo Templi Orientis* (OTO).

Die heutige SRiA gibt auf ihrem Internet-Site *http://tiny.cc/ssr81w* folgende Zielsetzung bekannt:

ORDEN. LOGEN UND DAS ROSENKREUZ

«The Rosicrucian Fraternity is dedicated mainly to the education of spiritual, philosophical and ethical truths of the highest level ...» {als Fortsetzung des FM-Wegs}. Sie bezeichnet sich als unabhängige christliche Gesellschaft. Ihre Mitglieder erwartet sie aus den Reihen von FM-Meistern (3.°), die einer durch die GL von England anerkannten Loge angehören. Sie sieht sich zwar eng verbunden mit der Freimaurerei – besonders aber mit den *deutschen Gold- und Rosenkreuzern (G&RC) des 17. und 18. Jh*; dennoch nimmt sie ihren Gründungsmythos direkt aus der *CRC-Allegorie*, die sie buchstäblich historisch versteht. Überdies betrachtet sie verständlicherweise *John Dee* und *Robert Fludd* als Exponenten ihres Ordens.

Eine über diese Schwerpunkte hinaus gehende Bestimmung und spirituelle Zielsetzung ist nicht zu erkennen. Ihre Mitglieder tragen ein *Ordens-Kreuz am gradweise unterschiedlichen Band*. Noch heute ist der Orden stolz auf seine *Sammlung alter rosenkreuzerischer Drucke* (vorallem in Englisch), wie man auf dem Internet-Site der SRiA feststellen kann. Mitte des 20. Jh. bestand das Gradsystem der SRiA aus 3 Orden und 9 Graden mit kohärenter Namensgebung. Wie bei den *Illuminaten nach Weishaupt* spielen hier Zahlen wie 3, 6, 9, 11, 13, 19, 21, 27, 33 eine große Rolle. Zur Gründungszeit bestand der Orden aus genau 144 Mitgliedern, den Großmeister mit eingerechnet.

Dieser Verkündigungs-Engel in der Kapelle St. Martin in Cazis/GR (Schweiz) erscheint wie eine Vorwegnahme zur Chymische Hochzeit von CRC.

10. DIE THEOSOPHOPHISCHE GESELLSCHHAFT

10.1. THEOSOPHISCHE GESELLSCHAFT IN ENGLAND UND USA

Hauptfigur in der Geschichte der Theosophischen Gesellschaft (*Theosophical Society* – TS) ist die Russin *Helena Petrowna Blavatsky* (H.P.B.). Als begabtes Medium und überzeugte Spiritistin seit Mitte des 19. Jh., hielt sie bereits in den 1860-er Jahren in Kairo mit einer Madame Coulomb spiritistische Sitzungen ab, trat dem Spiritisten-Zirkel von *Henry Steel Olcott* bei und gründete 1872 ihren eigenen Zirkel: den *Miracle Club*. – Da jedoch der Spiritismus infolge einiger Betrugsfälle in den USA zu dieser Zeit in Verruf kam, wurde der *Miracle-Club* am 17. November 1875 in die zunächst geheime *Theosophical Society* umbenannt. Olcott, der als erster die Idee zu einer solchen Gesellschaft geäußert hatte, wurde zum Präsidenten gewählt, Blavatsky fungierte als Sekretärin, war aber der eigentliche *Spiritus Rector* der Gesellschaft.

H.P. Blavatsky

H. St. Olcott

Gemäß der englisch/amerikanischen Wikipedia geschah die Gründung mit gleichem Datum auch in New York, wobei hier noch *William Quan Judge* genannt wird. Bald wurde auch eine Tochtergesellschaft in London gegründet.

1879 siedelten H.P.B und Olcott nach Bombay um; danach wurde Adyar (Madras, Indien) zum internationalen Hauptsitz der TS/TG.

Die Entwicklung wurde schwierig, und am 31. März 1885 verließ H.P.B. Indien «fluchtartig und psychisch gebrochen» (Wikipedia) in Begleitung von Franz Hartmann (siehe nächstes Kapitel), um die letzten Jahre ihres Lebens in Europa zu verbringen. Blavatskys Lehre wurde auch als *Esoterischer Buddhismus* bezeichnet.

10.2. DIE THEOSOPHISCHE GESELLSCHAFT IN DEUTSCHLAND

Eine wichtige Figur am Schnittpunkt der drei Bewegungen: FM, TG/TS und RC ist *Franz Hartmann* (1838-1912), ein Vertrauter der H.P.B. in der *TS von Adyar*, der zeitgleich mit H.P.B. Indien verließ. Er wurde eine der wichtigsten Figuren der deutschen TG. Hartmann verbreitete das theosophische und RC-Gedankengut einerseits zusammen mit H.P.B., andererseits in eigenen Schriften, vorallem in Deutschland: 1887 erschien in Boston seine erste Schrift: *An Adventure among the Rosicrucians* (erschienen 1899 auf Deutsch bei Friedrich in Leipzig).

1887 erschienen sein *Secret Symbols of the Rosicrucians*; 1889 *The Life of Philippus Paracelsus & the substance of his teachings*; – 1890 in London: *In the Pronaos of the Temple of Wisdom, containing the History of the True and False Rosicrucians, with an introduction into the Mysteries of Hermetic Philosophy.*

Franz Hartmann

FM wurde Hartmann 1881 in Georgetown, USA. – Der Deutschen Theosophischen Gesellschaft in Europa (Theosophical Society in Europe), schloß er sich bei deren Beginn 1884 an. Mit dem RC-Gedankengut kam er offenbar gleichzeitig wie mit der HG-Maurerei in Berührung, nämlich ab 1885 in Amerika, wohin nach Mitte des 18. Jh. (d.h. ab Gründung der USA) wie oben beschrieben alle möglichen maurerisch-mystischen und RC-Strömungen flossen, und wo zahlreiche Bruderschaften aller Art entstanden. Darunter war (anläßlich der Versammlung des ‹Obersten Weltrates der Rosenkreuzer› von 1848) eine 1858 in Philadelphia durch Pascal B. Randolph gegründete RC-Bruderschaft, ein Templer-Orden vom Rosenkreuz, sowie 1879 der Zweig der Societas Rosicruciana in America (SRIA, siehe oben).

Aus der englisch-indischen Adyar-TG (ATG) spaltete sich im Frühjahr 1896 ein Berliner ‹Tingley-Zweig› (nach Catherine Tingley) ab, gegründet unter Leitung von Paul Raatz, Dora Corvinus und *Ernst Schwabe*. Dieser Zweig gründete anläßlich seiner Versammlung in Berlin (August 1896) zusammen mit amerikanischen Gästen und F. Hartmann – als Zweigunternehmen der TS in Amerika (Tingley Gruppe) – eine TGiD – ‹*Theosophische Gesellschaft in Deutschland*›; deren *Präsident F. Hartmann* wurde. – Vizepräsident war der nachmalige Gründer und Verbreiter des *Ordo Templi Orientis* (O.T.O.), *Theodor Reuß*, der auch seit 1885 Mitglied der TG gewesen sein soll. Schatzmeister war *Leopold Engel*, der zu

DIE THEOSOPHISCHE GESELLSCHAFT

Beginn des 20. Jh. dann einen neuen *Illuminaten-Orden* gründete (Details zur TGiD siehe Frick, a.a.O., II/II, 301 ff).

Nach der Neugründung von 1896 gab es also in Deutschland:

1. Die ‹Deutsche Theosophische Gesellschaft› (Adyar), hervorgegangen aus der ‹*Theosophischen Societät Germania*› von 1884, ab ca. 1900 unter Leitung von Julius Engel, geführt als ‹Deutsche Sektion der TG›, Zweig der englisch-indischen Adyar-TG (Besant-Gruppe);

2. Die ‹Theosophische Gesellschaft in Deutschland (TGiD) als deutschen Zweig der TG in Europa, der die TG in Amerika (Tingley-Gruppe) repräsentierte, mit Franz Hartmann als Leiter.

Th. Reuß, ca. 1888.

«*Hartmann als Freimaurer und Theosoph behielt die ursprüngliche Konzeption der TS von 1875 bei – eine Art mystischer und okkulter Freimaurerei zu betreiben und die geheimen Naturgesetze in Bezug auf Magie und dergleichen zu erforschen*» (Frick, a.a.O.), und zwar – entsprechend der Absicht von H.P.B. – in der äußeren Form einer «*geheimen androgynen Maurerei*», mit geheimen Zeichen, Handgriffen und Paßworten.

«*Die amerikanische und die englische theosophische Gesellschaft betrieben nun mehr psychologische und parapsychologische Untersuchungen – in Indien folgten sie ganz dem Spiritismus und einer pseudochristlichen Heilslehre* {gemeint ist wohl jene von Krishnamurti; siehe nächste Seite}. *Derweilen gab Hartmann seiner Lehre ein mehr unkonfessionell religiös mystisches Gepräge ... Gegen jede Dogmatik eingestellt, sah er ganz allgemein denjenigen als Theosophen an, „der das wahre göttliche Selbst in sich und in der Menschheit suchte und fand". Auch seine nie in einem festen System präzisierte pantheistische Lehre enthielt gnostisches Gedankengut. Im Glauben an die Göttlichkeit des Menschen suchte er eine alle Menschen aller Religionen verbindende Ur-Religion* {die in der Einführung erwähnte *Philosophia Perennis* oder *Prisca Philosophia*} *...* ». – So versuchte Hartmann, orientalische und westliche Philosophien und Religionen mit einander zu harmonisieren und veröffentliche diese synkretistische ‹Methode› in seiner Zeitschrift *Lotusblüten* (1893-1900) bzw. *Neue Lotusblüten* (1908 bis zu seinem Tod, 1912). Ähnlich drückte sich in einer öffentlichen Ver-

sammlung der TSIA am 27.06.1896 das führende Mitglied *Spencer* aus (zit. Frick, a.a.O., II/II, 301 f.):
«Unter den vielen (geheimgesellschaftlichen) Unternehmungen, von denen die meisten nach und nach wieder untergegangen sind, ist eine, die sich zu allen Zeiten das Ansehen, die Liebe und die Gunst ihrer Mitglieder wie der äußeren Welt bewahrt hat; – ich meine die Freimaurerei. – Wo ihr einen echten Maurer findet, findet ihr einen wahren Menschen ... – In den Reihen der Mitglieder der Theosophischen Gesellschaft ist eine große Zahl Freimaurer ... Sie sind zu uns übergetreten hauptsächlich, weil sie sahen, daß alles Gute, was die Maurerei ihnen bot, auch in der Theosophie zu finden und vielleicht sogar noch etwas klarer ausgedrückt wird. Aber das bedeutet nicht, daß die Theosophie sich etwa Mühe gäbe, die Maurerei zu verdrängen; nein, der wahre Grund ist, daß beide derselben Quelle entspringen ...»

Heinrich Tränker

Nach dem Tode von Franz Hartmann gab es lange Auseinandersetzungen über seine durch ihn selbst nicht geregelte Nachfolge als Leiter der *Internationalen Theosophischen Vereinigung* (ITV). So begann eine neue Entwicklung.

Dr. Rudolf Steiner

Zum Auslöser wurden die Reibereien aller führenden Persönlichkeiten mit einem gewissen *Hugo Vollrath*, einem begeisterten Schüler Hartmanns und Bibliothekar der Leipziger Sektion der ITV, Leiter der ‹*Theosophischen Buchhandlung*› und des Literarischen Departements der deutschen Sektion der Adyar-TG. – Da Vollrath die DTG hier verließ, begegnen wir zwei neuen Namen: Der erste ist der des *Generalsekretärs der Adyar-TG* (ATG) sowie von deren Literarischem Departement, *Dr. Rudolf Steiner* (1861-1925). Der zweite Name ist der des Leiters der genannten Bibliothek, *Heinrich Tränker* (1880-1956).

Otto Hanisch

Nach dem 1. Weltkrieg ging die Zentralbuchhandlung konkurs, Tränker schied aus der

Die Theosophische Gesellschaft

ITV aus und gründete mit *Otto Willhelm Barth* (!) 1921 die *Lotus-Gesellschaft*, die hauptsächlich das Hartmann'sche Gedankengut vertrat und dabei das *alte Rosenkreuzer-Gedankengut* wieder aufnahm. Sie erscheint jedoch auch beim *Golden Dawn* wieder.

Da nun Annie Besant auch mit R. Steiner Probleme hatte, nahm sie den aus der deutschen Adyar-TG ausgeschlossenen Vollrath  zu sich und machte ihn zum Repräsentanten ihres umstrittenen *Order of the Star of the East – Stern des Ostens* (Grenzland zwischen Theosophie und schwarzer Magie; das Bild ist von 2013). *Vollrath* wurde auch als *Rosenkreuzer* aktiv, und zwar als Sekretär der *Rosenkreuzergesellschaft von Max Heindel* (pseud. f. Carl Louis Heindel, 1865-1919). Ebenso wurde er zum Nachfolger des Begründers der vorallem persischen *Bahai-Sekte*. Deren Gründer war Abdul Baha (1844-1921), als ‹Metropolit› das Oberhaupt einer gnostischen Kirche mit Hauptsitz in Haifa.

Max Heindel

Zudem war Vollrath befreundet mit Dr. Otto Hanisch (1854-1936), dem Begründer der sogenannten *Mazdanan-Bewegung*, der sich bei deren Gründung um 1900 *Otoman Zar-Adush Hanish* nannte. Man hört hier die Assonanz zu *Zarathustra* (*Zerdusht*) und *Ahura Mazdão*. Tatsächlich behauptete diese Bewegung, Nachfolgerin der echten «Sonnenreligion des Zarathustra» zu sein. Die Mazdanan-Bewegung schrieb eine erhöhte Persönlichkeitskultur vor, mit besonderen Atemtechniken, Pflege der innersekretorischen Drüsen und streng vegetarischer Ernährung. Dazu kamen Elemente aus Freimaurerei, Alchemie, Gnosis, Magie und anderen ‹Geheimlehren›.

Annie Besant ca 1910

Zur endgültigen Trennung zwischen *Annie Besant* und *R. Steiner* kam es (1912 oder 1913), als Erstere ihren *Order of the Star in the East* mit seinem ‹re-inkarnierten indischen Christus› – nämlich *Jiddu Krishnamurti* – auch

Jiddu Krishnamurti

in Deutschland verbreiten wollte, und Steiner weder diesen noch dessen Anhänger innerhalb der Deutschen TG anerkennen wollte. Mit ihm verließ die Mehrzahl der Mitglieder in Deutschland – und viele aus anderen Ländern – die ATG. – Das war die Geburtsstunde der *Anthroposophischen Gesellschaft*. – Das Überleben der DTG wurde durch einen Holländer, einen gewissen *J.L. Lauweriks* (18...-1932) emöglicht. – 1937 wurden in Deutschland (danach auch in Italien, Frankreich und Holland) alle Geheimgesellschaften durch die Nazis verboten.

Die wichtigste Untergruppe in der DTG war – so Frick – die E.S. (Esoterical Section, auch East Section genannt), mit Hauptsitz in London und einer Filiale in Hamburg-Wandsbeek. Diese stellte den inneren Kreis der nicht mehr als Geheimgesellschaft arbeitenden Adyar-TG dar. In die E.S. konnte man erst nach 1 Jahr Mitgliedschaft in der TG – und unter Ablegung eines Gelübdes – eintreten. Die E.S. war von H.P.B. im Jahr 1886 gegründet worden, *nachdem* sie die offizielle Leitung der Adyar-TG abgegeben hatte. In der E.S. sollten die Mitglieder in die geheimen Lehren der ‹Großen Weißen Bruderschaft› eingeweiht werden. Frick berichtet (hier auszugsweise zitiert):

«Zu den Bedingungen gehörten Punkte wie: Verzicht auf Alkohol und Fleisch. Verheiratete konnten nur zusammen mit dem Ehepartner beitreten. Alle schriftlichen Unterlagen mußten nach Gebrauch sofort zurückgegeben werden. Wer bereits einer anderen okkulten Organisation (ausgenommen ATG, FM oder Odd Fellows) angehörte, konnte nicht Mitglied der E.S. werden. – In der E:S. sollte überdies der Schüler durch seine Worte und Handlungen den Beweis seiner Ergebenheit und Vertrauenswürdigkeit erbringen». – Frick (a.a.O., II/II, 313 gibt den vollen Wortlaut des Gelübdes wieder. Er merkt aber auch an, daß dieses Gelübde nicht überall eingehalten wurde, sodaß dennoch geheime Inhalte der E:S. in die weitere TG und sogar an die Öffentlichkeit sickerten.

10.3. AM RAND DER TG/TS: ‹LE DROIT HUMAIN›

Anfangs des 20. Jh. verbreitete sich als ‹*Internationaler Orden der Gemischten Maurerei*› die Vereinigung *Das Menschenrecht* (*Le Droit Humain*) auf Englisch *Co-Masonary* genannt – über mehrere Länder. Der Sitz seines *Suprême Conseil* war Paris. Neben den 3 ‹blauen› Graden gab es dort *Perfektionslogen, Rosenkreuzkapitel, RC-Logen* und *RC-Areopage*. Die Grade waren «international durchnummeriert».

DIE THEOSOPHISCHE GESELLSCHAFT

Zu diesem *Droit Humain* war 1902 neben sechs anderen Theosophinnen auch *Annie Besant* gestoßen. Als Förderin des Ordens und als Leiterin der Loge 4, ‹*Loyalty*›, der TS in Adyar verband A. Besant *Theosophie* und *Droit-Humain-Maurerei* zu einer funktionellen Einheit. Allerdings blieb diese Form der Maurerei als eine Art Innerster Kreis innerhalb der theosophischen Gruppierungen eine echte Geheimgesellschaft. – A. Besant wird auch im *Bulletin de la Franc-Maçonnerie Mixte* (1932, Nr. 1) an zweiter Stelle des *Suprême Conseil* erwähnt, als *1er Lieut∴ G∴ Comm∴* (= Premier Lieutenant Grand Commandeur), *Sœur Annie Besant*.

Annie Besant ca 1900

10.4. DIE ‹ASIATISCHEN BRÜDER›

Der schon erwähnte Orden der *Asiatischen Brüder* – oder, wie der vollständige Name heißt: der *Ritter und Brüder St.-Johannis des Evangelisten aus Asien in Europa* – war die Neugründung eines gewissen *Freiherrn von Ecker und Eckhofen*, der zuvor Mitglied der G&RC war, um 1776 aber einen Orden *Pro Fratribus Rosæ et Aureæ Crucis* stiftete. Wegen Betrugs verklagt und verfolgt, trat er in Wien den FM bei, wonach er (1781) sogleich den *hochwürdigsten, und weisen Orden der Ritter und Brüder des Lichts* – bekannt als *Orden der Fratres Lucis* – gründete, der (so Schuster, II/236) «*von den sieben weisen Vätern,* den *Vorstehern der Sieben Kirchen in Asien, errichtet*» war. Er erwies sich aber auch dort als Hochstapler, der unter dem Deckmantel mysteriöser Ordensregeln nur die eigene Bereicherung suchte und mit der Zeit allerorts verfolgt wurde und verfehmt war. Am *Konvent in Wilhelmsbad* (1782) gewann er sogar den *Landgrafen Karl von Hessen* als Mitglied und Schirmherrn. Dieser sorgte umgehend für Neuerungen, wozu auch der Name selbst der *Asiatischen Brüder* gehörte.

11. DAS ROSENKREUZERTUM IM 19. JAHRHUNDERT.

Als direkte *Nachkommen* der G&RC des 18. Jh. nennt Frick einen ‹*Orden der Jubelritter*›: Das ist das 1710 (also *früher als* die ersten sicheren HG-Logen) gegründete *Chapître Général des Chevaliers de la Jubilation* – eines «*sehr weltlichen Ritterordens auf den britischen Inseln, mit epikuräischem Einschlag*», der neben anderen die spekulative HG-Maurerei maßgeblich beeinflußt habe. Deren Lehre habe bestanden aus «*pansophischer Mystik mit ihrer hermetischen Tradition, wie sie anscheinend um die Jahrhundertwende* {zum 19. Jh. – Anm. d. Hrsg.} *auch in London ... existierte und als eine ‹neue Religion› gefeiert wurde*». – Anzumerken ist, daß die Hauptlehre des *Epikur* das «*panta kai metron – alles mit Maß!*» darstellt, und gerade nicht, wie allgemein angegeben wird, der egozentrische Hedonismus unseres Jahrhunderts!

Im schier unüberblickbaren Harst von RC-Graden, RC-Kapiteln, RC-Orden und FM-HG-Logen behaupten alle mehr oder weniger laut, auf der Überlieferung der FFRC des 17. Jh. und derer RC-Manifesten zu basieren; doch wird diese Basis oft recht eigenwillig interpretiert bzw. belegt – vorallem in der Freimaurerei. Und die Societas Rosicruciana wirkte eher wie eine zweite theosophische Gesellschaft. Da die ‹Instruktionen› zu HG-Graden größtenteils ‹geheim› – und ansonsten nur in kleinen Brosamen über die gesamte FM-Literatur verteilt sind, ist ein vollständiger Überblick unmöglich. Er ist aber auch verzichtbar, da es sich offenbar meist um formale Unterschiede handelt: Der Zweck dieses Buchs ist nicht der Vergleich subjektiver Lehren, sondern eine Übersicht über die persönlichen Vernetzungen der Organisationen. Beispielsweise ist die Legende zum *Royal Arch System* eine Kreuzung aus Tempellegende (FM) und Legende vom *Grabmal des Christian Rosencreutz* (CRC):

Drei unbekannte Juden (!?!) hätten sich zur Mitarbeit beim Bau und beim Wegräumen von Schutt erboten. Nach einer alten Überlieferung (!?) sei unter dem Schutt etwas sehr Wichtiges verborgen gewesen. Die Drei seien nun nach einigen Tagen zum Fürsten gekommen und hätten berichtet, beim Wegräumen von Schutt seien sie auf eine Stelle gestoßen, die durch ihren hohlen Klang ein verborgenes Gewölbe verraten habe. Ins Gewölbe eingedrungen, hätten sie einige Tafeln gefunden und ans Licht gebracht. Auf diesen Tafeln seien Teile des Gesetzes [Mosis!] geschrieben gewesen. – Außerdem hätten sie einen kleinen Altar entdeckt, von einem Gewand bedeckt. Darunter hätten sich die Namen der ersten drei Meister gefunden, die das Gewölbe gebaut hätten. Außerdem habe man auf diesem Altar einen Namen entdeckt, der offenbar das Verlorene Wort darstelle. – Es folgt die Darlegung der Geheimhaltungs-Zeremonie. Frick zeigt auf, daß auch die Legenden der *Élus Coën* und des *Perfektions-Ritus* ähnliche Elemente enthielten.

11.1. RC-GRADE UND -KAPITEL IN DER SCHWEIZ

Wie in der Freimaurerei, so nimmt auch im Rosenkreuzertum und anderen Zweigen theosophisch-maurerisch ausgerichteter Vereinigungen die Schweiz eine Sonderstellung ein: Ihre geographische, soziokulturelle (multikulturelle) und politische Sonderstellung wurde und wird auf manche Weise ausgenutzt: Nur allmählich – und noch heute nur teilweise – im strikten Sinne zentralisiert, diente, und dient sie nach wie vor – und das kann im positiven wie im kritischen Sinne verstanden werden – als Schlupfwinkel auf allen Ebenen. Während der Französischen Revolution – und wiederum während der beiden Weltkriege – rückten vorallem die Schweizer Grenzorte zu Frankreich – Genf und Basel – für die Freimaurerei Europas in den Vordergrund. Das ist der Grund für die Vorwegnahme dieses Unterkapitels.

1801 entstand ein erstes HG-Kapitel des *französischen RC-Grades* (RSR/CBCS) in Genf; 1802 in Bern. Gleichzeitig existierte ein ‹*Souveränes RC-Kapitel*›. Dieses HG-System arbeitete nach Vorgabe des ‹*Suprême Conseil du 33.° pour la France*› (AASR). In Basel sollte nun ein HG-Kapitel nach dem französischen Ritus des *Neuen Templer-Ordens* (*Ordre du Temple* oder *Rite d'Orient*) entstehen, dessen Mitglieder *Chevaliers de la Croix* – Kreuzritter – hießen. Als Großprior war vorgesehen *Peter Burckhardt* (bisher GM des RSR Strikter Observanz). Doch war das System teuer, und das Dekret vom 15.01.1808 widerstrebte den Schweizern. Namentlich die FM in Basel wollten lieber ihr *RC-Kapitel der CBCS* beibehalten, neigten aber zugleich zum *früheren* System des RSR. – Unter: http://freimaurer-wiki.de/index.php/Schweiz finden sich Einzelheiten dazu; – über die *Neu-Templer* siehe unten.

Die *Chevaliers Bienfaisants de la Cité Sainte* (CBCS) als neognostisch-neutemplerisches Kapitel mit rosenkreuzerischem Einschlag, gehörten zum französischen und schweizerischen *Rite Écossais Rectifié* (RÉR/RSR; siehe dort). Ende 19. Jh. begann eine Zusammenarbeit mit den ‹*Jüngeren Martinisten*›. Heute gibt es dafür einen *Grand Prieuré des Gaules*.

1809 entstand als Resultat unter *Peter Burckhardt* ein neues *Präfektur-Kapitel*, mit Anschluß der Baseler *Parfaite Amitié* an den RSR, und Bestätigung durch den Sitz des Provinzialkapitels der

Orden, Logen und das Rosenkreuz

V. Provinz (dieses nun nicht mehr in Straßburg, sondern in Besançon). Auch die westschweizer Logen schlossen sich Besançon an. In Basel wurde Burckhardt zum Großmeister / Großprior ernannt und erhielt von *Lavater* die Vollmachten und Archive des 1793 erloschenen Direktoriums.

In Genf trennte sich eine Gruppe der Loge *Union des Cœurs* ab, um sich «einem *mystisch okkulten Pietismus* zu weihen», wie Frick schreibt, ohne diesen jedoch weiter zu spezifizieren.

Ab 1810 arbeitete in Lausanne das *RC-Kapitel* nach einem von *Glaire* (s.o.) für Polen aus einem Schottischen System abgewandelten HG-Ritus. Glaire hatte den dortigen Großorient mitbegründet und als Gesandter bei Katharina II dasselbe System auch in Russland eingeführt, wo es wie erwähnt als *Rite Helvétique* bekannt wurde. Glaire's Basis war nach wie vor das französische System der CBCS. Der so entstandene ‹neue› Ritus hatte *sieben Grade*: Die drei allgemeinen plus vier: *Maître Élu Grand Architecte*; – *Chevalier d'Orient, Grand Écossais de St.-André* und *Chevalier Rosecroix*. – Auch das Lausanner RC-Kapitel wurde 1810 in ein Kapitel des ‹neuen› RSR-Ritus umgewandelt.

Im März 1811 lebte in Zürich – unter *Heinrich Lavater* (Sohn des Diethelm) und *K. Ott* – die Loge *Modestia* mit demselben Ritus wieder auf; ebenso in Genf die Loge *Union des Cœurs*.

1817 wurde *Herzog Karl von Hessen-Kassel* in später Nachfolge des 1792 verstorbenen *Herzogs von Braunschweig* General-GM des RSR, (ein Zusammenhang mit den jakobitisch-stewardistischen ‹Kasaren› und der französischen Revolution wird vermutet).

Nach dem Tod von P. Burckhardt 1817 wurde Ott auch zum GM in Basel; der Sitz des neuen «*Rektifizierten Schottischen Direktoriums*» wurde 1818 nach Zürich verlegt.

11.2. RC-Grade und Kapitel in den Logen Europas

1770 gründeten die *Illuminés d'Avignon* eine ‹*Académie des Sages*›. Gleichzeitig entstand eine Körperschaft mit dem Namen ‹*Loge Africaine françoise, dite l'Académie*› (Gründung der *Académie Française*: 1795). Und ins Jahr 1782 fällt die Erstgründung in Frankreich eines ‹*Schottischen Philosophischen*› Ritus (Loge *Saint-André d'Écosse*), hervorgegangen aus den *Illuminés d'Avignon*, mit einem Grad ‹*Chevalier Rosecroix*›. Während der Revolution unterdrückt, wurde dieser Ritus 1804 ‹wieder-erweckt›. – Eine weitere Loge desselben Ritus war La Parfaite Union (gegründet in Lausanne 1739; erneuert 1802).

In Berlin gründete ein preußischer Kriegsrat und Kanonikus (!), namens Karl Friedrich Köppen (1734-1797) die Loge der ‹Berliner Afrikanischen Bauherren›. Diese Forschungsgruppe wollte die Freimaurerei mit den Mysterien der Antike sowie mit antiken und mittelalterlichen Kultformen in Verbindung bringen. Köppen verfaßte anonym zwei Schriften: Die *Crata Repoa oder Einweyhung der alten geheimen Gesellschaft der Egiptischen Priester* (o.O. o.J., aber Berlin 1770, mit sieben weiteren Auflagen 1777-1821); ebenso die *Art royal du Chevalier de [la] Rosecroix*. – Die berühmtere Schrift – *Crata Repoa* – erschien zuerst auf Deutsch, 1821 auf Französisch und Englisch (letzteres erneut in den 1880-er Jahren durch *K.R.H. Mackenzie*, und im 20. Jh. nochmals durch *M.P. Hall*).

Köppen veröffentlichte noch ein Buch, betitelt: *Les plus secrets Mystères des hauts grades de la maçonnerie dévoilés – ou le Vray Rose-Croix ... , suivi du Noachite ... – Jerusalem 1766* (Berlin, Haude und Spencer, 1767), mit fünf Neuauflagen bis 1788. Die deutsche Ausgabe hieß: *Allerneueste Entdeckung der verborgenen Geheimnisse der hohen Stufen der Freymäurerey, oder Der wahre Rosencreutzer. Aus dem Englischen übersetzt, nebst dem Noachiten, oder Preußischen Ritter. Ingleichen einem Schreyben eines Profanen über die glückliche und längst erwünschte Entdeckung der Freymäurerey. Herausgegeben von Karl Friedr(ich) Köppen. Übersetzt von J.G. Krüniz. Mit Kupfern. – Jerusalem* {siehe oben} *1768*.

Frick kommentiert a.a.O., II/II 137):

«*In diesen Schriften versuchte Köppen nachzuweisen, daß das aus den Clermont-schen Hochgraden und der Schottischen Maurerei entwickelte System der Strikten Observanz* (RSR) *nicht das originäre Lehrgebäude sei: jenes sei das der alchemistisch-rosenkreuzerisch orientierten französischen ‹Chevaliers d'Orient›, wie [Baron Th. H.] Tschoudy in seiner Étoile Flamboyante mitgeteilt hat. –*

Köppen knüpfte damit direkt an die alchemistisch-rosenkreuzersche Tradition der Mystischen Maurerei an, wie sie durch Avignon, Bordeaux, Metz und Straßburg geprägt worden war. Er lehnte die Ursprungslegende der jakobitischen wie die der schottischen Tem-

pel-Maurerei ab. – Wir dürfen mit Sicherheit annehmen, daß in Berlin um 1770 ein aktiver Kreis von mystisch-alchemistisch-rosenkreuzerischen Maurern bestand, die verschiedenen Logen und Systemen angehörten {also vorallem die alte Tradition hermetischer Symbolik pflegten}. – Zu diesem Kreis gehörten u.a. Pernetty, Köppen, v. Hymmen, de Morveau und in gewissem Sinne wohl auch [Joh. Chr.] Wöllner mit seinen Anhängern.»

Diese ‹Anhänger› waren vorallem wieder der berühmte *Dom Pernetty* (1768 als Bibliothekar von *König Friedrich II* nach Berlin berufen), dann *Köppen* und *v. Hymmen* (Mit-herausgeber der *Crata Repoa*, Justizrat und später geadelter Hof- und Kammergerichtsrat). Letzterer trat 1772 mit seiner Loge der *Strikten Observanz* bei, später dem Kreis der G&RC innerhalb der Loge *Zu den drei Weltkugeln*

(das war die Loge von Friedrich II). Dasselbe gilt für *de Morveau* und den Ex-Pastor *Joh. Chr. Wöllner* (geb. 1730; nachmals Sekretär bei *Prinz Heinrich von Preußen*; – zuerst Mitglied in Weishaupts *Illuminaten-Orden*, dann aber FM bei den *Drei Weltkugeln*, und endlich Mitbegründer des *Rosenkreuzer-Ordens in Preußen*, dessen Mitglieder auch *König Friedrich Wilhelm II. von Preußen* und *Friedrich August von Braunschweig* waren. *Kronprinz Friedrich* (nachmals *König Friedrich der Große*) war der *alchemistisch-rosenkreuzerischen Maurerei* besonders zugetan.

Der Chemiker *Johann Gottfried Wöllner* (geb. 1750; Sohn des Vorigen) verbreitete das Gedankengut der G&RC in der Loge ‹*Zu den drei Weltkugeln*› und in der Schottenloge ‹*L'Union*›, jetzt ‹*Friedrich zum Goldenen Löwen*› genannt. Es sei *Köppen* gewesen, der in der Konkurrenz-Loge ‹*Zu den drei Hämmern*› als Opposition zur ‹*Tempelmaurerei*› sein System der ‹*Afrikanischen Bauherren*› gegründet habe. Dieses System bestand aus 11°, deren 4.° ‹Christlicher Philosoph› – also eigentlich *Theosoph* – hieß. 1775 legte Köppen – innerlich auf die Lehre von Strikter Observanz und Templer-Maurerei einlenkend, sein Amt nieder; 1786 lösten sich die *Afrikanischen Bauherren* auf.

DAS ROSENKREUZERTUM IN DEN LOGEN EUROPAS

Als Hauptfiguren treten jetzt auf: die Preußenkönige Friedrich II (der Große) und sein Nachfolger, Friedrich Wilhelm II (1744/1786-1797). Die Berliner Großloge *Zu den Drei Weltkugeln* hatte sich 1766 der *Strikten Observanz der Tempelritter* angeschlossen. Friedrich II war – außer Protektor der Loge *Zu den Drei Weltkugeln* – Mitglied der Gold- & Rosenkreuzer gewesen (mit Wöllner als leitendem Mitglied), und auch Hochgrad-Maurer in der von Wöllner geführten Loge *Friedrich zum Goldenen Löwen*. Diese Loge gilt als Zentrum der G&RC. Auch der *Prinz von Hohenzollern* war Mitglied der G&RC mit dem Ordensnamen *Ormessus Magnus*. Das bringt ihn zugleich in Verbindung *mit der ‹Geheimschule der Ormusse›, aus denen sich die Gold- und Rosenkreuzer ableiten* (siehe auch Kapitel 6.2.2., *Golden Dawn*).

Nochmals sei hier erwähnt, daß die allgemein als Fälschung betrachteten ‹*Großen Konstitutionen von 1786*› als Dokument für die Existenz des AASR rückwirkend auf 1786 datiert werden – das ist das *Todesjahr Friedrichs des Großen*. – Im selben Jahr tritt der enge Vertraute des Königs, *Johann Christoph Wöllner* erneut ins Bild.

Berlin war damals ein Hauptzentrum mystisch-maurerischer Gesellschaften Europas. Letztlich erklärt sich daraus die Unterschrift Wöllners, nebst weiteren – *gefälschten* – Unterschriften, unter den ‹Konstitutionen von 1786›. Als von den *deutschen G&RC* beeinflußt galt auch die FM-Loge *Mère du Rite Écossais Philosophique*, die ihre Gründung auf das Patent eines anonymen ‹*Großmeisters der vereinigten Logen von Niedersachsen, Preußisch Polen, Livland und Kurland*› zurück führte , und die daher vom französischen Grand Orient *nicht anerkannt* wurde. Dieser *Schottisch-Philosophische Ritus* gehörte zu den Vorläufern des AASR und verkündigte im Ritual der höheren Grade *das pansophisch-rosenkreuzerische Ideal*.

11.3. RC-GRADE UND -KAPITEL IN DEN LOGEN DER USA

Die Geschichte der Rosenkreuzer in den USA beginnt in der zweiten Hälfte des17. Jh. und wurde schon durch E.A. Waite beschrieben. Als Begründer gilt ein *Johann(es) Kelp(ius)* (1673-1708). Als Student gehörte dieser einem Kreis an, der sich mit dem Studium der christlichen Mystik, des esoterischen Christentums, der Kabbalah und der *Theosophie alchemistisch-rosenkreuzerischer Prägung* befaßte – und daher auch mit den Schriften von *J. Bœhme* und *J.G. Gichtel*.

Im 19. Jh. wurde das offenbar eher im Verborgenen fortgeführte Rosenkreuzertum in den USA wiederbelebt durch einen gewissen

George Lippart (1822-1854). Seine Vision war eine *neue Weltordnung* im Sinne der *Fama Fraternitatis*. Die dort angezeigte *Weltrevolution* war für ihn die Befreiung von der Kolonialherrschaft der europäische Großmächte, wie insbesondere aus seiner Schrift, betitelt ‹*The Legends of the American Revolution of 1776*›, hervor geht. Vor dem Hintergrund dieser und der genannten RC-Schrift propagierte er ein neues, brüderliches Weltbürgertum, wie es später auch der allerdings materialistisch orientierte Marxismus im Sinne hatte.

Eine andere Schrift von Lippart heißt *The Temple of the Rosy Cross*. Gleichzeitig existierte eine Vereinigung namens *The Rosycrucian Order*, oder *Order of the Rosy Cross* – eine androgyne Vereinigung ohne Grade und ohne freimaurerische Rituale oder Zeremonien, die sich mit Theosophie, Philosophie und der altüberkommenen Universellen Lehre befaßte. Deren oberste Institution nannte sich *Fraternitas Rosæ Crucis* oder *Fraternity of the Rosicrucians*. Dieser auch als *Grand Fraternity* oder als *Große Weiße Bruderschaft* bezeichneten Gruppe – so Frick, a.a.O. II,II/428 – hätten «*Mitglieder aus aller Welt angehört, insbesondere die «Leiter der verschiedenen Räte der Welt sowie die Großmeister und Hierarchen der nationalen Geheimgesellschaften dieser Richtung»*.

Nach der Legende dieser Gruppe bestanden im 17. Jh. ein ‹*Rat der Drei*› und ein ‹*Rat der Sieben*› als oberste internationale Institution der Rosenkreuzer. Nach dieser Legende trat das erste Konklave dieses *Obersten Rates der Sieben in Amerika* im Jahr 1773 (!) in Philadelphia zusammen, also unmittelbar vor der Gründung der USA. Zum ursprünglichen internationalen «*Rat der Sieben der Bruderschaft des Rosenkreuzes*» hätten demnach je ein Deutscher, Spanier, Franzose, Schwede, Däne, Ungar und Türke gehört. Dies alles fügt sich – samt den genannten Mitgliederzahlen – auf wunderliche Weise in die modernen Weltherrschafts-Theorien ein.

Im Jahr 1848 (Wirren in Deutschland, Gründung der Schweizerischen Eidgenossenschaft) wurden – so Frick a.a.O. – «*ein entsprechender Bruderbund für die USA anerkannt und eine amerikanische Großloge und ihr Großmeister bestätigt»*. Hier bewegt man sich also wieder auf typisch freimaurerischem Boden. Dennoch ist dies eine der Legenden zur *Entstehung des Rosenkreuzertums in den USA*. – Was Frick sonst noch über diese Vereinigungen erzählt, paßt zur Menge der Hochgrad-FM-Legenden ...

In USA kam der FM *Reinhold Yarker* mit der Tradition der G&RC in Kontakt; eventuell durch seinen Eintritt in die *RC-Bruderschaft*

DAS ROSENKREUZERTUM IN DEN LOGEN DER USA

von *E.A. Waite* in Manchester, sicher aber über die 1865 gegründete *Societas Rosicruciana in Anglia* (SRiA), und natürlich auch durch seine spätere Zusammenarbeit mit *Theodor Reuß* (siehe unten). Wir verweisen nochmals auf den (historisch zweifelhaften) ‹Stammbaum› des Yarker'schen Gesamt-Systems (siehe Figur S. 61).

Pascal B. Randolph

Hierher gehört nun der Kreis der *amerikanischen Rosenkreuzer libertinistischer Richtung* um *Pascal Beverly Randolph* (1825-1875), der als Justizminister der Regierung von George Washington angehörte – also mit Sicherheit den HG-FM nahe stand. Auf seinen weitläufigen Weltreisen kam er auch in Kontakt mit *Alawitischen* Gebräuchen und mit dem ‹*Tantrismus der Linken Hand*› – also mit *schwarz-magischen und Sexualriten*. Von *Eliphas Levy* erhielt er den höchsten Grad der *Fraternitas Rosæ Crucis*, während *Papus* dafür sorgte, daß Randolphs neuer Orden *Hermetic Order of Luxor* (H.B. of L., auch genannt *Hermetic Brotherhood of Light*, HBL) in Frankreich Fuß fassen konnte. Für den innersten Kreis dieses Ordens, mit Namen *Eulis Brotherhood*, schrieb Randolph Rituale unter der Benennung *Magia Sexualis*. Diese hätten, so Frick, auch den O.T.O. beeinflußt.

Logo der Fraternitas Rosæcrucis, Beverly Hill.Pennsylvania.

Die *Fraternitas Rosæ Crucis* ist noch heute aktiv, *ausdrücklich* bezeichnet *als «der von Randolph gegründete, älteste Rosenkreuzer-Orden in den U.S.A. (1858)»*, mit Sitz in *Beverly Hill* (!). Auch deren Haupttempel stand ursprünglich in San Francisco, wurde aber 1861 geschlossen und steht jetzt in Pennsylvania, wo sie zudem eine *Beverly Hall Corporation* (Wikipedia: *«Category Chiropractors»*, keine Details erhältlich) sowie ein *Clymer Health Center* (keine Details erhältlich) betreiben. Aktuelle Skandal-Prozesse bestärken den Verdacht auf Riten der Linken Hand.

Randolph soll seine Ideen teilweise aus denselben Quellen geschöpft haben wie H.P. Blavatsky; doch Beider Entwicklung und Anwendung derselben war so unterschiedlich, daß Frick sie a.a.O. als *«der asketische und der libertinistische Weg»* unterscheidet.

11.4. DAS ROSENKREUZERTUM IN RUSSLANDS LOGEN

Auch Rußlands Freimaurerei war stark von den deutschen G&RC beeinflußt: Das System einiger Moskauer Logen war äußerlich das der *Strikten Observanz*, nach dem Wilhelmsbader Konvent von 1782 aber das der *CBCS*, und nach innen ganz rosenkreuzerisch. An der Spitze standen der aus Siebenbürgen stammende Professor *Johann Eugen Schwarz* (1751-1784), Mitglied der deutschen G&RC, und der russische Schriftsteller *Nikolai Iwanowitsch Nowikow*. Das beweist eine besonders enge Verflechtung von Rosenkreuzertum und Freimaurerei in Rußland.

N. I. Nowikow

Das Logenwesen in Rußland begann 1731 mit dem Patent eines englischen Kapitäns als Provinzial-Großmeister. Die erste Loge entstand in Petersburg. Ende der 30-er Jahre tauchte der FM, Medailleur und Steinschneider *Lorenz Natter* in Petersburg auf. Er brachte das Schrifttum der *Florentiner Rosenkreuzer* mit und übergab es dem *rosenkreuzerischen Zirkel* einer dortigen Loge. Auch das spätere *rosenkreuzerisch-templerische System* eines gewissen Generals *Petrov Melesino* wurde durch Natter geprägt. Im 18. Jh. gelangte das RC- und FM-Gedankengut vorallem über Deutsche nach Rußland; so auch durch Johann August Starck, einen Lehrer für Altertumskunde. Dieser errichtete in Petersburg aufgrund einer Vollmacht von *Karl Gotthelf v. Hund* eine Präfektur und ein HG-Kapitel *Zum Phœnix*, das dem *rosenkreuzerisch orientierten Deutschen Tempelherren-Orden* (Strikter Observanz des RSR) zuzurechnen ist. Ihm traten hohe Offiziere, Beamte und Adelige Rußlands bei.

Carl Gotthelf v. Hund

Die eigentliche Tätigkeit der *deutschen Gold- und Rosenkreuzer in Rußland* begann im Jahr 1777, wobei im engeren Kreis auch mystisch-hermetische Elemente sowie solche aus der Qabbalah behandelt wurden. Frick (a.a.O., II/II, 444 f.) berichtet:

Katharina II (die Große)

«*In der ehemaligen Bibliothek des Zaren, im Museum Rumianzew und anderen Archiven befanden sich Akten und Handschriften, die eine enge Verbindung der Logen der Strikten Observanz zu den Gold- und*

Rosenkreuzern dokumentierten. Ihr Verbleiben nach der Revolution von 1917 ist unbekannt. «*Zwei Mitglieder der G&RC waren der russische Major A.M. v. Kutusow (17...-1790) und ein preußische Hauptmann a.d., der mecklenburgische Baron Christian N. v. Schröder (1729-1793). Dieser war als ‹Christianus Eques a Grue› Mitglied der Strikten Observanz und als ‹Sacerdos› Mitglied der Hamburger G&RC. Beide bereisten ganz Europa, um Bücher und Handschriften zu sammeln, die sie ins Russische übersetzen ließen ... Eine andere Urkunde [von Nowikow] warnt vor den* Illuminaten Weishaupts. *Ein Schreiben [von Schwarz als Leiter der russischen G&RC] hielt die Bedingungen für den Eintritt in den* Orden der russischen G&RC *fest. Danach mußten Anwärter den 4.° eines Altschottischen Meisters {Strikter Observanz} besitzen, Schwarz anerkennen und umgekehrt auch von ihm ausdrücklich zugelassen werden.*»

An diese Stelle gehört der Name von *Joh. Chr. Theden* und dessen führende Stellung innerhalb der *Strikten Observanz* und der *Berliner G&RC*. «*Unter Führung von Schwarz und Nowikow entwickelte sich innerhalb der Strikten Observanz das Rosenkreuzertum sehr erfolgreich. So entstanden Logen und Tempel in [sieben Städten] ... Die Lehre der Rosenkreuzer war dieselbe wie in den übrigen Ländern; das ‹Zirkel-Direktorium› der G&RC samt einer Art Mutterloge namens Eparchia war in Moskau. 1784 wurde ein neues Direktorium der Strikten Observanz (seit 1782 konform mit den CBCS) in Moskau ernannt, bestehend aus drei Personen, darunter auch Nowikow, mit dem RC-Namen Colomir*» (Frick a.a.O.).

Es folgten Spannungen zwischen den Obersten Bevollmächtigten in Rußland und Wöllner in Berlin. Schwarz reformierte das System der russischen G&RC, indem er es «*nach französischem Vorbild vielleicht des Perfektions-Ritus, wahrscheinlicher aber nach dem des Schottisch-Philosophischen Ritus ... auf 18° erweiterte*». Weiteres faßt von Frick in dem Satz zusammen:

«*Das Rosenkreuzertum, sein Hermetismus und seine Christosophie, gepaart mit dem Okkultismus und Spiritismus der französischen Martinisten, wurde in Rußland um die Jahrhundertwende zum 19. Jh. zu einem Synonym für den Martinismus ganz allgemein. Überhaupt kann ein wechselseitiger Gedankenaustausch zwischen Rußland und Frankreich schon sehr früh angenommen werden ...*»

Katharina II unterstützte anfänglich das FM- und RC-tum, doch wurde sie – wie es heißt aufgrund von Cagliostro's Gründung von Logen der Ägyptischen Maurerei in Rußland (1779) – skeptisch und veranlaßte eine Untersuchung durch den russisch-orthodoxen

Orden. Logen und das Rosenkreuz

Metropoliten. Dessen Schlußfolgerungen waren positiv; die Zarin war aber anderer Meinung: Nowikow wurde eingekerkert, das Moskauer freimaurerische Institut beschlagnahmt. Katharina starb 1796; vier Jahre später wurde Nowikow durch Katharina's Nachfolger, den Großfürsten (und FM) Paul, bei dessen Thronbesteigung freigelassen. Unter dem Einfluß des antifreimaurerisch eingestellten *Malteser-Ordens* jedoch wurde der Zar 1798 zu *dessen* Großmeister; alle Geheimgesellschaften wurden verboten; die rosenkreuzerisch-martinistische Maurerei Moskaus löste sich auf, Nowikow zog sich auf sein väterliches Landgut zurück.

1801 wurde Zar Paul durch ein Offiziers-Komplott ermordet; sein Nachfolger Alexander Pawlowitsch erneuerte das Verbot der Geheimgesellschaften; 1803 erhielt jedoch der Direktor des Petersburger Kadettenkorps, Joh. Böbel, der unter Katharina FM der Strikten Observanz gewesen war, die Erlaubnis, die Freimaurerei in Rußland wieder zu beleben. Zahlreiche Logen entstanden. Zu deren hochstehenden Mitgliedern zählten Generäle, Grafen (darunter Graf Stanisław Potocki), Großfürst Konstantin, Herzog Alexander von Württemberg und viele Hofleute – einschließlich vorübergehend selbst Zar Alexander.

Alexander I Pavlovich

«*Der große Freimaurer-Gegner ... Fürst Klemens von Metternich (1773-1859) verstand es, in allen Ländern der ‹Heiligen Allianz› außer in Preußen die Monarchen zu überzeugen, ... die Geheimbünde, darunter auch die Freimaurerei, zu verbieten (und) auf dem Kongreß der ‹Heiligen Allianz› in Verona, 1822, auch Alexander für das Verbot zu gewinnen. Auch dessen Nachfolger, Nikolaus I. Pawlowitsch (1796-1855) erneuerte 1826 das Verbot.*» Führende FM hatten übrigens auch am sog. *Dekabristen-Aufstand* teilgenommen.

Nikolaus I Pavlovich

Gegen Ende des 19. Jh. soll es in Rußland verschiedene echte maurerische Geheimgesellschaften gegeben haben (Frick zählt vier bzw. sechs Logen auf). In Moskau und Peterburg sei die Maurerei in beschränkter Form wieder an die Öffentlichkeit getreten. Ein 1844 nach Frankreich emigrierter *Professor Kowalewski* wurde dort FM im *Grand Orient de France*; er kehrte zurück mit einem

DAS ROSENKREUUZERTUM IN RUSSLANDS LOGEN

Patent zur Gründung von Logen in Rußland. Diese Maurerei bestand bis zur Russischen Revolution von 1918.

José-Marie de Maistre

Frick berichtet aber über noch mehr FM-Aktivität ab 1802, wobei der *Comte Joseph Marie de Maistre* (1754-1821) eine Hauptrolle so in Frankreich wie in Rußland spielte. Maistre war ein Freund von *Willermoz*, auch Schüler von *Pasqually* und *Saint-Martin*, aber ein ergebener Katholik, Feudalist und Vertreter des absoluten Papsttums. – 1774 wurde er FM, 1776 trat er zum RSR Lyon (Willermoz), der damals noch zur Strikten Observanz gehörte. *«Er verneinte entschieden die Templer-Herkunft der Maurerei und die Existenz der ‹Unbekannten Oberen›, war Mitglied des höchsten Französischen Ritual-Kollegiums ... und ein maßgeblicher Ideologe bei der Schaffung des Lehrsystems der CBCS»*, innerhalb dessen er *«sich leidenschaftlich für ein überkonfessionelles Christentum einsetzte, das er, als er seine Ideen innerhalb des RSR nicht zu realisieren vermochte, im aufkommenden Martinismus zu verwirklichen suchte.»* – Dem *Rosenkreuzertum* waren jedoch diese Bestrebungen nicht förderlich.

Zum Schluß des Rußland betreffenden Kapitels ist die Auseinandersetzung zwischen *Papus* und dem «zwielichtigen Magier-Priester am Hofe des Zaren» – *Grigorij Jefinowitsch Rasputin* (1871-1916) zu erwähnen, der in seiner Jugend der *Eulis-Bruderschaft* unter *Randolph* (bzw. in Rußland unter *Maria Naglowska*) nahe stand.

Grigorij J. Rasputin

«Diese russische Geheimgesellschaft – so Frick – *«vertrat in ihrer Lehre ein magisch-gnostisches Christentum, das in einer eigenartigen Mischung von Einflüssen sibirischen Schamanentums und sakral-erotischer Kulte bestand, und das besonders in der Oberschicht Rußlands viele Anhänger fand».* Dies könnte als eine Fortführung der Sekte der sog. *Clysty* (*Geißler* oder *Flagellanten*) gesehen werden. Letztere sieht *Evola* in seiner *Metaphysik des Sexus* als *«Überreste von orgiastischen vorchristlichen Zeremonien, die ihren ursprünglichen ... Hintergrund verloren und statt dessen paradoxerweise einige Motive des neuen {christlichen} Glaubens in sich aufgenommen haben».*

12. DAS ROSENKREUZERTUM NACH 1900

Die Gründung der Theosophischen Gesellschaft von H.P. Blavatsky im Jahr 1875 wirkte durch ihre starke Öffentlichkeitsarbeit wie das Öffnen einer allzu lange gestauten Schleuse. Bis zu diesem Zeitpunkt hatte es keine eigentliche Rosenkreuzergesellschaft gegeben. Die RSiA blieb Teil des übrigen Logenwesens; die klassischen FFRC des 17. und 18. Jh. bildeten keine echte Körperschaft. Als ‹echte Rosenkreuzer› sind zwar auch die ‹echten operativen Alchemisten› zu betrachten; doch diese arbeiteten und wirkten aus leicht nachvollziehbaren Gründen völlig geheim. Fulcanelli in seinen *Wohnstätten der Adepten* schreibt dazu ums Jahr 1926 (gekürzt):

«Gemäß einem Pamphlet über [Johann] Valentin Andreæ {die genannte Schrift von Naudé?} hätten die durch ein unlösliches Gelöbnis gebundenen und einer strengen Disziplin unterworfenen Mitglieder {die FFRC} alle Reichtümer besessen und alle möglichen Wunder verrichtet. Sie hätten sich unsichtbar genannt, fähig, Gold, Silber und Edelsteine zu machen sowie Lahme, Blinde, Taube und alle ansteckenden und unheilbaren Krankheiten zu heilen. Sie hätten sich gerühmt, das menschliche Leben über seine natürlichen Grenzen hinaus zu verlängern, mit den höchsten Elementargeistern zu kommunizieren, die verborgensten Dinge zu entschleiern, und so fort. Ein solches Panoptikum von Wundern mußte unweigerlich die Phantasie der Massen anregen und die Gleichsetzung der Rosenkreuzer mit Magie, Zauberei, Satanismus und Nekromantie bewirken. Diesen zweifelhaften Ruf teilten sie übrigens in einigen Provinzen [Frankreichs] mit den Freimaurern
...
«Die vorgebliche "Rosenkreutzer-Bruderschafft" hatte nie eine gesellschaftliche Existenz. Die Adepten, denen dieser Titel gebührt, sind Brüder Kraft der gemeinsamen Kenntnis und des Erfolgs ihrer Arbeiten. Kein Eid hält sie, keine Statuten verbinden sie untereinander. Keine Regel, außer der freiwillig angenommenen und freiwillig beobachteten hermetischen Disziplin beeinflußt ihren freien Willen
...
«Die Rosenkreuzer kannten einander nicht; es gab keinen Versammlungsort, kein äußerliches Erkennungszeichen. Sie kannten keine Mitgliederbeiträge und hätten nie akzeptiert, wie gewisse Andere, ‹Brüder Ritter vom Magen› genannt zu werden: Sie kannten keine Bankette. Sie lebten und leben noch heute in der Isolation, als in der Welt verstreute Arbeiter, Forscher – ‹Kosmopoliten› im engsten Sinne des Wortes. Daß diese Adepten keinerlei hierarchischen Grad anerkennen, zeigt, daß Rosenkreuzer kein Grad ist,

DAS ROSENKREUZERTUM NACH 1900

sondern allein in der Hingabe an die geheimen Arbeiten besteht – in der Erfahrung des positiven Lichts, dessen Existenz ein lebendiger Glaube ihnen offenbart hat. Sind die Rosenkreuzer Brüder durch ihr Forschen, durch ihr Arbeiten und ihr Wissen – Brüder durch ihr Wirken und ihre Werke, so sind sie es auf der Basis einer Philosophie, die alle Geschöpfe als Glieder derselben Familie betrachtet ... – Wir versichern – und sehr triftige Gründe erlauben uns, so zu sprechen – daß es zwischen den Trägern dieses Titels nie ein anderes Band gab, als dasjenige des wahren Wissens, bestätigt durch den Besitz des Steins ...».

Damit meint Fulcanelli natürlich ganz ausschießlich jene seltenen Adepten des physischen Steins der Weisen – «*kaum einer von tausend, die daran gemacht haben*», wie ein alter Autor schreibt – und fährt – auf dieselben gemünzt, doch durchaus auch auf heutige Umstände anwendbar – fort wie folgt:

«*Die wahren Rosenkreuzer, die Einzigen die diesen Titel tragen ..., brauchen ihn nicht. Einsam in ihrer einfachen Behausung lebend, sind sie* unsichtbar *weil* unbekannt. *Nichts kennzeichnet sie, außer ihre Bescheidenheit, Einfachheit und Toleranz; – Tugenden, die in unserer eitlen Gesellschaft mit ihrem lächerlich überspitzten Persönlichkeitskult allgemein verachtet werden.*

«*Zusammengefaßt: Die großen klassischen Autoren, die in ihren literarischen oder künstlerischen Werken die Regeln unserer Philosophie und die Geheimnisse unserer Kunst lehrten; – jene auch, die unbestreitbare Beweise ihrer Meisterschaft hinterließen; – sie alle sind* Brüder des wahren Rosenkreuzes. *An diese Wissenden – ob berühmt oder unbekannt – wendet sich der ungenannte Übersetzer eines bekannten Buchs, wenn er in seinem Vorwort schreibt: „Da nun nur durchs Kreuz die wahren Getreuen geprüft werden, so seid ihr es, Brüder vom wahren Rosenkreuz, die Ihr alle Schätze der Welt besitzt: Ihr seid es, an die ich mich wende. Eueren frommen und weisen Ratschlägen unterwerfe ich mich ganz"* ...»

Das sind die Vertreter der sogenannten *Universellen Bruderschaft*: Jene ganz Wenigen, die aus Gnade des Allerhöchsten – aber dank eigener Anstrengung – zu Allwissenheit, Allgegenwart und allzeitiger Gemeinschaft mit der Gnosis aufgestiegen sind ... —

Von den vielerlei Bewegungen des 20. Jh., die sich mir dem Namen *Rosenkreuzer* schmückten und ihn teilweise auch verdienen, sind hier vorallem vier erwähnenswert, weil sie auch in den heutigen Tagen eine Rolle spielen, und weil sie die hauptsächlichen ‹Methoden› des Rosenkreuzertums am klarsten darstellen: die Rosenkreuzergesellschaft von Max Heindel, die Rosenkreuzer-Theosophie von Rudolf Steiner, das Lectorium Rosicrucianum und der rosenkreuzerische Logen-Orden des AMORC.

12.1. DIE RC-GESELLSCHAFT VON MAX HEINDEL — ‹THE ROSICRUCIAN FELLOWSHIP›

Der geborene Däne *Carl Louis Graßhoff*, bekannt geworden als *Max Heindel*, kam als Schiffsingenieur auf internationalen Kreuzern bis in den fernen Orient. Wie er zur Esoterik kam, ist nicht genau zu ermitteln; ebenso wenig das genaue Gründungsdatum für seine *Rosicrucian Fellowship*. Jedenfalls gründete er 1911 den Ausgangs- und Haupt-Brennpunkt seiner Gemeinschaft: das Zentrum in Oceanside, California. Diese Gemeinschaft agierte auf der Basis freien Willens, also ohne Ordensregeln noch Hierarchie, im Rahmen der christlichen Religion des Westens. Heindel bezeichnete sie ausdrücklich als *«Vorbereitungsschule für die westliche Mysterienschule des Rosenkreuzes»*. Den Grund für diese Formulierung ersieht man aus der Erstausgabe (1909) seines schriftlichen Hauptwerks, der *Weltanschauung der Rosenkreuzer* – mit der Widmung an *Rudolf Steiner*: Offenbar hatte dieser ihn vertraut gemacht mit seiner Absicht, in naher Zukunft Dornach zum Hauptbrennpunkt seiner geplanten *Mysterienschule des Rosenkreuzes* aufzubauen; – ihm vielleicht sogar zu seinem Buch geraten und ihm entsprechende Empfehlungen gegeben.

To my valued friend, DR. RUDOLPH STEINER, in grateful recognition of much valuable information received; and to my friend, DR. ALMA VON BRANDIS, in heartfelt appreciation of the inestimable influence for soul-growth she has excercised in my life.

Das Ziel seiner Geistesschule formulierte der Ingenieur Graßhoff /Heindel als *«wissenschaftliche Erforschung und Erklärung der christlichen Lehre, und religiöse Durchdringung der Wissenschaften»*. Diese Wissenschaftlichkeit kennzeichnet das ganze genannte Buch: Findet man nun in der schriftlichen Hinterlassenschaft von *H.P. Blavatsky* eine unerschöpfliche Masse von Informationen von den ältesten Spuren bis zu den damals aktuellsten Entwicklungen der Geisteswissenschaft; – gießt die

DIE ROSENKREUZERGESELLSCHAFT VON MAX HEINDEL

umfassende Schau von *Rudolf Steiner* ein unerschöpfliches Meer geisteswissenschaftlicher Erkenntnisse über den Studierenden aus, so hatte Heindel die Fähigkeit und Geduld, die riesige Gesamtheit ebenso interessanten wie nötigen Wissens über Kosmogonie und Anthropogonie, ohne das ein tiefes Erkennen von Gott, Universum und Mensch unmöglich ist, in eine systematisch überschaubare und didaktisch faßbare Form zu gießen. Dazu gehört die Kenntnis der diversen stofflichen, feinstofflichen und unstofflichen Körper des *Mikrokosmos Mensch*, ihre Funktion fürs Erdenleben und ihre Bedeutung für die spirituelle Evolution des Menschen.

Daraus leitete Heindel ein ebenso klares wie heute noch aktuelles Ziel für seine Schüler ab: Die Entwicklung eines *lebendigen Seelenkörpers* – des *Soma Psychikon* oder *Goldenen Hochzeitskleids*. In diesem Kleid, so Heindel, werde der Kandidat dem Christus «*in der Luft begegnen, wenn Er wiederkommt*» (1 Thes 4:17).

Diese These, die übrigens durch das *Lectorium Rosicrucianum* (siehe unten) genau so übernommen wurde, wurzelt in den dem Paulus zugeschriebenen Passagen im Neuen Testament, wo er zwischen irdischem und himmlischem Körper unterscheidet und betont: «*Fleisch und Blut können das Reich Gottes nicht erwerben!*»

Wie wird dieser lebende Seelenkörper erworben? – Heindel sagt: Erstens durch eine entsprechende reinigende Lebensweise, insbesondere durch physische und psychische Reinlichkeit; – zweitens durch Abstinenz von allen Betäubungsmitteln (Alkohol, Tabak, Drogen aller Art); – drittens durch Vegetarismus (schon Pythagoras, bekannt als Vegetarier, betonte für seine Schüler: «*Wer mit dem Messer die Kehle eines Rindes durchtrennt und beim Brüllen der Angst taub bleibt – wie weit ist ein solcher noch vom Verbrechen entfernt?*»; – und Albert Einstein: «*Nichts wird die Chance auf ein Überleben auf der Erde so steigern, wie der Schritt zur vegetarischen Ernährung*». – Axiome, die absolut geisteswissenschaftlich zu verstehen sind). Die vierte Bedingung ist selbstlose Dienstbarkeit. – «*Wir wollen*, sagte Heindel, *uns bewußt sein, daß wir Kenntnis nicht um ihrer selbst willen erwerben, sondern um ein reineres und geistigeres Leben zu führen. Dies allein gibt unserem Tun* {als Geistesschüler} *seinen Sinn*».

ORDEN, LOGEN UND DAS ROSENKREUZ

Alle diese Kriterien – *Voraussetzungen für die eigentliche Einweihung* – haben die echten Einweihungsschulen jeder Zeit und jeder Kultur gemeinsam. *Askese* — also das *Einüben* der reinigenden Lebenshaltung, um «*sein Seelengewand zu weben*» und einmal den Geist empfangen zu können, ist aber nur sinnvoll, wenn sie aus entsprechender Kenntnis und durch einen neuen, vernünftigen freien Willen zur selbstverständlichen Lebenshaltung wird, die der Kandidat keinesfalls als schmerzhaften Verzicht empfindet: Alles Zwanghafte muß das gerade Gegenteil bewirken. Ist der neue Seelenkörper erlangt, so muß der Kandidat lernen, «darin zu funktionieren», so sagt Heindel. Der Grund für diese Aussage ist, daß in der inzwischen begonnenen Wassermann-Ära alle Formen – und damit alle physischen Erscheinungen – feinstofflich bzw. unstofflich werden. Der stoffliche Leib («*Fleisch und Blut*» eben) sind zur höheren Einweihung untauglich und behalten lebenslänglich ihre irdische Eigenart. Erst auf jener *neuen* Basis kann der vollständige, dreifache geistige Leib entwickelt werden.

Das *Ich* ist, so Heindel, ebenfalls ein dreifacher Geist, der die stofflichen Fahrzeuge benutzt, um Erfahrungen zu sammeln und in Seelenkraft umzuwandeln – und diese dann in *geistige Dynamik*. Der ursprüngliche Mensch lebte als jungfräulicher Geist mit einem *göttlichen*, aber ohne *Selbst-Bewußtsein*. Rein und durchgeistigt wird er aus seiner jetzigen Abgetrenntheit vom Göttlichen als neuer, selbst-bewußter göttlicher Mensch seinen ehemaligen Platz «zur Rechten des Vaters» wieder einnehmen, um sich mit dem All-Einen wieder zu vereinigen, «*wie es im Anfang war*».

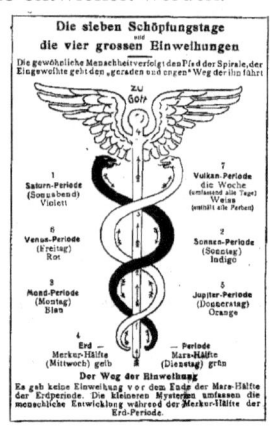

Es gibt also in Heindels Konzept zwei Hauptwege der Evolution für die Geschöpfe aller Lebenswellen: Den Weg vollkommener *Involution* bis zum Nadir, gefolgt von der natürlichen, mühsam sich windende *Evolution*, den die Schlangen am Hermesstab darstellen, oder den *direkten Weg der Einweihung* (das ist der geflügelte Stab mit der Sonne am Kopf), der direkt – auch aus dem tiefsten Involutions-Zustand – zur ‹*Erlösung durch Kenntnis und Liebe*› führt. – Oder wie die Qabbalah sagt: aus ‹Malkut›, dem irdischen Reich des Stoffs durch die ‹Tür› – *Jesod* – und die ‹Schönheit› vollkommener Harmonie – *Tifferet* – bis in die ‹Krone› von *Kether*, um dort als reinster ‹Edelstein› neu zu erglänzen.

DIE ROSENKREUZERGESELLSCHAFT VON MAX HEINDEL

Kosmologisch nach Heindel heißt das: Im *Stierzeitalter* wurden die Körper vervollkommnet; im *Widder-Zeitalter* wurde der Grundstein fürs Ich gesetzt; in der *Fische-Ära* erreichten das Ich und seine Urteilskraft den Höhepunkt (*«Unterscheidung von Gut und Böse»* bedeutet auch Trennung von der All-Einheit). In der Wassermann-Ära aber wird all dies wieder aufgelöst, um ‹auf höheren Oktaven› den Sinn der Schöpfung erfüllen zu helfen – autonom, selbstverantwortlich und *in selbstverständlicher Liebe dienstbar.*

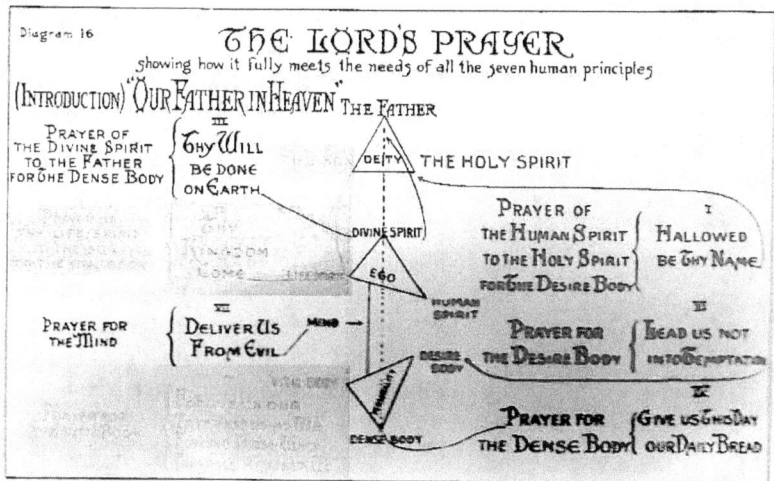

So wird physische *Energie* in psychische *Dynamik* umgewandelt, und zwar weder aufgrund von Dogmen und Zwangsmaßnahmen, noch durch äußere Rituale, sondern dank innerem Erkennen und in einem logisch daraus folgenden individuellen, *frei-willigen Prozeß.*

Die Geisteswissenschaft lehrt nämlich: *«Der Christus mußte in den Lebensleib der Erde (das ist ein lebendiger, empfindsamer Organismus!) eintreten, um als Geist der Erde, von deren Mittelpunkt aus, den Geschöpfen zu helfen, bis sie ihre wahre Bestimmung erkennen und freiwillig erfüllen: Dies ist das wahre Opfer des Geistes; und es dauert so lange (so lehrt R. Steiner), bis die Menschen keine physischen Körper mehr benötigen (den sie heute für ihr Selbst halten)!»*

Klein erscheint daneben das ‹Opfer› des Menschen, der sein Ich dahin gibt und als Rose aufs Kreuz des geistigen Wegs heftet. – Heindels Wunsch dazu lautet:

Mögen die Rosen erblühen auf deinem Kreuz!

12.2. DAS ROSENKREUZERTUM VON RUDOLF STEINER

Zu Beginn dieses Kapitels ist es wichtig, zu verstehen, daß, wenn Rudolf Steiner immer und immer wieder von *Christus*, von der *Christuskraft* und von den *«Intentionen des Christus»* spricht, keines der Lehrgebäude gemeint ist, welche die Unzahl christlicher Kirchen ausmachen: Unter *Dem Christus* versteht er die universelle, allumfassende *«Lebens- und Liebeskraft des Christus»* – mithin eine ätherisch göttliche Kraft, die seit dem von ihm immer wieder aufgerufenen *Mysterium von Golgatha* die Erde und deren Ätherkörper vom Herzen der Welt aus durchdringt. Im höchsten und weitesten Sinne handelt es sich zugleich um die feurige Liebeskraft Gottes selber, welche sich in den Tiefen der Manifestationswelt – des gesamten Universums, der Gesamtheit aller Universen also – als göttliche Kraft opfert, um die Menschen von ihrer fundamentalen ‹Sünde› – oder, da dieses Wort an und für sich überhaupt nichts bedeutet: von ihrer völligen geistigen Unwissenheit zur vollkommenen Erkenntnis des Geistigen in der Schöpfung und in den Geschöpfen – also in jeglicher Manifestation überhaupt – zu führen: Das wäre, in groben Zügen, eine einfache Formulierung für die sogenannten *Intentionen des Christus.*

Mit dem Ausdruck *Rosenkreuzertum von Rudolf Steiner* ist primär ganz allgemein die Anthroposophie als Ganze gemeint. Diese floß von ca. 1910 bis 1914 mit zunehmender Deutlichkeit aus der Theosophie der Adyar-TS. Indes ging die Schau von Rudolf Steiner dem Verständnis weit voraus, dessen die meisten seiner Zeitgenossen fähig waren. Sehr früh begriff er sich als Vorkämpfer und Menschheits-Lehrer fürs Rosenkreuzertum (vgl. das Kapitel über M. Heindel). Als Schüler und Bruder von *Christian Rosencreutz* verstand er sich mit zunehmender Klarheit; und sein gesamtes Wirken war ausgerichtet darauf, *«das Geistige im Menschenwesen zum Geistigen im Weltenall hin zu führen».* Dieses Geistige sah er – über die individuelle ‹Nachfolge Christi› hinaus – in einem ganz spezifisch verstandenen Rosenkreuzertum, mit *Christian Rosencreutz* als Brennpunkt – als *Zentralfeuer.*

Steiners diverse Rollen in okkulten Orden um die Wende zum 20. Jh. sind als Durchgangsstufen zu sehen. Dabei zeigt sich, wie er

DAS ROSENKREUZERTUM VON RUDOLF STEINER

erfolglos versuchte, seine Mission auf bestehende Organisationen aufzuprägen, um endlich, als er den Zeitpunkt und die Umstände dafür gekommen sah, doch seine eigene Organisation zu gründen. Diese Organisation wurde zunehmend geprägt durch seine beiden Meister: *Meister Jesus* und *Christian Rosencreutz*.

Wer ist Christian Rosencreutz?

Für die vielen Rosenkreuzerbewegungen der Gegenwart wie der Vergangenheit stand und steht die Figur des Christian Rosencreutz (CRC) – je nach ihrer Interpretation – als ein personifiziertes Gleichnis, als eine figürliche Allegorie, als eine historische oder pseudohistorische Persönlichkeit oder als eine pure Erfindung da. Für Manche ist CRC ein geistiges Phänomen – ein geistiger Prototyp sozusagen, der das zeitlose Geschehen rund ums Rosenkreuz dynamisiert. Für Rudolf Steiner war Christian Rosencreutz sowohl eine *wiederholt historische* Persönlichkeit, als auch eine direkt auf ihn, mit ihm und in ihm selber wirkende geistige Entität; einer seiner ‹Meister›, von denen er inspiriert, initiiert und geleitet wurde. In sofern zeigte sich für Rudolf Steiner CRC als klare *Identität*.

Auf dieser Ebene war es das Hauptanliegen von Rudolf Steiner, in der Menschheit Verständnis zu wecken für die umfassende Bedeutung des *Phänomens* CRC – als Lehrer und Führer der Menschheit, dessen andauerndes Opfer seit Jahrhunderten darin besteht, als Märtyrer, inmitten der Finsternis menschlicher *Unwissenheit aus Bequemlichkeit*, danach zu trachten, das Licht des Christus zu entzünden. CRC war für Rudolf Steiner «*die Hilfe in jeder Bemühung, die originären Christus-Intentionen, den wirksamen Christus-Impuls, in die Zivilisation kommen zu lassen ...*». –

Dieses *Kommen* ist jedoch primär keineswegs äußerlich zu verstehen, sondern als *eine Tat-sächliche Erscheinung* im tätigen Bewußtsein jedes Menschen: «*Aus der geistigen Strömung, die anknüpft an CRC, geht die mächtigste Hilfe hervor für ein Verständlichmachen des Christus-Impulses in unserer Zeit.*». – Genau so sah Rudolf Steiner auch seine eigene Funktion – sein eigenes Opfer in der Welt. Diesbezüglich äußerte er sich so: «*Das Leben eines*

Menschheitsführers, der auf höchstem Gebiet eine Mission hat, ist ein Kunstwerk, an dem Engel und Menschen zusammenarbeiten». – Und wir ergänzen: Es sind aber auch vorallem Menschen (oft sogar besonders ‹wohlmeinende›!), die sich ihm entgegenstellen – mit ihrer besten menschlichen Kraft!

Drittens sah Rudolf Steiner CRC als *«Vater-Bruder, dem man die Treue halten muß».* Diese Treue beginnt mit der eindeutigen Grund-Orientierung und geht über die Standhaftigkeit auf dem Einweihungsweg des zunehmend bewußten Individuums bis zu dessen umfassendem Selbstopfer und der daraus folgenden Apotheose. Auf Einzelheiten kann hier nicht eingegangen werden.

Im Gegensatz zu manchen mehr oder weniger östlich beeinflußten okkulten Gesellschaften seiner Zeit war das Konzept von Rudolf Steiner von Anfang an *christozentrisch und mitteleuropäisch* verankert, obschon er den Wert früherer, orientalischer Bewegungen durchaus anerkannte. Er sah diese aber nur als Schritte der Menschheit auf ihrem Evolutionsweg durch die Weltgeschichte; – auf ihrem Weg geistiger Evolution dank der Entfaltung eines individuellen Seelenbewußtseins: *«Nur die zunehmende Einsicht in das Christus-Wirken, d.h. die wirkliche Erkenntnis des Christentums – und damit des Christus-Wesens – kann weiterführen ... – Das Rosenkreuzertum hat die Mission, eine Auffassung [der Geschichte] herauszuarbeiten, die einen Schwerpunkt im geschichtlichen Werden zugibt.»* – Innerhalb dieser geschichtlichen Entwicklung sah er einen klaren Angelpunkt, nämlich: *« ... daß der Tag, der den Schwerpunkt innerhalb der Menschheitsentwicklung darstellt, der 3. April des Jahres 33 u.Z. ist. Das müssen wir als besonders bedeutsam für das Rosenkreuzertum ansehen, ... ».*

- Und das ist zugleich der historische Zeitpunkt, wo westliche und östliche Esoterik sich trennten, um während Jahrhunderten getrennte – ja, im Dienst der Weltmächte einander bekämpfende Wege zu gehen, und erst in der gegenwärtigen Zukunft sich einander wieder zu nähern – gereift, geklärt und kampfesmüde; – und hoffentlich auch etwas weiser als vor 2000 Jahren.

Die *Anthroposophie* selber stellte in ihren Anfängen eine nur leicht rosenkreuzerisch gefärbte, ganzheitliche *Theosophie* (*Pansophie*) dar. Auf ihre Wirksamkeit in den äußeren Kreisen wird hier nicht eingegangen. Die zahllosen öffentlichen Vorträge von R. Steiner, die glücklicherweise als Stenogramme aufgenommen und als ‹Gesamtwerk› abgedruckt worden sind, stellen den fast unauslotbaren Schatz eines riesigen spirituellen Gesamt-Erbes dar. Es ist kaum zu glauben, daß all dies von einer einzigen Person geschaut,

DAS ROSENKREUZERTUM VON RUDOLF STEINER

erkannt und während einer Wirkungsdauer von kaum 15 Jahren weitergegeben werden konnte! Dazu kam noch der physische Aufbau der Anthroposophischen Bewegung, deren Struktur und Infrastruktur. Das gigantische Werk sowie die eigentlichen Bücher von R. Steiner zeigen deutlich einen Lebensgang, der – beginnend bei akademischer Naturwissenschaft und Philosophie – über eine physisch wissenschaftliche Erforschung aller damals wichtigen spirituellen Strömungen – immer mehr vom theosophisch rosenkreuzerisch gefärbten Logentum mit dessen menschlichen und spiritistisch magischen Auswüchsen weg, hin zum vollen geistigen Erkennen und Lehren über die *Universale Christus-Kraft* und über den Sinn des *Universalen Rosenkreuzes* für die gesamte Menschheit durchbrach.

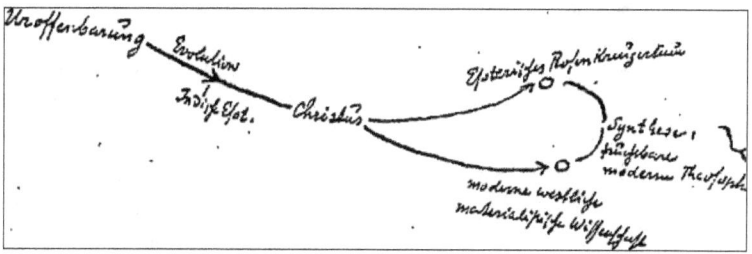

Skizze von Rudolf Steiner in den ‹Dokumenten von Barr› (für E. Schuré, 1907):
Die richtige geistige Evolution der christlich-westlichen Menschheit im Gegensatz zu Sinnet's esoterischem Buddhismus und Blavatsky's Östlicher Geheimlehre.

Wohl überschätzte (oder über-hoffte) Steiner bis zum Ende seines Lebens die Möglichkeit, seine außerordentliche Wahrnehmung der geistigen Welten und deren praktische Umsetzung unter dem Ideal des Christian Rosencreutz als ein Lehrgebäude, das seiner Alles zugleich umfassenden Schau entsprechen würde, zu übertragen an eine Menschheit, die für eine so umfassende Lehre noch nicht bereit war (und weitgehend noch heute unbeholfen darauf reagiert). Als er dann erkennen mußte, daß sein Versuch mißlang, in die Schale einer ins Stoffliche eingebetteten esoterischen Lehre (der *Anthroposophie*) den eigentlichen rosenkreuzerischen Kern einer *Christischen Mysterienschule* hineinzugießen, war das Ende dieser Incarnation – Krankheit und Tod – unvermeidlich.

Gleichzeitig entstand zwar der neue ‹Kern› zu einer rosenkreuzerischen Mysterienschule in Holland: das heute ebenfalls auf allen fünf Kontinenten tätige *Lectorium Rosicrucianum*; – doch die ‹Schale› der stofflichen Erforschung der *Mysterien des Menschen* in Form von Künsten, von sozialen und ökonomischen Lehren im geistig von ihrem Gründer bleibend geprägten Umfeld begann bald zu verblassen: Epigonentum (niemand besaß eine nur annähernd gleich umfassende Schau) sowie persönliche Profilsucht (niemand besaß eine ebenso dynamische, imponierende und klärende Persönlichkeit) sowie ängstliches Verharren auf dem Stand der Dinge seit dem Tod des Gründer-Giganten bewirkten zunehmende Erstarrung; das Ursprüngliche blieb nicht vital genug.

Diese Tendenz kann man in *allen* Religions-Stiftungen und philosophischen Schulen der Menschheit seit dem Alten Sumer beobachten: Als die Götter und Engel die Erde verließen, bewahrte man getreulich die sakrale, soziale und klerikale Machtordnung und ihre Handlungsweise, unterließ aber, deren *inneren – esoterischen – Sinn zu beleben*. Aus einer Pionier-Organisation mit ihrer universal treibenden geistigen Kraft und zutiefst esoterischen Dynamik wird dann stets eine weitere, zwar humanistisch wertvolle, spirituell aber kristallisierte Organisation guten Willens – es sei denn, die erste Dynamik werde aus neuen Erkenntnissen stetig neu belebt. –

Über die noch von R. Steiner in den Grundzügen angelegte *Innere Schule* dringt leider nichts so weit nach außen, daß es auf die gesamte Menschheit in evolutionärem Sinne einwirken könnte. So bleibt die Haupt-Intention Steiners – Sensibilisierung und Orientierung der Menschheit in Richtung innerer Erkenntnis, also *Gnosis* betreffend die tiefgreifendsten Christus-Intentionen – unfruchtbar.

Zu Rudolf Steiners Gesamtschau gehörte auch das *erkennende Wahrnehmen des ‹Bösen›* in der Welt – und besonders in unserer heutigen Gegenwart, die er klarsichtig ankündigte. Das *Mysterium des ‹Bösen› in der Welt* ist aber dieses: Sein Wesen und Wirken hat einen auf wunderbaren Wegen sich auswirkenden heilenden Effekt, wodurch das ‹Böse› sich aus und durch sich selber zu seinem eigenen Heilmittel wandeln wird: Dann werden Licht und Wahrheit über Finsternis und Trug triumphieren – und so geht Michael siegreich aus seinem Kampf gegen die ‹Drachen› des ‹Bösen› hervor.

12.3. AMORC
(ANCIENT & MYSTICAL ORDER OF THE ROSY CROSS)

Der Orden AMORC stellt sich dar als eine internationale kulturell und humanistisch orientierte Bruderschaft, welche die Überlieferungen und Lehren alter und ältester Bruderschaften weiterführt mit dem Ziel, ein Lern-System aufzubauen, um die menschliche Natur (sich selbst) und ihr Verhältnis zu Gott zu studieren und

AMORC

zu erkennen. Der Orden ist – gemäß seiner Namensabkürzung – bekannt als *Alter und Mystischer Orden des Rosenkreuzes – Antiquus Mysticusque Ordo Roseae Crucis.* Das Symbol ist – nebst anderen Siegeln – eine auf den Mittelpunkt eines goldenen Kleeblatt-Kreuzes lateinischer Proportion fixierte rote Rose. Es trägt – so AMORC – «keine spezifisch religiöse, sondern nur eine fundamental symbolische Bedeutung». AMORC stellt sich kurz und exklusiv dar als *Der Orden des Rosenkreuzes* verbunden mit einem Alleinanspruch auf diesen Namen, der allerdings unbegründet ist.

Interessant ist, daß dieser Orden sich außer auf die bekannten drei RC-Manifeste auf *ein viertes Manifest* beruft, die *Positio Fraternitatis Roseæ Crucis,* die im Jahr 1623 auf den Mauern von Paris angeschlagen wurde und damals großes Aufsehen erregte. –

Fulcanelli in seinen *Wohnstätten der Adepten* schreibt darüber: «Édouard Fournier schildert in seinen *Énigmes des Rues de Paris* (Paris, 1860; – der erste französische Druck des Texts der *Fama Fraternitatis* erfolgte erst 61 Jahre später!), den «*Sabbath der Brüder vom Rosenkreuz*», der 1623 in der Feldeinsamkeit von Ménilmontant stattgefunden haben soll, einwenig wie einen Hexensabbath. Als Fußnote fügt er hinzu: „In einem Büchlein der Zeit, *Furchtbarliche Bündnisse …,* abgedruckt in Band IX (seiner eigenen) *Variétés historiques et littéraires* (p. 290), steht, sie hätten sich versammelt ‹*einmal in den Kiesgruben von Montmartre, dann wieder entlang der Quellen von Bel(le)ville, um dort ihre Vorträge abseits zu halten, bevor sie damit an die Öffentlichkeit gingen*›".»

Jedenfalls ist es angebracht, den weithin unbekannten Text des genannten Manifests von 1623 hier auf Deutsch zu zitieren:

«Wir, die besonderen Vertreter des höchsten Rates des Rosenkreuzes weilen sichtbar und unsichtbar in dieser Stadt, durch die Gnade des Allerhöchsten, dem das Herz aller Gerechten sich zuwendet. Ohne Bücher noch Zeichen sprechen wir; und wir lehren dasselbige auch Andere in allen Sprachen aller Länder, allwo wir uns aufzuhalten belieben; auf daß wir die Menschen, unsere Brüder, befreien möchten von ihrer Unkenntnis den Tod betreffend.

Begehrt nun Jemand aus purer Neugierde, uns zu begegnen, so wird er uns nicht kennenlernen. So jedoch sein aufrichtiger Wille ihn dazu treibt, sich einschreiben zu lassen ins Register unserer Bruderschaft, so werden wir, die wir denselbigen beurteilen, ihm beweisen, daß wir wahrlich unseren Gelöbnissen nachkommen.

Auch vermelden wir nicht den Ort, wo wir in dieser Stadt zu finden sind, indem die Gesinnung des Lesers zusamt seinem aufrichtigen

Willen fähig und in der Lage sein werden, uns ihm, und ihn uns kenntlich zu machen ...» —

Harvey Spencer Lewis

Da das AMORC 1915 durch *Harvey Spencer-Lewis* (1883-1936) in Frankreich gegründet wurde und danach neben den USA hauptsächlich in Frankreich Fuß faßte, ist dieser weitere Gründer-Mythos des Ordens sehr plausibel.

Spencer-Lewis selber wurde 1909 «in Frankreich in den RC-Orden eingeweiht», wobei unklar ist, durch welchen Orden dies geschah. Als direkte Vorläufer von AMORC gelten jedoch die diversen rosenkreuzerischen Strömungen der vorletzten Jahrhundertwende in Europa – einschließlich der freimaurerischen RC-Riten der Hochgrad-Maurerei und der dieser angeschlossenen Orden. Heute ist es nicht selten, daß AMORC-Leute mit besonders gründlichem Symbol-Wissen auch in FM-Logen als HG-FM aktiv sind.

Im Jahr 1915 reorganisierte *Harvey Spencer Lewis* den Orden. Dessen Symbol wurde nun: «ein goldenes Kreuz (als Allegorie für

den menschlichen Körper) mit einer roten Rose im Zentrum (als Allegorie für die Seele auf ihrem Weg der spirituellen Evolution)».

Außerdem präsentiert sich AMORC – wie die reguläre Freimaurerei – als unpolitische, konfessionslose Institution, obschon grundsätzlich «auf der Basis christlicher Ethik». Geöffnet für Frauen und Männer, betrifft die Forschungsarbeit des AMORC vorallem die Gebiete der Naturwissenschaft sowie metaphysische, mystische und parapsychologische Forschungen. Sie erstreckt sich auch auf Experimente im astralen Gebiet (siehe nebenstehende Abbildung, mit *„Mentalleib"* betitelt; – Bildquelle: AMORC, Spanien). Gleichzeitig distanziert AMORC sich von Astrologie, von jeder Art von Divinatorik, von Spiritismus sowie von Riten entgegen Moral und guter Gesundheit.

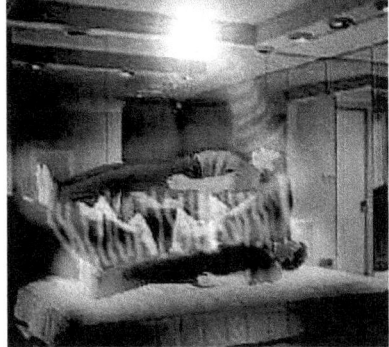

DAS LECTORIIUM ROSICRUCIANUM

Interne Abbildungen zum Orden deuten allerdings Elemente aus der Sexual-Ritualistik an.

Das Ganze verläuft innerhalb des Rahmen-Ideals einer friedlichen Koexistenz aller Menschen sowie der «Bekämpfung von Unwissenheit, Fanatismus, Aberglauben, Unterdrückung und Manipulation». – Im Rahmen der Förderung der persönlichen Anlagen und Fähigkeiten wird auch das Verständnis und die *Handhabung der Naturgesetze* gelehrt. Dennoch versteht der Orden sich ausdrücklich als *«keine okkultistische Gesellschaft»*. Auch betont er seine Unabhängigkeit von jeglicher anderer spiritueller Organisation.

Historisch beruft sich AMORC auf Pharao Thutmosis (1500 v. Chr.) als erstes Oberhaupt eines geheimen Einweihungs-Ordens oder Bruderbundes, dessen Regel AMORC noch heute befolge. Daran anschließend folgt die Historie dem Pfad westlicher und östlicher Mysterienschulen durch die Jahrhunderte hin, von Indien und China über Persien bis Rom.

Gegenwärtig ist der Imperator als Oberhaupt der ‹Supremen Großloge des AMORC› der Franzose Christian Bernard,.

12.4. LECTORIUM ROSICRUCIANUM – ‹INTERNATIONALE GEISTESSCHULE DES GOLDENEN ROSENKREUZES›

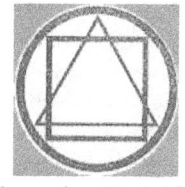

Die Gründung dieses RC-Ordens mit den modernen Bezeichnungen ‹Geistesschule› und auch ‹Mysterienschule des Goldenen Rosenkreuzes› läßt sich nicht so genau festschreiben wie bei anderen Gruppierungen: Weder gibt es ein genau definierbares Gründungsdatum, noch eine monumentale Gründerfigur wie z.b. Yarker, Blavatsky oder Rudolf Steiner. Die Bewegung entstand aus einer kleinen Gruppe von dazu prädestinierten Suchern in Holland, darunter vorallem die Brüder Z.W. (*Wim*) und *Jan Leene* (bekannt geworden unter dem Namen *Jan van Rijckenborgh*) und *Henny Stok-Huizer* (bekannt geworden unter dem Namen *Catharose de Petri*): In mehreren Ansätzen von ca. 1910 bis 1933 (Verbot aller esoterischen Vereinigungen durch die Nazis), und nach dem Ende des II. Weltkrieges unter dem Namen ‹Lectorium Rosicrucianum› (LRC) betrieben sie die Gründung einer mit zunehmender Klarheit rosenkreuzerisch orientierten Gruppierung. Auch während der Kriegsjahre publizierten sie unter diversen Pseudonyma rosenkreuzerisch orientierte Schriften, und hielten entsprechende Vorträge.

Zum vielfachen Einfluß von Vorbildern und Vorgängern der vorangegangenen Jahrhundertwende kam als entscheidender Faktor die ‹Entdeckung› der drei bekannten *RC-Manifeste*. In den Fünfziger-Jahren folgte der direkte Kontakt mit dem gnostischen Erbe der Katharer des 11.-14. Jahrhunderts im französischen Occitanien.

Als *spirituelle Einflüsse aus der Antike* wirkten: Die ‹Hermetik› des *Hermes Trismegistos* mit dem *Corpus Hermeticum* im Zentrum; dann die ‹ägyptische Gnosis› seit der Schule von Alexandria, die ‹chinesische Gnosis› des *Lao-Dse* und natürlich die jüdisch orientalische Gnosis samt der neutestamentarischen jüdisch-christlich gnostischen und hellenistischen Überlieferungen – vorallem jener des Johannes-Evangeliums.

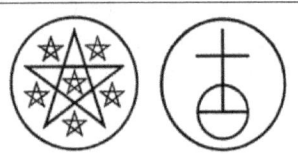

Die mystischen Siegel von J.v. Rijckenborgh & C. de Petri

In jüngerer Zeit wurden diese Studien gnostischer Dokumente unter dem Motiv *Ad Fontes! – zu den Quellen!* – auch auf indische (buddhistische, hinduisitische) und persische (Sufi-) Quellen ausgedehnt sowie auf die seit 1945 in Qumram und Nag-Hamadi erschlossenen Schriften altjüdischer und koptischer ‹Geniza's› und des ‹Berliner Codex›, mit u.a. Texten von Mani und dessen Jüngern bis nach China und die Mongolei. Einen wichtigen Beitrag zur Erschließung und Publikation dieser alten Dokumente leistete die *Bibliotheca Philosophica Hermetica* in Amsterdam und der ihr angeschlossene Verlag *In de Pelikaan*.

Catharose de Petri

Aus diesen breit engagierten Studien im Schoße des LRC entwickelten sich die Sicht und das Bewußtsein dessen, was heute die *Universelle Gnosis* genannt wird: Das ist der universelle – d.h. von Epoche, Zivilisation und Kultur unabhängige – innerste Nerv der Erkenntnis-Suche bezüglich Gott, Welt und Menschheit – von Schöpfer, Schöpfung und Geschöpf (‹prisca philosophia›). Diese Suche ist *christozentrisch* im allerweitesten Sinne des Begriffs – daher auch nicht *christlich*, sondern *christisch* genannt.

Die Lehre des LRC als Einweihungsschule kann vereinfacht dargestellt werden als ein *Prozeß in drei Phasen*, der sich im Signet des LRC spiegelt: Eine Phase physischer (leiblicher und ätherisch seelischer) Erfahrung des geistigen Wegs, symbolisiert durch ein Quadrat – und eine Phase vorallem geistiger Erfahrung (Erfahrung des Geistes), als Dreieck symbolisiert: Das ist das feurige Dreieck des Geistes, das sich umschreiben läßt durch die Worte im Johannes-Evangelium: *«Wer dem Sohn nachfolgt, folgt dem Vater nach. – Wer dem Sohn nachfolgt, ruft den Tröster auf».*

Dieses dreifache Feuer oder *Feurige Dreieck – Trigonum Igneum* – wird auch aufgerufen in der christlichen Formel *Vater, Sohn, Heiliger Geist*, bzw. *Vater, Mutter. Sohn*, die noch vor dem Alten Ägypten (Isis, Osiris, Horus) bereits im Alten Indien – aber auch in den südamerikanischen Urkulturen gegenwärtig war. Vereinigt nun ein Mensch in sich selber die kombinierte innere Erfahrung von Quadrat und Dreieck als belebten *Siebenstern*, so entspricht er dem Symbol fürs moderne Rosenkreuz im Kreis – der göttlichen Einheit: Das wäre dann die Verwirklichung der ‹*Transfiguration*› – definitive *Wandlung* als Krönung des gesamten *feurigen Prozesses* innerlicher Selbsteinweihung.

Jan v. Rijckenborgh

– Ein Prozeß, etwa so: *«Im Anfang war das Wort, und das Wort war bei Gott ...»* – also ein Ideal für menschliche Anbetung in Untertänigkeit. Der Johannes-Text sei dann die Verkündigung der Gegenwart des Worts *«unter den Menschen»*, d.h. die Aufforderung zum gelebten Christentum als tätige Dienstbarkeit im *«lebendigen Zeugnis fürs Wort in der Welt»*. Das Ergebnis vollkommener Bewußtwerdung – die ‹Transfiguration› – wäre dann der Zustand *absoluter Freiheit* als *«Neuer Göttlicher Mensch»*. – All dies ist nichts Anderes als die moderne und öffentliche Formulierung dessen, was schon die Einweihungen und Mysterienspiele der Antike insgeheim vergegenwärtigten. – Das ist der Grund, weswegen es hier ausgebreitet wurde.

Mit dem physischen Tod der beiden seit ca. 1956 *Großmeister* genannten Hauptfiguren im Aufbau des Lectorium Rosicrucianum, nämlich 1968 Jan van Rijckenborgh und 1990 Catharose de Petri – und das ist der einzige uns bekannte Fall in der Geschichte aller Orden! – begann nun kein Gerangel um Machtpositionen und Lehrinhalte, sondern es trat eine Phase der inneren Konsolidierung und der weiteren Expansion in der Welt ein, gefolgt von der Umsetzung dessen, was Catharose de Petri vor ihrem Weggang mit den ihr am nahesten stehenden ‹Schülern› vorbereitet hatte. Es wurden auch keine neuen Großmeister ernannt: Ein internationales spirituelles Leitungsteam übernahm die Führung sowie die Anpassung der geistigen Orientierung entsprechend den neuen Paradigmen für die neue Zeit: Die in früheren Konferenzen ausgetragene Wassermann-Vision, wurde ins Realisationsprogramm übernommen und weiter entwickelt gemäß der Feststellung eines Autors des LRC, wonach *«wir heute alle Raumfahrer in einer zeitlosen (nicht in Zeit zu messenden) Dimension»* seien.

Zu diesen Weiterentwicklungen gehört nun ein Phänomen, das aus keinem anderen Orden bekannt geworden, aber von ganz besonderem spirituellem Interesse ist: Es heißt *Jugendwerk des Lectorium Rosicrucianum*:

Diese ‹Geistesschule› ist bald 100 Jahre alt und «in über 40 Ländern aktiv» – in manchen Ländern nun in der dritten, in Holland in der vierten Generation. – Schon ca. 1924 gab es in Holland Anlässe für die Kinder der Schüler, dann auch spezifische Tempel und einen besonderen Konferenzort für Kinder und Jugendliche.

Der Zweck dieses Arbeitsfeldes am Rande sei es – so das LRC – Kindern und Jugendlichen ein geistig sicheres Feld – eine Sphäre des Schutzes und der geistigen Geborgenheit zu geben, bis sie – bei erreichter Altersgrenze – aus eigenem Entschluß eigentliche Schüler der Geistesschule werden können, falls sie dies wollen.

Weltweit zeigen bekanntlich manche Kinder heute bereits sehr früh eine beeindruckende spirituelle Reife und Kompetenz sowie eine überaus scharfen Wahrnehmung. Es wäre daher sehr wünschenswert, daß auch andere bonafide Gruppen diese Möglichkeit und Verantwortung wahrnehmen würden. Einen Ansatz dazu liefern die bekannten ‹Rudolf-Steiner-Schulen› in der ganzen Welt.

Die gegenteiligen Anstrengungen sind ja nur allzu bekannt und bedauernswert, wodurch Kinder – und sei es ‹nur› durch elektronische Medien und Spielzeuge – immer früher unter den Einfluß der in anderen Kapiteln dieses Buchs geschilderten luziferischen und ahrimanischen Kräfte gebracht werden – und zwar ebenso durch staatliche Verfügungen (verfrühte Einschulung, Computer-Fächer, Impf-Kampagnen etc.), wie durch die immer gieriger nach Allem greifende Marktwirtschaft. – Vom geistigen, ätherischen und physischen Mißbrauch von Kindern und Jugendlichen durch geistig vollkommen entgegengesetzt orientierte, finstere Organisationen schweigen wir hier lieber!

Der Dreibund des Lichts ist hingegen, als ein weiterer spezieller Aspekt des LRC, wenigstens am Rande zu erwähnen: Das ist ein

Begriff, der als ein weiteres ‹feuriges Dreieck› die mystische Aktivität des Ordens umgibt. Dabei handelt es sich offenbar darum, daß die drei Überlieferungsströme «*Graal, Katharer und Kreuz mit Rosen*» in eine geschlossene Dreiheit zusammengeflochten gedacht werden. Die Graals-Tradition ist primär orientalischen Ursprungs (Persien), floß aber im Mittelalter mit dem Templer-Orden zusammen und mündete dadurch nach dessen Zertrümmerung teilweise in die Freimaurerei. Dieses Bewußtsein der Verbundenheit mit anderen Orden (‹vorangegangenen Bruderschaften›) und die daraus folgende Öffnung gegenüber heutigen bonafiden Gruppierungen erscheint als pionierhafter Versuch des LRC, die heute allseits anerkannte *geistige* Verbundenheit *tatwirklich* umzusetzen – einerseits nach innen als zunehmend ‹flüssige›, transparente Bruderschaft (anstatt als starre, abgeschlossene Schule› – andererseits nach außen (als tätige Vermittlung der Christus-Intention gemäß der Vision von R. Steiner), heute in gemeinsamen Anstrengungen zusammen mit anderen bonafiden Bruderschaften am Eintritt in die Neue Zeit.

Der Katharismus entstand auf dem Balkan (reicht aber über die Bogumilen vielleicht zurück bis zu den arianischen Alanen und Manichäern) und war über Jahrhunderte (neben dem Maniismus) die Ketzerströmung *par excellence*. Er manifestierte sich formlos verstreut über ganz Europa als zutiefst mystische Bewegung und trug die asketischen Züge orientalischer Bettelmönche. Sein Charakteristicum ist die als *Dualismus* bekannt gewordene Trennung in einen ‹lieben› und einen ‹bösen› Gott (Demiurgen); – eine Lehre, die sich ableitet aus der zoroastrischen Lehre (Mazdaismus) mit ihrem ‹guten› *Ahura Mazdão* und dem ‹bösen› *Angra Mainyu* oder *Ahura Mainyu* (daher der Name *‹Ahriman›*) – «*der ganz Tod ist*». – Wobei das Wort *Ahura* zum indischen *Asura* analog ist.

Zu dem oft und oft gegen alle Gnostiker erhobenen Vorwurf des von der Kirche verdammten *Dualismus* ist zu betonen, daß dies eine alte Fehlinterpretation oder Fehl-Überlieferung ist: Tatsache ist, daß die alten Gnostiker – wie die alten Qabbalisten und die Alten Chinesen – den höchsten Schöpfergott ebenso als *inhärent bipolar* betrachteten wie jedes seiner Geschöpfe: Männlich ‹aktiv› und kreativ einerseits, weiblich ‹passiv› und offenbarend andererseits. Auch der indische *Shivah ist sowohl Schöpfer als auch Zerstörer*. – Gäbe es diese Gegensätze nicht, keine Polarität könnte sich in der Schöpfung manifestieren – und mithin wäre keinerlei Bewegung, keine Veränderung, keine Evolution und *kein Leben* möglich – weder geistig noch physisch. Dem entsprechen die unendlich vielen *Gegensatzpaare und Widersprüche* in allen Manifestationen des Universums, samt allen Zyklen des Entstehens, Blühens und Vergehens.

Eine andere typisch gnostisch hermetische Lehre ist jene vom *Menschen als Mikrokosmos* – als *Kleine Welt*, die Kosmos und Makrokosmos wie ein Compendium enthält, spiegelt und bestätigt: Das ist der biblische Mensch *«geschaffen nach unserem Bilde»*.

Die dritte typisch gnostische Lehre ist jene von dem im Kern jedes Mikrokosmos enthaltenen *göttlichen Geist-Funkens*, der erweckt werden und als ‹Lotosblüte› – im Falle der FFRC eben als *Rose* – zum Blühen gebracht werden muß ... –

Die Graals-Tradition ist als ritterliche – also wehrhaft aktiv ins Weltgeschehen eingreifende, spirituell aber sehr geheime Organisation bekannt. Davon zeugt der ganze *Artus-Zyklus*, die *Parzifal-Mythologie* sowie manches *hermetische Märchen* aus orientalischer Vergangenheit

Das Rosenkreuz aber war in früherer Zeit absolut geheim, wirkte im Geheimen und trat nur über Symbole und Zeichen ans Licht. – Es ist das Verdienst der Gründung des LRC, daß diese zutiefst mystische Überlieferung mit ihren orientalischen Wurzeln zu Beginn des vergangenen Jahrhunderts aus dem Dämmer von Logen und Geheimgesellschaften in die helle Öffentlichkeit des täglichen Lebens gehoben wurde, wo sie heute als christische Mysterienschule *«jedem Menschen guten Willens»* erkennbar und zugänglich ist und so lange bleiben wird, als die freie Verkündigung und Praxis der tätigen ‹Nachfolge Christi› in der Welt möglich bleibt.

Ein gemeinsamer Spruch aller drei Bewegungen des *Dreibunds des Lichts* durch die verschiedenen Zeiten hindurch steht jedoch als eine leuchtende Devise da, die daher an den Schluß dieses Kapitels gesetzt werden soll:

Gott ist Liebe!

13. FUDOSI — ‹FÉDÉRATION UNIVERSELLE DES ORDRES ET SOCIÉTÉS INITIATIQUES›

Diese Geschichte erscheint dem heutigen Beobachter als Teil eines sinnlosen Konkurrenzkampfs, welcher der eigentlichen Sache nur schaden, aber niemandem bleibenden Nutzen bringen konnte (genau wie bei den geschilderten Rangeleien unter den FM-Logen und Großlogen im 19. Jh.). Gemäß *Wikipedia* (hier z.T. wörtlich zitiert) wurde die FUDOSI (zu Deutsch: *Internationaler Verband der initiatischen Orden und Gesellschaften*) 1934 von *Harvey Spencer Lewis* lediglich dazu gegründet, sich durch eine offizielle Instanz eine Urkunde für die Legitimität des ebenfalls von ihm gegründeten AMORC ausstellen zu lassen. Unmittelbar nach der Gründungsversammlung hatte der Verband seinen Zweck erfüllt, bestand aber offiziell noch bis 1951.

Der Hauptgrund für die FUDOSI-Gründung war die heftige Kritik anderer Rosenkreuzer-Gruppen, denen sich der AMORC insbesondere durch die von *R.S. Clymer* in USA gegründete *Fraternitas Rosae Crucis* ausgesetzt sah: Clymer bestritt die historische (und umso mehr die alleinige) Kontinuität des AMORC, die dessen Gründer Lewis für sich beanspruchte. Zudem hatte Clymer herausgefunden, daß es sich bei den angeblich historischen Rosenkreuzer-Weisheiten des AMORC um Plagiate und Fälschungen handelte, was er anhand von Vergleichen der Original-Zitate mit den AMORC-Schriften akribisch nachwies.

Um den rosenkreuzerischen Alleinvertretungsanspruch für den amerikanischen ‹Markt› abzuwenden, den Clymer aus der Bloßstellung des AMORC für sich zu festigen hoffte, – und um zugleich sich selbst zu legitimieren und seine eigene Autorität zu stärken, gründete der AMORC die FUDOSI. Der Alleinvertretungsanspruch des AMORC sollte dann durch einen der im Dachverband der FUDOSI liierten ‹Initiatenorden› urkundlich dokumentiert werden. In dieser Urkunde wurde der AMORC als der einzig autorisierte echte alte Rosenkreuzerbund bezeichnet, der allein die wahren Traditionen und Prinzipien des R+C in Nord- und Südamerika hüte. Rosenkreuzergruppen und Initiatenorden, die nicht Mitglieder der FUDOSI waren, wurden in der Folge als nicht-authentische und keiner Traditionskette angehörende Orden abqualifiziert.

Vom 8. bis 16. August 1934 fand also in Brüssel ein FUDOSI-Gründerkonvent statt. Gemäß der französischen Mitgliederliste waren, bis zur Auflösung der FUDOSI am 14. August 1951, 18 Mitglieder gelistet. Dazu gehörten – neben der *Société Alchimique de France*, der *Fraternité des Polaires* (siehe unten) und dem OKRC

Orden. Logen und das Rosenkreuz

(siehe unten) 5 weitere explizit rosenkreuzerische und 5 martinistische Gesellschaften, ein templerischer, ein ‹samaritanischer›, ein ‹evangelischer›, ein ‹pythagoräischer› sowie der *Okkultistische Orden des Hermes Tetramegistos*.

Das Verfahren der FUDOSI-Gründung war wenig überzeugend, da die FUDOSI ihre Autorität mit sich selber ‹legitimierte›. Darum stieß die FUDOSI bald auf starke Kritik seitens der ausgeschlossenen Geheimbünde. 1939 gründeten diese deshalb – unter Federführung von Clymers *Fraternitas Rosae Crucis* – einen konkurrierenden Verband mit dem Namen ‹*Fédération Universelle des Ordres, Fraternités et Sociétés des Initiés*› – FUDOFSI. Damit konnte man sich wiederum die eigene legitime Abstammung selbst bestätigen.

13.1. Die ‹Fraternité des Polaires› — — ‹Bruderschaft der Polaren›

1918 traf ein (in unseren Quellen ungenannter) junger Mann einen alten Eremiten. Der schenkte ihm ein geheimnisvolles Dokument: das ‹*Orakel aus Astralkraft*›, mit dessen Hilfe man mit den Unbekannten Oberen in Kontakt treten konnte. Das Orakel wurde mit Erfolg getestet; und daraus soll dann die

Geheimgesellschaft der Polaren entstanden sein, die in den 1920-er Jahren sehr viele Mitglieder aus dem esoterisch politischen Milieu erhielt. Exponent des ‹esoterisch politischen Milieus› in Zentral-Europa war jedoch die *Thulegesellschaft* der SS-Elite in der NSDAP. Diese sandte ihre Wissenschaftler nach Tibet, um nach einem dort vorhandenen Eingang nach Agartha zu forschen. Dies aufgrund der seit ca. 1930 durch die Geowissenschaft (und seit 1947 durch die Pol-Überflüge von Flug-Admiral E. Byrd) bestätigten Überlieferung betreffend die Hohlerde (Agartha) mit ihrer Zentralsonne. –

Deutsche Wissenschafter forschen in Tibet nach Agartha

Ihre ‹Bibel› war ein Buch genannt *Asia Mysteriosa* – eine Art Einweihungs-Katechismus mit Fragen und Antworten, Dieser präsentierte sich als *«Zeugnis eines rosenkreuzerischen Abenteuers»*, das hinter Bezugnahmen auf Asien, auf die vorwiegend mythisch bekannten Uranfangs-Länder der Weltgeschichte, *Agartha, Thule* und *Shamballah* (Inner-Erde – also die *Hohlerde*) – ein typisch europäisches Bewußtsein verbarg. Noch heute scheint diese Bruderschaft ihre Tradition auf *Hyperboräa* zurückzuführen:

Ein Exponent der Gruppe, namens ‹Botiva›, nannte einige im Juni 1929 aufgrund des ‹Astralen Orakels› erhaltene Botschaften bezüglich der Neubildung einer Gruppe, genannt *Die Polaren.* – Er begründete diesen Namen so: *«Die Polaren wählen diesen Namen, weil seit je der Heilige Berg – d.h. die symbolische Mitte der initiatischen Zentren – durch Eingeweihte aller Art ‹polar› genannt wurde. Es ist gut möglich, daß dieser Berg einst tatsächlich in geographischem Sinne polar war; denn überall wurde bestätigt, daß die ‹boreale› oder Ur-Überlieferung* – Quell aller Überlieferungen – *ihren ersten Sitz in den hyperborealen* {also Nordpol-nahen} *Gegenden hatte».*

Als Ziele nennt der Orden sowohl ideal esoterische bruderschaftliche, als auch rein humanistische Aspekte nebst der weltweiten Expansion des Ordens, und es überrascht nicht, zu lesen, daß er besonders in der Zwischenkriegs-Zeit (1919 bis 1939) eine wichtige Rolle gespielt haben soll: Erinnern doch seine Namen und mytho-geographischen Referenzen sehr an die Thule-Gesellschaft in Deutschland, mit ihrem Inneren Kreis der ‹Schwarzen Sonne›.

Die *Thule-Gesellschaft* war ein Geheim-Orden mit Ordenssitz auf der Wawelsburg, gegründet durch ‹Baron› Rudolf von *Sebottendorf* (wahrer Name *Adam A. R. Glauer*), einen Ingenieur. Der vertrat pangermanistisches, antisemitisches und illuministisches Gedankengut auf der Basis der Arier-Ideologie. Zu Thule-Mitgliedern wurden hohe NS-Politiker sowie dem Germanismus und

ORDEN. LOGEN UND DAS ROSENKREUZ

Ariertum ergebene Wissenschafter samt Rudolf Hess, Göring und Hitler. Ihr Symbol war das ‹Wotanskreuz› (eine zwölfstrahlige Rundform des ‹Hakenkreuzes›, d.h. der indischen Swastika) und die sog. ‹Schwarze Sonne›.

Symbol der *Schwarzen Sonne* im Kultraum des gleichnamigen Ordens auf der Wawelsburg.

R. v. Sebottendorf war auch Freimaurer, Theosoph und Sufi; er praktizierte Numerologie, Astrologie und Alchemie. Eine weitere seiner Ideen war die Harmonisierung von Freimaurerei und Koran.

Das größte entsprechende Dokument ist die noch heute stehende *Wawelsburg* mit ihrem Kultraum: das magisch okkulte Zentrum des esoterisch und magisch eingeweihten Kerns der SS mit Ihrem Chef-Ideologen Himmler.

Nach diesem Modell plante die Thulegesellschaft, die Wawelsburg auszubauen.

13.2. DER OKRC – ‹ORDRE KABBALISTIQUE ROSE-CROIX

In Kapitel 6 über das *Rosenkreuzertum der Linken Hand* und in Kapitel 13. (FUDOSI) war bereits kurz vom *Ordre Kabbalistique de la Rose-Croix* (OKRC) die Rede. – Der 1877 gegründete Orden sei rasch gewachsen, aber bereits 1986 wieder eingegangen. 1888 wurde er durch Josephin Péladan und Stanislas Guaïta neu gegründet, spaltete sich jedoch bald wieder, weil Guaïta zur *Linken Hand* gehen wollte, Péladan aber «eine abendländisch esoterische, christkatholische Rosenkreuzerei» anstrebte.

Stanislas Guaïta,
zeitgenössische Karikatur

Der heutige OKRC beruft sich nicht auf diese gescheiterte Gründung, sondern auf die viel ältere Vergangenheit des Rosenkreuzertums seit den (freimaurerischen) Deutschen *Gold und Rosenkreutzern* des 18. Jahrhunderts sowie auf ein ‹*Gold und Rosenkreutz Alter Form*› (1777) mit einer strengen Hierarchie in 9°. Dessen Mitgliedern soll ein schweres Gelübde bezüglich der Riten und Einweihungen abverlangt worden sein. Viele Mitglieder dieses Ordens seien Freimaurer gewesen, viele aber auch politische Exponenten. – Er habe auch gesellschaftlichen Einfluß ausgeübt.

Noch ältere Wurzen des OKRC fänden sich in der strahlenden Vergangenheit der okzitanischen Kultur bis zum 14. Jahrhundert, d.h. bis zur Inquisition und der Judenverfolgungen in Frankreich und Spanien: Das war das Ende der segensreichen Zeit freien Austauschs zwischen Philosophien und Glaubenssystemen aller Art rund ums Mittelmeer, worin sich Hermetiker, Neuplatoniker und pythagoräische Erben mit den vorallem jüdischen Kabballisten vermischten. Die mündliche Qabbalah wurde schriftlich niedergelegt vorallem durch sephardische Juden – von Kairwan (Tunesien) bis Spanien und in die Provence – dann auch durch christliche Mystiker studiert, in westliche Magie und Philosophie eingebaut und so der modernen Welt zugänglich gemacht, z.B. in der *Platonischen Akademie* der *Medicis* von Florenz – der Krönung der italienischen Renaissance, mit Namen wie *Pico della Mirandola*, *Marsilio Ficino* und *Johannes Reuchlin*. Und dies wiederum führt uns zu den sog. *Dunkelmänner-Briefen* – *Epistolæ obscurorum virorum* (eines Kollektivs von präreformatorischen Autoren in Erfurt, wozu vielleicht auch Martin Luther gehörte) – und somit in die luterische Reformationsbewegung hinein. Das wäre nun eine Erklärung für das bekannte *Rosenkreuzer-Wappen von Martin Luther*; – und so schließt sich wieder ein Kreis.

Ausgehend vom gnostischen Verständnis von der *Gefangenschaft der Seele im Körper* entwickelte der OKRC «Techniken zu deren Befreiung». So sieht sich der OKRC heute noch als Erbe der fortschrittlichsten Esoteriker der Nachrenaissance, wozu er vorallem die *christlichen Kabbalisten* zählt; – ein Erbe, worauf er «besonders stolz» ist, wie die Präsentation des OKRC sagt.

In diesem Sinne bezeichnet der OKRC sich als initiatischen Orden, der die schriftlichen Traditionen und Praktiken der Qaballah pflegt, die er als Legat alter Meister zu verwalten beansprucht. Das ist eine Mischung aus jüdischer und christlicher Kabballah in einer Form, die der OKRC *das Geheime Rosenkreuz* nennt.

Die «erleuchteten Brüder des Obersten Rats des OKRC» wollen also in ihren Mitgliedern die theurgische und naturmagische Verbindung mit den Naturkräften und Elementen wiederherstellen – einerseits durch theoretische Lehren, andererseits durch entsprechende magische Experimente.

Der interessanteste Hinweis in der Selbstdarstellung des OKRC ist jedoch dieser: In der alten (kabbalistischen, magischen und theurgischen) Überlieferung pflegten die alten Meister bei ihrem Tod einen Drittel ihrer Kenntnisse (vermutlich die theoretischen Grundlagen) ihren Schülern zu übergeben, einen anderen Drittel (wohl die persönlichen Erfahrungen, die Jeder selber machen muß) verbrannten sie, und den dritten Drittel (jenen Teil, der weder gelehrt noch verloren werden darf) nahmen sie mit ins Grab. Als Spur dieses Brauchs wird dargestellt das Auffinden von CRC in seinem Grab, *mit dem Buch T im Arm*: Das ist das *Buch Toth* – d.h. das innerste rosenkreuzerische Geheimwissen *samt Magie und Kabbalah*. Dies ist die Gesamtheit dessen, was vor ca. 15'000 Jahren der Gott der Hohen Wissenschaft - der babylonische *Ningishzida* , der nachmals in Ägypten *Toth*, bzw. *Hermes Trismegistos* genannt wurde – denjenigen Menschen übermittelte, die es erfassen wollten und konnten; z.B. (gemäß Z. Sitchin) als Großer Baumeister bei Stone-henge, in Machu-Pichu und anderen Rundtempeln.

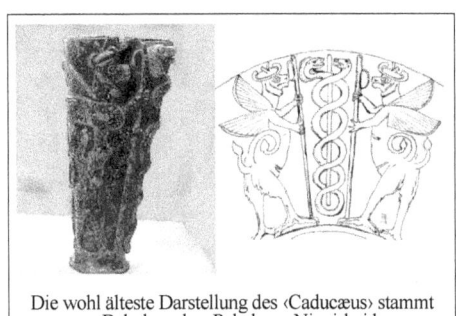

Die wohl älteste Darstellung des ‹Caducæus› stammt von Babylon: der ‹Pokal von Ningishzida›.

Sowohl die ‹Bruderschaft der Polaren› als auch der OKRC beanspruch(t)en, das echte Erbe der alten Rosenkreuzer zu verwalten. – Warum auch nicht? Sind doch alle okkulten Gesellschaften berechtigt, auf die authentischen Wurzeln zurückzugreifen und sich als wahre Erben derselben darzustellen: Es genügte ja, sich als solche tatwirklich zu beweisen, indem dies – und allein dies – vertreten, bezeugt und täglich sichtbar gelebt würde, was jene Quellen als Maximen, Regeln und Lebensanweisungen vererbt haben. Träte anstelle aller Rangeleien aus Neid und Egoismus (weltweit!) das reine ‹bonafide› Zeugnis fürs Licht; – würde in Aufrichtigkeit und gegenseitiger Achtung die allen Rosenkreuzer-Strömungen grundsätzlich gemeinsame Devise von *Einheit, Freiheit und Brüderlichkeit* wirklich gelebt, so hätte endlich die Menschheit selber sich aus sich selbst erlöst, dank einem endlich erworbenen höheren Bewußtsein, das diesen Namen wirklich verdient! – Noch sind aber die Widerstands-Kräfte stark, ihre Methoden oft sehr subtil, ihr Erfolg immer wieder niederschmetternd. – Noch kämpft Michael mit dem Schwert von Bewußtsein und Liebe gegen die Netze und Keulen von Unwissenheit, Neid und tiermenschlicher Angst.

Zwei einschlägige Biographien zeigen beispielhaft dieses Herumirren zwischen seelisch-geistiger Sehnsucht, aggressivem Ehrgeiz und kindlicher Ratlosigkeit, deren End-Ergebnis stets Leere, Einsamkeit und Frustration sein muß. Hier sind sie:

13.3. LORD EDWARD G. BULWER-LYTTON

Er ist eine kuriose Berühmtheit, die in keines der bisherigen Kapitel so richtig passen will – so wie der Mann selbst zeitlebens sich zu keiner Bruderschaft so richtig bekennen mochte, sich aber in seiner Selbsteinschätzung dennoch über alle stellte:

‹Lord› Edward G. Bulwer-Lytton (1803-1873), eine sehr undurchsichtige Persönlichkeit, erhielt außer in seiner Heimat England viel Aufmerksamkeit in Frankreich. Er war *Mesmerist*, dann *Martinist*, hatte erst Erfolg als französischer Schriftsteller, dann als englischer Politiker (erst als liberaler Whig, dann als konservativer Tory). Nun trat er als ein nach aus Büchern aufgepickten Techniken selbstinitiierter Okkultist, Hellseher, Geomant und Astrologe auf, behauptete auch, mit den *Asiatischen Brüdern* und den *Fratres Lucis* in Verbindung zu stehen und das geheime Siegel des Eingeweihten zu besitzen, das ihn über alle anderen Rosenkreuzer stelle. Die *Societas Rosicruciana in Anglia* (RSiA) machte ihn wirklich 1872 «*versehentlich und ohne sein Wissen*» zu ihrem Großmeister. Sein Ruf als Eingeweihter beruht vorwiegend auf seinem berühmten romantisch-okkulten Roman *Zanoni*; – und auch sein Lord-Titel war eine literarische Erfindung.

13.4. VICTOR ALFRED BLANCHARD

Auch dieser ist eine kuriose und zwielichtige Berühmtheit: Sein Lebenslauf zeigt, daß ohne eine klare Orientierung und ohne zielgerichtete aber selbstlose Hingabe auch der intelligenteste, spirituell begabteste Mensch immer wieder in die Irre laufen und sich am Ende seines Lebens vor einem Scherbenhaufen sehen muß. Blanchards Kreuzfahrt durch alle Orden seiner Zeit gleicht einer Zusammenfassung der Ordensgeschichte der vorletzten Jahrhundertwende (und der bisherigen 160 Seiten dieses Buchs); darum ist eine ausführliche Biographie dieses Mannes hier schon angebracht.

Victor Alfred Blanchard (1877-1953) nannte sich auch *Sâr Paul Yesir*, *T Targelius* sowie *T Paul* und wird von Einigen als Gründer des *Synarchischen Martinisten-Ordens* bezeichnet. Er war Chef des Innendiensts der Regierung in Paris und Sekretär einer Art von Beamtengewerkschaft, wurde dann aber ein Schüler von Papus an dessen «*Freien Hochschule der hermetischen Wissenschaften*», und 1900 Martinist.

1908 wurde er Freimaurer im 30.° und 90.° der ägyptischen Freimaurerei RMM und nahm als deren Generalsekretär teil am (von Papus und Téder organisierten) Spiritistenkongreß in Paris. Im selben Jahr trat er in den Neuen Templer-Orden von *René Guénon* ein und wieder aus, beteiligte sich an der Zeitschrift *Initiation*, gründete und präsidierte die Pariser Loge *Melchisedek*, die 1912 zur Großloge werden sollte und drei höhere Grade verlieh: *Royal Initié*, *Parfait Adepte*, *Sublime Commandeur* (entsprechend den 4.°, 19.°, 33.° des RMM), an welche dann die Grade des OKRC anschlossen. – Die Großloge Melchisedek schlief aber bereits 1912 wieder ein.

Von *Papus* (ebenfalls 1908) zu den ersten zwei Graden des OKRC zugelassen, erhielt Blanchard von *Téder* den dritten, verließ den Orden aber, weil er mit *J. Bricaud*, dem Nachfolger von Téder nicht klar kam. 1914 Durch Papus zum Gnostischen Priester und Diakon geweiht, durch Bricaud zum Bischof befördert, verließ er die Église Gnostique aufgrund von Unstimmigkeiten mit dem Letzteren.

Nach dem Tod von Papus (1916) wurde er von dessen Nachfolger, Téder mit Aufgaben im Martinisten-Orden betraut. Nach dessen Tod (1918) schloß er einen Vertrag mit dem *Orden von Lilie und Adler*, trat erneut in Konflikt mit Bricaud, gründete den Dachverband (*‹Union Générale›*) der Martinisten und der martinistischen Synarchisten (OMS), und wurde deren erster Großmeister. Der OMS berief sich auf *Papus*, und über ihn auf *Louis-Claude de Saint-Martin*, aber auch auf *Alexandre Saint-Yves d'Alveydre* und dessen Lehre. Er schlief indes bald darauf ein (1922).

FUDOSI

1932 brechen die Martinisten mit Bricaud und rufen nach Blanchard. Dieser erweckt den OMS 1934 wieder, beteiligt sich an der Seite von E. Dantinne, ‹Imperator des Universellen Rosenkreuzes›, und von H. Spencer Lewis, Gründer von AMORC, an der Gründung der FUDOSI (siehe oben) und wird selbst einer der drei Imperatoren der FUDOSI. Drei Jahre später gibt er Lewis das Mandat als Repräsentant des OMS auf dem amerikanischen Kontinent.

Gleichzeitig beteiligt er sich an der Formierung des *Obersten Internationalen Rats* des RMM, besucht weitere Initiaten-Orden des FUDOSI (*Pythagoräer, Universitäres Rosenkreuz*) und wird Ehren-Kommandeur des *Ordens von Lilie und Adler*, der eine Verbindung mit dem OMS (*Ordre Martiniste Synarchique*) eingeht.

1933 wird er zum Präsidenten der *Fraternité des Polaires* (siehe oben) mit ihrem Anspruch aufs Allein-Erbe der *Ursprünglichen Rosenkreuzer*, beruft sich auf die erwähnte Hyperboräische Tradition mit ihrem kuriosen *«kabbalistischen Orakel»*, behauptet, durch *Agartha* {der deutschen oder der hyperboräischen??} als *Universeller Großmeister des Rosenkreuzes* eingesetzt worden zu sein, worauf die gesamte Okkultisten-Szene ihn marginalisiert und die FUDOSI ihn ausschließt. Doch bleibt er GM des OMS und Präsident der *Polaren*, bis 1939. – Nach dem II. Weltkrieg nimmt er wieder im FUDOSI Platz und setzt seine Aktivitäten in Martinismus und Gnostischer Kirche erneut fort; der OMS gewinnt neue Fahrt, und Bricaud bleibt dessen Großmeister bis zu seinem Tod.

So wäre denn der Rundgang durch die *geschichtliche Gegenwart* von Orden, Logen und Rosenkreuz wie mit einem Shlußfeuerwerk beendet. Nur *eine* Tatsache soll abschließend noch betont werden:

Wie immer die diversen Vereinigungen auch heißen, welchem speziellen Ideal ein Mensch auch folge; so wie das *wahre Dao* weder genannt noch beschrieben werden kann, so kann kein einziger sichtbarer Körper oder Begriff das *wahre Rosenkreuz* darstellen. Die echten Rosenkreuzer und der eigentliche rosenkreuzerische Orden *waren, sind und bleiben unsichtbar*, da allein im Geist – in der Gnosis – in der *gelebten herzlichen und achtsamen Brüderlichkeit* — verbunden. Das *wirkliche Goldene Ordenskleid* ist aus keinem Tuch gewebt; die *wahre Krone* nicht von metallenem Gold:

«Denn unser Gold ist ein geistiges Gold!»

14. NICHT ZU VERACHTEN: KABBALAH UND MAGIE

Dieser Titel ist eine Provokation in guter Absicht: Welcher ernsthafte Sucher, welche bonafide Gruppe ist nicht versucht, um «*nur dem rechten Weg zu folgen*», allem sofort den Rücken zuzudrehen, was mit diesen zwei Reizworten zusammenhängt? – Diese wurden ja jedem mikrokosmischen Gedächtnis tief eingebrannt durch kirchliche Anathemata, durch die Erfahrungen früherer ‹Bewohner›, oder durch beides. Um diese Stigmata zu löschen, gibt es nur ein einziges Mittel, nämlich: Sich ihrer im rechten Maß bewußt zu werden!

Gundsätzlich ist zu unterscheiden zwischen der uralten, aus asiatischen, orientalischen, babylonischen und pelasgischen Elementen bestehenden rein mündlichen Überlieferung – der großteils *verlorenen* Qabbalah – und deren daraus abgeleiteten modernen Form seit der Renaissance – der ‹christlichen› Kabbalah.

Die Rabbiner – vorallem jene des Talmud – benutzten dafür den Ausdruck *Nishtar*, was die *Geheimlehre* (der Torah) meint, im Bezug zur *Niglah* – der *offenbarten* Überlieferung. Die gesamte Geheimlehre aber wurde und wird noch heute als *der Wagen – (Maseh-) Merkavah* – bezeichnet. Das ist die Überlieferung, wovon die alten Rabbiner und Chassidim nur mit allergrößter Ehrfurcht sprachen und deren Eröffnung von den strengsten Bedingungen abhing (bzw. derer auch die gelehrtesten Rabbinen sich als unwürdig bezeichneten). Im OKRC gehört zu dieser Überlieferung sogar das, was die Rosenkreuzergesellschaft von M. Heindel lehrt, wozu dann allerdings wieder magische Praktiken gefügt wurden.

Andererseits ist verständlich, daß auch im Westen die Qabbalah geheimgehalten wurde – und sei es nur, um dem Scheiterhaufen zu entgehen. Auch die Rabbinen waren Gegner der Weitergabe kabbalistischer Kenntnisse außerhalb ihres eigenen Kreises; denn diese verlangen – in der reinen Form – eine integrierende, alle Völker übergreifende Spiritualität; – eine Geisteshaltung der Toleranz, des Verständnisses und der allerseitigen seelischen Bereicherung.

Mit dem Namen Kabbalah, der auch für die offen gelehrten Elemente gilt, die *Papus*, *Frank* und Rabbi *Gershom Scholem* im 19. und 20. Jh. in Buchform niederlegten, wird also auch das gesamte übrige Geheimwissen gemeint – ob nun zur Linken oder zur

KABBALAH UND MAGIE

Rechten Hand gehörig – kurz: der gesamte *Okkultismus*. In dieser breiten Optik betrachtet, ist die Kabbalah tatsächlich ein integrierender Bestandteil des *ursprünglichen Rosenkreuzertums*.

Diese Erklärungen zeigen jedoch auch, wie schwierig, anspruchsvoll und auch wichtig es ist – besonders in der heutigen Zeit der totalen Information – die verschiedenen Arten von Magie gut zu *unterscheiden*. Das bedeutet, daß man sie nicht einfach fliehen und negieren darf, sondern sie *kennen*, als solche *anerkennen* – und dann *die richtige Wahl treffen* soll. Auch soll man (wieder) lernen, sich gegen unerwünschte Magie durch rechte Ausrichtung zu schützen: Nicht alles ist ‹Aberglaube›, was der moderne Mensch (oder gewisse Institutionen) belächeln (oder verteufeln); – und ob Loge, Orden oder Kirche: Nichts wird erreicht auf öffentlichen Plätzen, in Tempeln oder Kapellen, wird dabei nicht *durch positive, eindeutige Ausrichtung* die zum jeweiligen Zweck passende Magie angewandt - und dadurch die dem Anlaß entsprechende Licht-Energie freigemacht. Wer dies kann, muß sich aber ständig prüfen:

Kenntnis bedeutet Macht und Privilegien; diese wiederum bringen mit sich Verantwortungen und Versuchungen. *Darum* steht an oberster Stelle *aller* durch Eingeweihte aufgestellten Gesetze – ob Thora, ob NT, ob östliche oder westliche Esoterik – *Die Liebe*: Wer in der Liebe steht, tut nichts, was Anderen schaden könnte. – Wer in der Liebe steht, denkt und will nichts, was außerhalb der allerhöchsten Ordnung läge, welche dieselbe ist für Schöpfer, Schöpfung und Geschöpfe. – Wer aber *ganz außerhalb* der Liebe stünde, gehörte weder in einen Orden, noch in eine Loge, noch zum Rosenkreuz.

15. GEISTWELT, ASTRALWELT UND SPIRITISMUS

Was heute als *Esoterik* – als die Beschäftigung mit dem *Inneren Wissen* bezeichnet wird (und oft nur diesen Anschein erweckt), hieß früher *Okkultismus* – die Beschäftigung mit *verborgenem Wissen*. Heute verstehen die Meisten unter Okkultismus eine finstere Wissenschaft – nahe der ‹schwarzen Magie›, oder identisch mit ihr. Das ist ein Teil der allgemeinen menschlichen Unwissenheit unserer Tage. Zwar sind die Übergänge oft fließend zwischen ‹schwarzem Licht› (das auch Verbotenes sichtbar macht) und dem Licht des Lebens, das zu Befreiung und Erlösung führt. – Verboten ist, was die universellen kosmischen Gesetze der Natur verletzt – im Geistigen wie im Physischen – oder/und was irgendeinen geistigen oder physischen Schaden anrichtet in der Welt. Und das breiteste *Übergangsgebiet zwischen ‹Licht› und ‹Finsternis›* ist die sogenannte *Astralwelt*.

Die unendlich vielen stofflicher Erscheinungen, die das Universum erfüllen, sind zugleich von Geist, geistiger Substanz und geistiger Wesens-Gegenwart erfüllt. Den heutigen, ‹aufgeklärten› Menschen sind diese geistigen Elemente suspekt, denn sie haben die gesunde Empfindung dafür verloren – weitgehend wegen der Anathemata, die seit dem Mittelalter darauf geschleudert wurden. Auch die meisten geistig orientierten Körperschaften fürchten das wirklich Geistige, sobald es sich konkret manifestiert. – Die Menschen der Antike sahen dies noch ganz anders: Sie erfuhren (und nahmen bewußt wahr) die Naturkräfte und andere Wesenheiten, die in der Volkssprache Engel, ‹gute und böse Dämonen›, Zwerge, Elfen, Feen, Kobolde und dergleichen genannt wurden. Deren Eine wurden als Helfer und Diener, Andere als Widersacher und *Plagegeister* empfunden, beschworen, beschwichtigt und günstig gestimmt. Man pflegte vorallem die Engel, die wir heute *Elementargeister* nennen, täglich und zu bestimmten Zeiten und Gelegenheiten anzurufen, zu grüßen und ihnen Dank abzustatten. Dazu gehörten auch die Geister verstorbener Ahnen. Negativ gestimmt herum irrend und daher gerne schädlich die Einen; – gut gesinnt und gar göttliche Menschheits-Helfer die Anderen: Dazu gehören auch die Bruderschaften in den geistigen Gebieten, bestehend aus den ‹Heiligen›, den aus dem sichtbaren Leben geschiedenen ‹Vollkommenen Weisen› – Adepten oder ‹transfigurierten› Eingeweihten. – Jeder Mensch erfährt hier, was ihm gleicht!

Viel Unfug, Charlatanerie und schwarze Magie wurde betrieben im Bemühen, Geister aller Art, darunter eben Verstorbene (Nekromantie) oder Naturgeister (andere mantische Systeme) ‹heraufzubeschwören› (in magischen Kreisen und Pentakeln, mit Talismanen, magischen Siegeln, Tänzen, Gesängen u.s.w. – wie in Gœthe's Faust beschrieben). Oft erscheint dann aber ein völlig anderer Geist, manchmal täuschend ähnlich dem erwünschten. Andererseits darf man nicht alle astrale ‹Magie› als Unfug abstempeln: Astralwanderungen sind z.b. durchaus möglich, doch haben sie grundsätzlich keine befreiende Wirkung. – Magie ist lediglich die *Ausnützung* von Naturgesetzen, die gewöhnliche Menschen weder kennen noch beherrschen; – und dazu gehören auch *Eingriffe* in die Naturgesetze wie z.b. Genmanipulation, Wettermanipulation und Mind-Control: Jede magische Handlung in dieser Welt (und dazu gehört auch die Astralwelt) – jeder Dienst eines ‹Geistes› oder ‹Gotts› muß irgendwann und irgendwie bezahlt werden und wirkt als neue Bindung zur niederen Natur dieser Welt. – Ganz abgesehen von den unabsehbaren Nebenwirkungen, die solche Eingriffe verursachen können: Das ist bei Beschwörungsformeln und elektronischen Wellen genau wie bei chemischen Medikamenten.

Die meisten bonafiden Geistesforscher im Sinne des Rosenkreuzes (sie allein interessieren hier) haben sich aufgrund von Lehrmeinungen und literarischen Abschreckungen vollkommen von der Geisterwelt distanziert, die doch nur das nächst höhere Reich nach den Menschen ist: Eine abergläubige Scheu und vermeintliche Treue zur guten Lehre hindert sie also, die rechte Einsicht zu gewinnen in die Welt, die zu erreichen sie selber auf dem Wege sind!

Gewiß: Keine dieser Wesenheiten, Hierarchien oder Kräfte ist identisch mit *Dem Geist* – dem Heiligen Geist des *All-Einen Gottes*: Dieser findet sich in seiner reinen Form allein in dem, was die Evangelien *Das Reich der Himmel* nennen, bzw. manifestiert sich als Schwingung oder Kraft in besonders dafür zubereiteten Örtlichkeiten, Dingen oder Menschen – und meist nur zu gewissen Zeiten. Die gewöhnliche Menschheit ist noch vollkommen außerstande, solche Erscheinungen klar zu erfassen und sich positiv damit auseinanderzusetzen, da sie im dogmatischen Konzept eines dreidimensionalen Universums gefangen sitzen, obschon sie stets von höheren Dimensionen reden – von Erfahrungs-Systemen auch, die erst auf den höchsten devachanischen Ebenen existieren: Reine *Mathematik*, sublime *Musik* und das Sehr Alte Wissen von den *Zahlen und Proportionen* sind Beispiele dafür. Wenn nun die Materie (wie moderne Wissenschaft lehrt) nichts Anderes ist als verdichteter – «herunter transformierter» Geist, so existieren auch

ORDEN. LOGEN UND DAS ROSENKREUZ

Formen dieser göttlichen Ursubstanz – oder besser: Unsubstanz - die noch viel, viel dichter sind als Alles uns Bekannte – aber auch noch viel, viel sublimer als Alles was wir uns vorstellen können.

Etymologisch bezeichnet der Ausdruck *astral* – *sternenhaft* – jede Art von Kraft, die durch Schwingung oder Rotation wirkt – in Kreisen und Ellipsen, in Spiralen, Parabeln und unvorstellbar hohen Schwingungen jeder andern Form. – Die alten Okkultisten wendeten daher diesen Begriff auf alle unsichtbaren Sphären an, was mit ihrer pantheistischen oder emanationistischen Orientierung zusammenhing. Der Begriff *Planet* klingt auch an die verschiedenen *Ebenen* (‹Plane›) der Existenz an – Grund genug, die Planeten als ‹Götter› – d.h. als mit himmlischen Kräften ausgestattete Wesenheiten zu betrachten und zu empfinden.

Alle Astrologie und Astrosophie erklärt sich aus diesen Zusammenhängen. Und weil aus genannten Gründen kein einziges Geschöpf – vom Staubkorn bis zum Planeten, vom Zell-Element bis zum Milchstraßensystem – jemals auch nur den kleinsten Zeitbruchteil lang in Ruhe sein kann, ist alles nur eine Frage der Relation – psychisch oder physisch; sichtbare Wirkung oder ‹geheimes› Leben. Was ein Mensch wahrnehmen kann, ist jederzeit nur das Bild eines *Durchschnitts-Zustandes*, keine Realität:

Alles steht ständig in Wechselwirkung mit Allem; Alles bewegt sich durchs Universum dieser Natur; Alles und Alle sind ständig im Austausch, gebend und nehmend; ausstrahlend und empfangend – stofflich, ätherisch, elektromagnetisch, mental ... – und diese gegenseitigen Einflüsse durchqueren das Universum aller Welten in einer Geschwindigkeit, weit höher als die Lichtgeschwindigkeit!

So ‹schwimmen› wir als (auf unserer Dimensions-Ebene) Sichtbare im Universum des ‹Unsichtbaren›; so wirken wir – wegen unserer bewußten Wahrnehmung dessen was es *nicht gibt* – als Verbindung zwischen dem trägsten Stoff und dem dynamischsten Geist. – So tragen wir bei zum Austausch von Leben und Veränderung – zu Evolution und Degeneration des Kosmos. – So verändern und entwickeln wir uns selbst, und letztlich sogar die Gottheit!

Welch ehrfurchtsgebietende, verantwortungsschwere Aufgabe! Selbst wenn wir uns dessen nicht bewußt sind: Wie klein und eng, wie begrenzt in Allem ist unsere physische Manifestationsform – und wie groß dagegen die Gesamtausdehnung des äußersten Wirkungsfeldes unseres geistigen Mikrokosmos, der das Universum durchmißt, sich von ihm nährt und wieder auf es zurück wirkt!

GEISTWELT, ASTRALWELT UND SPIRITISMUS

Wenn der Mensch also – wie jedes Geschöpf – die Bestimmung hat, sich dereinst mit dem All-Einen wieder zu vereinen, so ist es ihm nicht erlaubt, die Schichten der Existenz, die zwischen ihm und der Gottheit, zwischen seinem Dasein als Erdling und seinem zukünftigen Sein als Gott liegen (also z.B. die Astralwelt), zu mißachten und zu verleugnen. Aber er muß auch lernen, sie *auf die richtige Weise* zu achten und zu seiner *Kenntnis* zu nehmen. So wie es in der sichtbaren Welt bonafide und andere Bruderschaften gibt, so gibt es deren auch in der Geister-Welt. Wer eintaucht in diesen Ozean des Unsichtbaren, tut gut, sich gut zu orientieren, seinen inneren Kompaß stets ausgerichtet zu halten auf die Eine Mitte. Tun er und sie dies, so wird ihr Tun beitragen zu einem Schritt auf dem Weg zum höchsten Ziel: zur Vergöttlichung ihrer selbst, ihrer Welt und *aller* Welten, bis zum Einswerden von Allem mit Allem. – Darum ist es wichtig, sich auf seine Wahrnehmungen verlassen zu können: Als lebende Zelle reist einer dann auf seiner Sternenbahn dem Einen Licht entgegen, welches das einzige wahre *Lebens-Mittel* ist – selbst wenn Alle um ihn her ihn deshalb verachten!

In diesem Bewußtsein entsteht dann der wahre Begriff des *Opfers*, das der göttliche Geist bringt, wenn er in die Materie eintaucht; – das Opfer des Menschen auch, der – klassisch hermetische Umkehrung aller Prozesse im Gleichgewicht – seine Existenz dem Göttlichen Geist entgegen zu tragen sich bemüht, bis er das Innerste des Innersten erreicht haben wird – einmal – ... – *jetzt* !

Und so entsteht der wahre Begriff von *Liebe*: Sie ist die zentrale Kraft des Innersten Kerns des Herzens des Universums: Jene Kraft, die alles nährt, die alles zum Guten lenkt, und in deren Schoß Alles wieder zurückkehren wird. *Diese Liebe* gilt es, zu verehren; – *sie* ist die wahre *Sternenkraft* – *Astralkraft*: – *Sie* gilt es, anzustreben; – *sie* gilt es, auszuteilen nach steigendem Vermögen, gemäß dem Wahrspruch: «*Wer gibt, dem wird gegeben – und je mehr man gibt, desto reicher wird man!*

Auch Wünsche und Begehren, Ängste und Sorgen, Furcht und wildes Wollen gehören zum Astralgebiet. Darum lehren fast alle Eingeweihten, diese Bestrebungen zu unterdrücken, in sich abzutöten und so zu besiegen. – Doch das ist Trug: Unterdrücken, Abtöten und Besiegen sind Handlungen, die einem *negativ gerichteten Willen* unterstehen: Ist der Kandidat erfolgreich damit, so stirbt auch die positive Kraft in ihm; – ist er es weniger, so wird, was unterdrückt war, bei Gelegenheit unvermittelt vor ihn treten und ihn wahrscheinlich überwältigen. Die astralen Stürme sind nur zu

ORDEN. LOGEN UND DAS ROSENKREUZ

stillen, indem man in die innere Ruhe eintritt, wie Lao-Dse im § 37 seines Dao-De-Ging sagt: *«Ohne Verlangen – und daher ruhig und still – wird die ganze Welt sich selber ordnen!»*
Darum gibt es keinen unfehlbaren Lehrer, Guru oder Priester; und auch auf Engel, Throne und Mächte ist kein Verlaß: Nur den Einen höchsten Gott gilt es anzurufen – wie immer man ihn nenne, mit welchem Kult man ihm auch dienen wolle; – und es genügt nicht, mit Sprüchen, Gesängen und Riten Ihn anzurufen, anzubeten, zu loben: Es braucht *Handlung in wachsender Liebe!* Das wahre Gebet besteht im Tun des täglichen Lebens – in der profanen Umgebung der täglichen Umwelt: Das ist das bekannte, oft gehörte *«Bete und arbeite!»* – Das ist das Tun, von dem *«ein Gott wohlgefälliger Rauch aufsteigt»*.

Religiöse Handlungen, Lehren und Führer sind also allein Hilfsmittel, wodurch der Kandidat zur Besinnung, zur Erkenntnis seiner selbst gelangen kann, und zur Neutralisation der Hindernisse, die sich «ihm auf seinem Weg entgegenstellen», weil *sein eigenes astrales Wesen* nach ihnen ruft!

Je figürlicher, stofflicher und wesenhafter man seine innere Welt ausstattet – mit Engeln, Geistern, Dämonen oder Heiligen – desto enger verbindet man sich mit der elementalen Welt – besonders mit der Natur astraler Wesen und Kräfte, wodurch die Bindungen an die ‹niedrigen Dimensionen› verstärkt und der Aufstieg in ‹höhere Dimensionen› erschwert oder verunmöglicht wird. – Darin liegt das grundsätzliche Übel magischer Kulte – ohne gleich an argste Perversitäten, herübergeholt aus vergangenen Welten, zu denken. Diese aber ziehen die übelsten Kräfte aus der unsichtbaren astralen Sphäre in die Sphäre stofflicher Manifestationen – und aus den Bindungen an die stoffliche Welt (die *an und für sich* ganz göttlich ist) werden Ketten, womit der Kandidat – die Kandidatin – an ein mehr und mehr materialisiertes Pantheon niedrigster Dämonen und Kräfte geschmiedet wird. Allein die vollkommene Auflösung des betreffenden Mikrokosmos kann hier ‹helfen›. – Doch das ist keine Befreiung, sondern ein Rückfall in die niedrigsten Urzustände elementaler Präexistenz einer künftigen, wiederum stofflich trägen Welt!

Der einzige wahre *Stern – Astrum* – wonach der Kandidat sich richten kann und soll, das ist der Funke göttlichen Lichts in seinem eigenen Innersten – in seinem ‹Herzen›. *Er* ist der wahre Ausgangs- und Orientierungspunkt für den Pilger auf seinem Weg. *Er* wird ihn führen, bis zum Erreichen dessen, was die Alten nannten: *«das Gute Ende».*

ORDEN, LOGEN UND DAS ROSENKREUZ

16. AURORA! – DAS KOSMISCHE ROSENKREUZERTUM DER NEUEN ZEIT

Um zu verstehen die Bedeutung eines ‹neuen›, kosmischen Rosenkreuzes sowie die gemeinsame Aufgabe der *verschiedenen* R+C-Strömungen in der *geschichtlichen Zukunft* und *in der Welt* – nicht nur im ‹zivilisierten Westen› zwischen Jerusalem und San Francisco -, ist es nötig, eine Frage zu beantworten, die mancher Leser sich über die letzten mehr als hundert Seiten gestellt haben wird:

«Was ist denn nun dieses ‹wahre Rosenkreuz›? – Was macht es aus, was bewirkt es, und warum ist so wichtig, daß es alle geistigen Bewegungen Europas seit dem Mittelalter – wie Rudolf Steiner sagt, spätestens seit dem 13. Jh. – als roter Faden durchzieht? – Und warum gilt das Rosenkreuz heute nicht mehr als eine kulturelle, sondern als eine weltweit menschliche Angelegenheit?»

Diese Fragen sollen hier versuchsweise beantwortet werden.

Allgemein kann dazu wiedergegeben werden, was der große Seher und Lehrer Rudolf Steiner schon vor 100 Jahren formulierte, indem er in seinen Vorträgen und Schriften die menschheitsgeschichtliche Entwicklung aus frühester Vergangenheit bis in die Aktualität verfolgte und darlegte. Die Entwicklungen im 20. Jh. haben indes Manches konkret belebt und im Stoff befestigt, was Steiner noch als eine psychisch ätherische Wirklichkeit beschrieb, die bestimmt sei, in der Zukunft materialisiert zu werden. Ihm selber war diese Realisierung durch die Menschen seiner nahesten Umgebung versagt geblieben, weshalb er die tragische Aussage machte, er selber habe versagt ... —

Als zentrale These und Antwort auf die Eingangsfrage dieses Kapitels ist es nützlich, einmal kurz zusammenzufassen und aktuell zu vergleichen, was Rudolf Steiner zu Gefahren bei der Entwicklung der menschlichen Kollektivseele in den *Dokumenten von Barr* an *Edouard Schuré* schrieb, und was er in seinem Vortrag vom 17. September 1916 in Dornach ausdrückte:

Allzu hohe Idealisierung und Mystfizierung der esoterischen Zuwendung könnte bis zur Verflüchtigung der Menschenseelen und zu ihrer vollständigen Isolierung auf einem luziferischen Planeten führen; – eine allzu starre Ritualisierung und Dogmatisierung aber zu ihrer Verhärtung und Mechanisierung bis zur Willenslosigkeit unter Ahriman. Die Auseinandersetzung mit diesem Phänomen kann man im heutigen politischen Europa und in gewissen Kirchengemeinschaften feststellen sowie in den leicht vorstellbaren Wirkungen globalisierter Steuerungsmaßnahmen gegenüber der Menschheit, wie die soziokulturelle Manipulation (Forschungs-Screening), oder die totale Kontrolle (Verichip, Mind-controll).

Es müßte befürchtet werden, so Steiner, daß die bonafiden esoterischen Geistesströmungen – und damit das Christusprinzip – aus der westlichen Welt vertilgt würden. Das *«wäre aber identisch mit der Auslöschung des eigentlichen Sinnes der Erde, der in der Erkenntnis und Realisierung der Intentionen des lebendigen Christus liegt. Diese zu enthüllen in voller Weisheits-, Schönheits- und Tatform ist jedoch das tiefste Ziel des Rosenkreuzertums ... Allein in dieser Esoterik kann die Harmonie von Wissenschaft und Religion erblühen ...»* Im letzten Drittel des 19. Jh. habe sich dann *«die Notwendigkeit ergeben, das, was in den Schulen der Rosenkreuzer gelehrt worden ist, der Welt wenigstens in seinen elementaren Teilen bekannt zu machen in der Theosophie».* (Zit. P. Selg in: *Rudolf Steiner und Christian Rosenkreutz*). —

Wer das *Wesen des Rosenkreuzes als makrokosmische Tatsache* erkennen – nicht nur intellektuell verstehen will, muß eintauchen in das *Mysterium des makrokosmischen Christuswesens*, muß eine tiefe Einsicht erwerben in den *Christus Jesus* als in ein zeitloses Weltgeschehen – und in die *universelle Christuskraft* als in ein universelles Geschehen. Beide diese wirken nicht nur in der westlichen Kultur der Erde, sondern durch den gesamten dreifachen Körper der Erde hindurch in der und für die ganze Menschheit. Diese höchste geistige Licht- und Liebeskraft hat kaum etwas zu tun mit einer institutionellen Kirchenreligion – denn jede solche ist auf eine degenerative Art durchmenschlicht und daher keinesfalls erlösend. Wer das Wesen des makrokosmischen Christus begreifen will, muß daher sich ganz vertiefen, muß tiefst innerlich ergründen das *Mysterium von Golgatha* in seinen sieben Stufen – vom Abendmahl der Evangelien bis zu deren Himmelfahrt Christi!

Wer – zweitens – das Wesen *des Rosenkreuzes als kosmisches Phänomen* verstehen will, muß ebenso tief meditativ eintauchen in das *Mysterium des Christian Rosencreutz* als einer Meister-Gestalt, die, wie Rudolf Steiner es beschreibt, «in jedem Jahrhundert incarniert ist» – und zwar manchmal in einer äußerlich ganz unscheinbaren Persönlichkeit; – als eine Wesenheit und Kraft, die ins irdische Geschehen direkt eingreift und als Menschenlehrer ein ständiges Opfer bringt. Um so Christian Rosenkreutz gut zu verstehen, ist es nötig, sich tief einzufühlen in das, was Steiner in unzähligen Vorträgen und in seinen Büchern immer wieder und von mehreren Seiten her über ihn berichtet hat in so klarer Lebendigkeit, wie es

DAS KOSMISCHE ROSENKREUZERTUM DER NEUEN ZEIT

ihm eben durch seine langjährige persönliche Nähe zu *Christian Rosencreutz* möglich war.

Wer dann – drittens – die *Wirklichkeit des Rosenkreuzes als mikrokosmisches Erleben* erfahren will, der muß eintauchen in sein eigenes Wesen und dort diese grundsätzlich in jedem Menschen latente – also *potentielle* – Wirklichkeit zum Leben erwecken: Nicht mehr nur ein Es Schauender, Es Fühlender und Es Erkennender muß er sein, sondern *ein Es Erlebender – ein Es Realisierender.* – Dies ist der Weg von *Selbsterkenntnis und Selbst-Einweihung* in zunehmender Autonomie, und in selbstverantwortlichem Tun vom ersten Schritt an. Auf Einzelheiten dieses Wegs kann hier nicht eingegangen werden, doch läßt sich die Essenz dieser Erkenntnis so ausdrücken:

Der Christus Jesus zeigt sich durch die wiederholten Aussprüche des Jesus der Evangelien – *«Ich bin ...»* – als eine absolute, universelle, *einmalige makrokosmische Tatsache.* Sein Opfer betifft die *ganze Welt* und die *ganze Menschheit.* –

Christian Rosencreutz ist ein *kosmischer* Ausdruck der Christus-Intention (die Menschheit soll zunehmend bewußt werden bis zu ihrer Vereinigung mit dem göttlichen Geist), und dabei eine teils ständige, teils *wiederkehrende dreifache Manifestation*: Körperlich insofern, als er als Individuum sich incarniert; – ätherisch insofern, als er aus dem Ätherkörper der Erde als geistiger Führer und Lehrer der Erdenmenschen wirkt; – und geistig insofern, als er sozusagen eine *mentale Formel* für die universelle Kraft des *kosmischen Christus* darstellt. – Das sollte vom Kandidaten der Mysterien tief erforscht werden. –

Der Mensch endlich – als ‹*Nachfolger Christi*›, als Schüler oder Kandidat einer Mysterienschule – ist als solcher eine *einmalige, vorübergehende* Manifestation, doch auch Träger eines unsterblichen Mikrokosmos. Dieser kehrt so lange wieder, bis einer seiner Träger die Bedingungen zu seiner Erlösung erfüllt. – Erreicht er diesen Stand, so ist auch der Mensch ein *«Ich bin»* geworden; – bis dahin aber ist er im besten Falle ein seiner selbst bewußter *Werdender.* –

Nach dieser Antwort auf die Eingangsfrage nach der wahren Bedeutung *des kosmischen Rosenkreuzertums im Jetzt* können wir nun zum Faden des vorliegenden Kapitels zurückkehren:

Zahlreich ‚um nicht zu sagen zahllos, sind – so wie im 18. und 19. Jh. auch – die Gruppen und Grüppchen unter der Bezeichnung *Rosenkreuzer.* Deren Bedeutung innerhalb der Geschichte von Orden und Logen etc. läßt sich anhand obiger Erklärungen leicht abschätzen: Liegen ihre Prioritäten bei Ordenskleidern, Insignien, schönen Riten und erbaulichen Lehren, oder liegen sie in der Bemühung um Selbsterkenntnis und Bewußtwerdung – und in selbstlos dienender Tätigkeit?

Der Name *Rosenkreuz/Rosenkreuzer* ist nicht geschützt und kann frei verwendet werden. Daher gibt es viele Gruppen, die sich auf die ‹ursprüngliche Bruderschaft vom Rosenkreuz› berufen. – Welche von ihnen sind ‹echt›? – Jede menschliche Bruderschaft ist nur ein stofflicher Körper: Die eigentliche *Bruderschaft des Lebens unterm Rosenkreuz* war und ist als solche ein *lebender Körper im geistigen Sinne*, Teil der siebenfachen *Universellen Bruderschaft* – keine Gruppe, wo irgendwer eintreten, Mitgliederbeiträge bezahlen und ‹Karriere machen› könnte, wie bei jeder bekannten menschlichen Bruderschaft. Es ist – insofern als lebende Menschen darin aufgenommen sind – eine *Seelengemeinschaft*. Ihre Mitglieder sind wohl – *im geistigen Sinne* – eng mit einander verbunden, doch kennen die Meisten einander nicht persönlich.

Solche Mitglieder finden sich grundsätzlich überall in der Welt, in allen Gesellschaftsschichten aller Länder, doch zeigen sie sich nicht offiziell als solche an: So ist der Orden tatsächlich, wie in den *RC-Manifesten* festgestellt wird, *«unsichtbar»*. In allen Gruppierungen spiritueller Menschen in der Welt, wo die Fackel mit der *Flamme des Lebenden Worts* hochgehalten wird, leben authentische Rosenkreuzer – auch unter ganz anderen Namen.

Überall in der Welt sind es dieselben Grundsätze und Weisheiten, die als Lehre weitergetragen werden – daher der Ausdruck *Universelle Lehre*. – Das ist kein *Dogma*, und noch weniger eine *Doktrin*, sondern die *Flamme der Überlieferung*, die zeitlos weitergetragen wird durch Jene, die *begriffen* und ihr Leben entsprechend *umgewendet* haben (vgl. Dao-De-Ging §41).

Aus dem Osten ist diese Lehre gekommen – von Indien und Babylon, von China, Persien, Syrien, aus der Alten Türkei und Ägypten – und aus dem sagenhaften Atlantis: *«Schaut nach Sonnenaufgang, woher das Licht kommt!»*

Während Jahrhunderten durfte nichts oder nur Weniges über die Mysterien des Rosenkreuzes verbreitet werden; aber seit einigen Jahrzehnten gibt es die Freiheit, solche Dinge weiterzutragen in den Lehren der allgemeinen Esoterik, auch in der höheren Metaphysik – und *heute* sogar in den höchsten Erörterungen der technischen und Naturwissenschaften: Das ist die wirkliche *Goldene Morgenröte – Aurora* – wovon die Alten schrieben: *Hora est! – Jetzt ist es Zeit!*

DAS KOSMISCHE ROSENKREUZERTUM DER NEUEN ZEIT

Manches wird dabei weiterhin in Form von Symbolen und Allegorien gelehrt werden, wie es in der Alchemie des Mittelalters der Fall war: *Mercur, Sulphur* und *Sal*; – *Wasser, Feuer, Luft* und *Erde* ... – Diese Begriffe haben noch heute ihre tiefe, ‹geheime› Bedeutung, und so wird der *Weg des Rosenkreuzes – der «Rosenkreuzgang»* – noch heute ein *alchymischer Prozeß* genannt, den der Kandidat im Wesentlichen allein gehen muß – selbst wenn er von Brüdern und Schwestern umgeben ist.

Einen ganz göttlichen Geist gibt es – aber er kleidet sich in viele Manifestationsformen: Die *Flamme* des Geistes – das *Lebende Wasser* – der *Hauch* des Geistes ... – und die Myriaden physischer Geschöpfe, die alle zumindest einen *Funken* des göttlichen Feuers in sich tragen – von Sandkorn und Wolke bis zu Baum, Tier und Mensch – sie alle sind Träger des ‹*Verborgenen Feuers*›. – Wenn dann eine Gruppe – *mehrere Gruppen!* – bewußt mit diesem Feuer verbundener Wesenheiten ‹einander die Hand geben›, so entsteht eine Bruderkette von unwiderstehlicher *Hitze*: Das ist die Hitze, die aus der Gegenwart des Geistes in die physische Welt einstrahlt.

Neuerungen – Änderungen – eine *«Neue Weltordnung»* im rein geistigen Sinne sind nötig, soll das Universum seiner Bestimmung entgegenwachsen – und dazu braucht es das Eine Feuer: Das Feuer der Läuterung – das Feuer der Erneuerung – das Feuer der Liebe ohne Rücksicht auf Ort, Zeit und Person; – das Feuer jedes Einzelnen – das Feuer Vieler zusammen! In diesem Läuterungs- und Erneuerungsbrand wird alles eingeäschert, eingeschmolzen, umgegossen, damit der ‹goldene Neue Mensch› sich als Feuervogel aus der Asche des Alten erheben und sich mit der Gottheit vereinigen kann.

Zwei Methoden vorallem werden verfolgt – jede auf ihre Art – diesen Weg zu gehen nach bestem Verständnis und Vermögen: sei es in der bekannten Form von Orden und Logen – sei es mehr im Geiste kleiner formloser Gruppen ‹Alter› Gnostiker und Hermetiker, wie es sie stets gab: In Indien, in Persien, in Ägypten, im Keltenland – und bis ins ausgehende Mittelalter auch rund ums Mittelmeer. – Unzählige Menschenwege – *ein* göttliches Ziel!

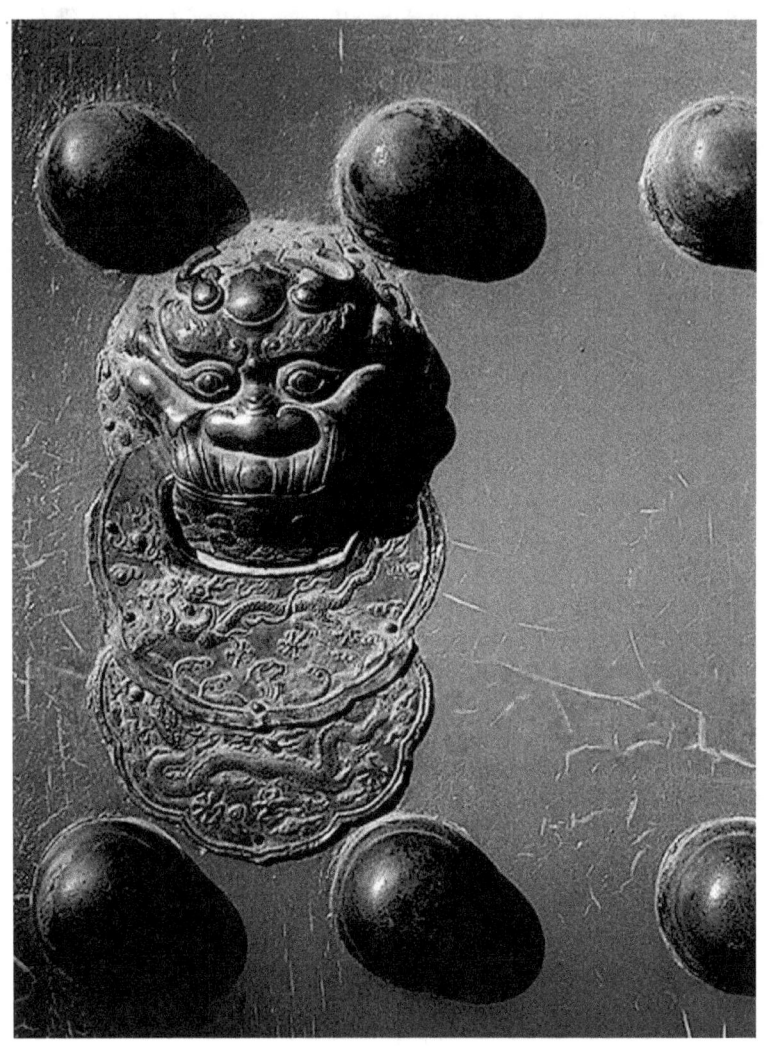

Glück auf den Weg! – Glück ins Haus!
Altchinesischer Türbeschlag mit Glücksdrachen.

INDEX

Abraham von Worms 82
Abramelin 82
Academia Masonica 73
Adam, Paul 70, 75
Aegyptische Bauherren 69
Afrikanische Bauherren 129, 130, 131
Agartha 158, 165
Agrippa v. Nettesh., H.C. 21
Alarich 17, 21
Albancelli, Paul C. 94
Alexandria, Schule 12, 16, 109, 152
Allen, Ethan 47, 113
Allende, FM 98
Andreæ, Joh. V. 20, 138
Andreas, Hl. 40 f., 48, 52, 53
Anthroposoph. Gesellschaft 12, 85, 124, 144 ff.
Asiatische Brüder 69, 115, 127, 163
Athanasius, Bischof 111

Baha, A., *Bahai-Sekte* 123
Balsamo, Giuseppe → Cagliostro
Barth, O.W. 122
Bédarride Joly 65
— Joseph 65
— Marc 59, 65
— Michel 65
Bergier d'Illiens 48, 50, 51
Berridge, Edward 83
Besançon, Priorat 128
Besant, Annie 55, 74, 121, 123 ff.
Beswick, Samuel 109
Bilderberger 88
Blanchard, Victor A. 77, 163 f.
Blavatsky, H.P. 13 f., 58, 74, 106, 115, 117, 119, 133, 138, 140
B'nai B'rith 87 f.
Bœhme, Jakob 13, 76, 80, 105, 106, 110, 131, 190
Bongo, Omar, FM 98
Botiva 159
Brant, Joseph 113
Brant, Mary 113

Braunschweig, Hzg. Ferd. v. 35, 44, 49, 128
Braunschweig, Friedr. Aug. v. 130
Bricaud, Jean 108, 164 ff.
Bricaud, Victor 77
Brotherhood of Light → *Fratres Lucis*
Bruno, Giordano 21
Bulwer Lytton, Edward G. 82, 117, 163
Burckhardt, Peter 48, 51, 127, 130
Buttlar, Erika v. 13
Buxtorf, Andreas 48

Cagliostro 62 ff., 69, 71, 135
Calvi, Roberto 98
Calvière, Jean-François de 48
Campanella 21
Capétiens, Clan 69
Castellot, François Jolivet 107
Catharose de Petri 151, 153
CBCS 44 f., 49-59, 108, 117, 127 f., 134 ff.
Cerneau-Ritus 41, 45 f., 60 f., 66
Charleston-Ritus 46, 60
Chevillon, Gd. Prieur des Gaulles 108
Chirac, Präsident, FM 101
Christian Rosencreutz → CRC
Christus-Intention 145 ff., 155, 174 f.
Christus Jesus → Jesus
Christus, Kosmischer 62, 64, 174 f., 111, 123, 145
Christuskraft, universelle 141, 143 ff., 147
Churchill, Clan 90
Clavel, Bègue 39 ff., 65
Clavel, Louis 39
Clermont-System 35, 44, 48, 60, 129
Clymer, R.S. 133, 157, 158
Coën, Élus de 35, 54, 63, 105, 127
Combes, Émile 100
Constant, Alphonse Louis → Levy
Corvinus, Dora 120

179

Cossa, Baldassare 95
CRC 23, 25, 39, 43, 81 f., 118, 126, 129, 144 ff., 162
Crémieux, Isaak Adolf 68, 92
Crowley, Aleister 13, 71, 76, 79, 82 ff., 116
Culdeer Mönche 19, 61

Dante Aligheri 15, 20, 21, 72
Dantinne, E.165
Davidische Blutlinie 56
Degonwadonti 113
Desposyni 56
Detré, Charles 77. 108, 164
Dietrich, Baronin 64
Dionysos Areopagita 13
Distel-Orden → Andreas
Dracula, Roman 83

Eberhard, H.P. 75, 76, 77
Ecker u. Eckhofen, Frhr v. 125
Elias 64
Encausse, Gérard → Papus
Engel, Julius 121
Engel, Leopold 74, 120
Escher, J.J. 51
Essener 64
Eulis-Bruderschaft 137
Evola, Julius 13, 137

Fabre d'Olivet, Antoine 70, 106
Felkin, Robert W. 85
Ficino, Marsilio 161
Flagellanten 13, 137
Fludd, Robert 22, 72, 118
Franco, General 98
Frank, Jacob 112, 166
Franklin, Benjamin 46 f., 113
Fratres Lucis 71, 73, 78, 125, 133, 164
Freidenker-Loge 54
Fulcanelli 16, 40, 62, 71, 139 f., 150, 190

Gabrol 70
Gambetta, Leon 68, 92, 97
Gardner, Frederick L. 60 f.
Garibaldi, Giuseppe 69, 97, 103, 104
Gelli, Licio 98
Gichtel, Joh. Georg 13, 76, 131, 190
Glaire, P.M. 50, 128
Glassock, Thomas v.
Glauer, A.R. 160
Gœthe, Joh. W. 25, 63, 169
Grabianca, Comte de 108
Graßhoff, Carl Louis → Heindel
Green-Boys 113
Gregor I, Papst 18
Guaïta, M.V. Stanisl. 70, 106 f., 161
Guénon, René 164
Gustav III v. Schweden 45, 47

Hakenkreuz 79, 126, 161
Hakenkreuzes, Brüder des 71
Hall, Mainly P. 129
Hamilton, George 47
Hanisch, Otto 122, 123
Harris, Thomas Lake 111
Hartmann, Franz 73 ff., 106, 119 ff.
Haven, Marc → Lalande
Heindel, Max 13, 16, 123, 140 ff.
Heraklit 3, 70
Hermes Tetramegistos 158
Hermes Trismegistos 152, 162
Hessen-Kassel, Karl v. 44, 47, 50, 125, 128
Higgins, Godfrey 115
Hiram-Legende 31, 43, 98
Hitler, Adolf 98, 160
Hœne-Wronski 70
Hund, Frhr. v. 44 f., 58, 134
Hymmen, v. 130

I*lluminés d'Avignon* 35, 48, 54 f., 65, 108 f., 128 f.
Illuminés Théosophes 56, 109
Isaak II, byzant. Kaiser 68

Jaurès, Jean 100
Jehuda Ben Jussuf 56
Jesus, Blutlinie 56, 145
Jesus, Erlöser 94
Jesus, Meister 30
Jesus, Nachkommen von 56
Johannes – Oannes 30
Johannes XXIII, 2 Päpste 95
Johannes, biblischer 29 f.
Josephine, Kaiserin 64
Judge, William Q. 58, 119

Kasaren 68
Kellner, Carl 73, 78
Kennedy, Clan 90
Khunrath, Heinrich 21
Kintore, Graf v.
Kommenos, Angelos 68
Köppen, Karl Friedr. 129 f.
Kowalewski 136
Krishnamurti, Jiddw 121, 123
Ku-Klux-Klan 89
Kutusov, A.M.V., Major a.D. 135

Lalande, Emanuel 70
Lapasse, Victor, Vicomte 71
Lauweriks, J.L. 126
Lavater, Diethelm 48 f., 63, 128
Lavater, Heinrich 128
Le Loup, Yvon → Sédir
Lebauche, L.G. 74
Leene, Z.W. 151
Levy, Eliphas 69, 70, 80 ff., 106, 116 f, 133
Little, Rob. Wenw. 68, 69, 115
Lockwood, Ehepaar 83
Luther, Lutheraner 14, 21 ff., 25, 105, 109, 161, 179,
Lyoner Konvent 44 f., 49, 53, 56

Mackenzie, Kenneth R.H. 116, 129
Madathanus, Henricus 21
Magier von Memphis 69

Maistre, Josph M. de 19, 137
Markus, Apostel 64
Marx, Karl 97, 132
Mathers, Samuel L. M. 79, 81 ff., 113, 116
Mazdanan-Bewegung 123
Medicis, Florenz 161
Melinge, Charles 70
Mesmer 72, 111, 164
Metternich 97, 136
Migne, Jean Paul 106
Mizaldus, Antonius 21
Morrison, Charles 38
Morton, Frederic 88
Morveau, de 130
Mose 26, 64
Mynsicht, Heinrich 21

Naglowska, Maria 137
Natter, Lorenz 47, 134
Naudé 138
Neu-platoniker 161
Neu-templer 44, 55, 56, 127, 129, 131, 134, 160, 164
Neue Weltordnung 23 f., 47, 88 ff., 92, 112, 132, 174, 177
Nikolaus, Großfürst 107
Nikolaus I, Zar 136
Nikolaus II, Zar 107
Ningishzida 162
Noachiten 31, 112, 129
Noah 31

Olcott, Henry Steel 119
Orientalische Brüder, Orden 66
Oriflamme, Fahne 66 f.
Oriflamme, Verlag 66
Oriflamme, Zeitschrift 66 f, 77, 83
Ormus, *Ormusse* 64, 83, 131

Papus 57-60, 70, 77, 106 ff., 137, 164
Paracelsus, Paracelsisten 12, 21 ff., 45, 120

Pasqually, Martinez de 63, 72, 105, 137
Pazos, Heriberto 114
Péladan, Joseph 70, 106, 164
Peregrinus = Reuß, 76 f.
Perfektions-Ritus 35, 41 f., 45, 124, 127, 135
Pernetty, Antoine J. de 108 f., 130
Pétain, Marschall 98
Petrus, Apostel 18
Philosophe Inconnu 105
Pico delle Mirandola 161
Pike, Albert 42, 46, 87, 89
Pinochet 98
Pius XI, Papst 95
Plato 12, 13, 161
Poniatowski, Stanisł. II A. 50
Quincy, Thomas de
Raatz, Paul 120
Ramsay 35, 40
Randolph, Pascal B. 75, 120, 133, 137

Rasputin, Grigorij J. 137
Red Cloud, Sioux 114
Regardie, Israel 85
Reuchlin, Johannes 161
Reuß, Theodor 13, 58, 66f., 73 ff., 80, 84 f., 106 ff., 115, 120, 133, 121
Revolution, Französische 39, 45, 47, 49, 51, 108, 127 f.
Revolution, Russische 89, 135, 137
Rhodes, Cyril 88
Rijckenborgh, Jan 151, 153
Roncalli, Giuseppe 95
Rosa Mystica, Orden 85
Rosa, Samuel 56
Rosebury, Lord 89
Rosenberg, Alfred 74, 89?
Rosenthal, S. 68
Rotes Kreuz, Feldzeichen 103
Rotes Kreuz, Internat. 69, 103
Rotes Kreuz, Orden 56, 69, 103
Rothschild-Clan 47, 86 ff.
Rothschild, Carl 88

Rothschild, James Meyer- 88
Rothschild, Lionel 88
Rothschild, Nathan Meyer- 88
Rothschild, Philippe 89
Rothschilds, Die, Buch 88
Round Table Group 88
Roux, Saint Pol 71

S.D.A., mysteriöse Person 80-81
Saint-Germain, Graf von 72
Saint-Martin, Louis Claude 70, 104 ff., 138, 165
Saint-Yves d'Alveydre, Alex. 70, 164
Salazar 98
Salis, Rudolf v. 71
Sarasin, Felix 51, 137
Sarkozy, Präsident 102
Satie, Éric 71
Schrœder 30
Schröder, Baron Christian N. v. 135
Schuré, Edouard 147, 173
Schwabe, Ernst 120
Scotus Eriugena, Joh. 13
Sebottendorf, Rudolf v. 160
Sédir, Paul 70, 106 f.
Seneca 19
Sinclair, Clan
Sinclair, William
Sitchin, Zechariah 162
Sitting Bull 113
Spencer, Clan 90
Spencer, Herbert 91, 121
Spencer-Lewis, Harvey 150, 157, 165
Sprengel, A. 80-81
Stalin 98
Starck, Frhr v. 44
Starck, Joh. August 134
Steiner, Rudolf 12, 13, 16, 75, 84 f., 122f., 125, 140, 143, 144 ff., 151, 154 f., 173 f.
Stoddart, Christine 85
Stoker, Bram 83
Straßburg, Aufruf von 32 f.
Straßburger Priorat 49, 128, 129,

Stuardisten 35, 44
Stuart-Clan 35, 44, 46
Stuart, Charles Edward 60
Stuart, James I 90
Swastika → Hakenkreuz
Swedenborgh 74, 111
Swedennborgh, der Französische 105
Swedenborghianer 63, 67, 106, 107, 111
Swedenborgh-Ritus 58, 67, 75, 108 ff.

Targelius, T. 163
Téder → Detré
Tekumseh 113
Tempelritter, alte 20, 30, 44, 53, 68, 105
Tempelritter, neue → Neutempler
Tenskwatawa 113
Teresa de Avila 13
Thayendanega 113
Theoderich 17
Tilly, Graf Grasse de 46
Tingley, Catherine 120, 121
Toth-Anubis 117, 162
Tränker, Heinrich 122
Tschoudy, Th. H., Baron 129
Tsvi, Shabbatai 112 f.

Unbekannte Obere 44, 80, 83, 126, 137, 147, 156

Valentinus, Basilius 62, 190
Valentinus, Gnostiker 111
Vaughan, Thomas 71
Vollrath, Hugo 122 f.

Waite, A.E. 58, 80, 83 f., 116, 131, 133
Weigel, Valentin 12, 22, 190
Weishaupt, Adolf 23, 42, 63, 74 f., 86 ff., 112, 118, 133, 135
Weishaupt-Illuminaten 42, 63, 67, 74 ff., 84-90, 112, 118, 130, 135, 159
Weltregierung 88, 92, 112
Weltrevolutin → Neue Weltordnung
Westcott, Wynn 56, 75 ff., 80 f., 115, 117
Wilhelmsbad, Konvent 45, 49, 53, 56, 86, 125, 134
Willermoz, Joh. Bapt. 53, 108
Wöllner, Joh. Chr. 130 f., 135
Wöllner, Joh. Gottl. 130
Woodford, Reverend 80

Yarker, John 56 ff., 61, 66 f., 73 ff., 110, 133
Yarker, Reinhold 132
Yeats, William Butler 83
Yesir, Paul 163
York Ritus 36, 55, 69

Zarathustra 20, 123
Zerdusht 20, 123
Zion, Order of 88

183

INDEX DER WICHTIGSTEN ABKÜRZUNGEN

AAFM, A&AFM	Alte & Angenommene Freimaurerei
AASR	Alter Angenommener Schottischer Ritus
AF&AM, AFAM	Alte Freie und Angenommene Maurerei
AMORC	Antiquus Mysticus Ordo Rosæ Crucis
APRM	Ancient & Primitive Rite of Memphis
APRMM	Ancient & Primitive Rite of Memphis & Misraïm
ARHK	Alter Ritus von Heredom Kadosh
CFR	Counsel of Foreign Relations (USA)
CRC	Christian Rosencreutz
FFRC	Brüder vom Rosenkreuz
FL	Fratres Lucis
FM	Freimaurer, freimaurerisch
FM-erei	Freimaurerei
FRC	Frater Ros(e)æ Crucis – Bruder vom RC
FFRC	Fratres Rosæ Crucis – Brüder vom RC
G&RC	‹Deutsche› Gold und Rosenkreuzer ($\pm$ 18. Jh.)
GD	Golden Dawn
GL	Großloge
GLAE	Grand Lodge of All England
GM	Großmeister
H.B. of L.	Hermetic Brotherhood of Light
HG	Hochgrad(e)
HG-FM-erei	Hochgrad-Freimaurerei
HRDM	Heredom
HRDK	Heredom Kadosh, spätere Variante
HRDMKDSH	Heredom-Kadosh, späteste Variante
ITV	Internationale Theosophische Vereinigung
OGA	Ordo Graali Aurei
OTO	Ordo Templi Orientis
R+C	Rose und Kreuz (Rosenkreuz)
RC	Rosenkreuz, Rosenkreuzer, rosenkreuzerisch
RE	Rite Égyptien (Cagliostro)
REAA	Rite Écossais Ancien et Accepté
RHK	Ritus von Heredom Kadosh
RMM	Rite de/Ritus von Memphis & Misraïm
RSiA	Rosicrucian Society in Anglia (England)
RSIA	Rosicrucian Society in America
RSiS	Rosicrucian Society in Scotia
RSiUSA	Rosicrucian Society in USA (nicht ident. m. RSIA)
RSR	Rektifizierter Schottischer Ritus
SGLA	Schweizerische Großloge Alpina
SRiA	Societas Rosicruciana in Anglia (= RSiA)
TG	Theosophische Gesellschaft
TGiD	Theosophische Gesellschaft in Deutschland
TS	Theosophical Society
TSA	Theosophical Society Adyar
TSI	Theosophical Society International
VGLD	Vereinigte Großlogen Deutschland

Der Weg zu Erkenntnis und zum Licht gleicht einer Bergwanderung,
doch ist er kein Sonntagsspaziergang:
Er ist weder dank Büchern zu gehen – noch in Frack und Zylinder.

ORDEN, LOGEN UND DAS ROSENKREUZ

Persönliche Notizen

INHALTSVERZEICHNIS

	EINLEITUNG	11
1.	DIE WIRKLICH HISTORISCHEN VORLÄUFER	17
2.	DAS ROSENKREUZERTUM NACH 1600	20

2.1. Paracelsisten und Lutheraner 21
2.2. Die Klassischen Rosenkreuzer des 17. Jahrhunderts 23
2.3. Die Deutschen Gold- und Rosenkreuzer 23

3.	DIE FREIMAUREREI NACH 1600	27

3.1. Die ‹Blaue› oder Johannis-Freimaurerei 28
3.2. Anerkannt, akzeptiert, oder irregulär? 30
3.3. Liberalisierung des Logenwesens in Europa 31

4.	DIE SCHOTTISCHE HOCHGRAD-MAUREREI	35

4.1. Der Ritus von Heredom-Kilwinning (HRK) 36
4.2. Der Alte Angenommene Schottische Ritus (AASR) 41
4.3. Rektifizierter Schottischer Ritus Strikter Observanz (RSR) 44
4.4. Die Schottischen Hochgrade in den USA 45
4.5. Die Schottischen Hochgrade in der Schweiz 47
4.6. Der Fall Schweiz: HG-FM und ‹blaue› FM trennen sich 50
4.7. Masonische Sondervereinigungen 54
    4.7.1. Die Philalethen 54
    4.7.2. Der Freimaurerbund zur Aufgehenden Sonne 54
    4.7.3. Templer-Grade und Templer-Maurerei 55
    4.7.4. Die Internationale Tafelrunde von König Artus 56
4.8. Das Yarkersche System 57

5.	DIE ‹ÄGYPTISCHE MAUREREI›	62

5.1. Graf Cagliostro 62
5.2. Der Ritus von Memphis & Misraïm (RMM) 64
    5.2.1. Die Anfangszeit 64
    5.2.2. Ein Exkurs zum Begriff ORIFLAMME 66
    5.2.3 Der erneuerte Ritus von Memphis & Misraïm 68
    5.2.4. Der Neue Ritus Memphis-Misraïm 69

6.	RECHTE HAND UND LINKE HAND	70

6.1. Der Ordo Templi Orientis (OTO) 73
6.2. Die ‹Aufsteigende Morgenröthe› – Golden Dawn 79
    6.2.1. Name und Gründung 80
    6.2.2. Der Hermetische Orden der Goldenen Morgenröthe 81
    6.2.3. Der Übergang von Rechter Hand zur Linken Hand 82
6.3. ‹Stella Matutina› – der Morgenstern oder Lucifer 85
6.4. Der Weishauptsche Illuminaten-Orden 86
6.5. Das unvermeidliche Thema Rothschild 87
6.6. Ein Blick auf die Königliche Blutlinie 90

7.	DER ANTIMASONISMUS	92

7.1. Der klerikale Antimasonismus 92
7.2. Der politische Antimasonismus 97
7.3. Der Anti-Antimasonismus 99

8. MASONISCHE EINFLÜSSE UND GRÜNDUNGEN AM RANDE 103
8.1. Die Carbonari 103
8.2. Der Martinisten-Orden 104
  8.2.1. Die ‹Alten Martinisten› 105
  8.2.2. Die ‹Jüngeren Martinisten› 106
8.3. Swedenborgh Ritus und Swedenborg-Kirche 108
  8.3.1. Der Ältere Swedenborg-Ritus 108
  8.3.2. Das zweite nach Swedenborg benannte System 109
  8.3.3. Die Swedenborgh-Kirche 110
8.4. Die Neo-Gnostiker 111
  8.4.1. Die ‹Église Gnostique Universelle› 111
  8.4.2. Der Spiritistische Bruderbund für Neues Leben 111
  8.4.3. Der Messianismus des Sabbathai Tzwi 112
  8.4.4. Thayandanega und Sitting Bull 112
9. DIE SOCIETAS ROSICRUCIANA 115
10. DIE THEOSOPHISCHE GESELLSCHAFT 119
  10.1. Theosophical Society in England und USA (TS) 119
  10.2. Deutsche Theosophische Gesellschaft (TG) 119
  10.3. ‹Le Droit Humain› 124
  10.4. Die ‹Asiatischen Brüder›   125
11. DAS ROSENKREUZERTUM IM 19. JH 126
  11.1. RC-Grade und -Kapitel in der Schweiz 127
  11.2. RC-Grade und -Kapitel in Europa 128
  11.3. RC-Grade und -Kapitel in USA 131
  11.4. Das Rosenkreuzertum in den Logen Rußlands 134
12. DAS ROSENKREUZERTUM NACH 1900 138
  12.1. Die Rosenkreuzergesellschaft von Max Heindel 140
  11.2. Das Rosenkreuzertum von Rudolf Steiner 144
  12.3. AMORC 148
  12.4. Lectorium Rosicrucianum 151
13. FUDOSI — DAS ‹UNIVERSELLE ORDENS-BÜNDNIS› 157
  13.1. Die ‹Fraternité des Polaires› – ‹Bruderschaft der Polaren› 158
  13.2. Ordre Kabbalistique de la Rose-Croix (OKRC) 160
  13.3. ‹Lord› E.G. Bulwer Lytton 163
  13.4. Victor A. Blanchard 163
14. NICHT ZU VERACHTEN: KABBALAH UND MAGIE 166
15. GEISTWELT, ASTRALWELT UND SPIRITISMUS 168
16. AURORA! • DAS KOSMISCHE ROSENKREUZERTUM DER NEUEN ZEIT 173

❧

VERZEICHNIS VON NAMEN UND SONDERAUSDRÜCKEN 179
HAUPTSÄCHLICHE ABKÜRZUNGEN IN DIESEM BUCH 184
PERSÖNLICHE NOTIZEN 186
ANZEIGEN FRÜHERER AUSGABEN BEI EDITION ORIFLAMME 190

EBENFALLS BEI EDITION ORIFLAMME:

FULCANELLI: MYSTERIUM DER KATHEDRALEN und die esoterische Deutung der hermetischen Symbole des Großen Werks. Vollständige deutsche Erstausgabe nach der dritten franz. Ausgabe (Paris 1964) mit drei Vorworten von E. Canseliet, F.C.H. Übersetzt und herausgegeben von M.P. Steiner. Mit 49 ganzseitigen Tafeln und 1 Frontispiz. – 348 SS.ISBN 3-9520787-2-7. – € 35.00 / CHF 52.00

FULCANELLI: WOHNSTÄTTEN DER ADEPTEN – *Die hermetische Symbolik in der konkreten Wirklichkeit der Heiligen Kunst des Großen Werks*. (Original-Titel: *Les Demeures Philosophales*). Vollständige deutsche Erstausgabe nach der dritten, erweiterten franz. Ausgabe (Paris 1964 / 1979) mit den drei Vorworten von Eugène Canseliet, F.C.H. Ins Deutsche gebracht und herausgegeben durch M.P. Steiner. Mit Zeichnungen von Julien Champagne und späteren Photos sowie mit vier zusätzlichen ganzseitigen Tafeln, davon zwei in Farben. – 2 Bde. In 1 Bd.. – Ppb., 624 Ss. – ISBN 3-9520787-7-8 — € 50.00 / CHF 69.00.

DER SCHLÜSSEL ZU DEN ZWÖLF SCHLÜSSELN VON BRUDER BASILIUS VALENTINUS / LA CLEF DES DOUZE CLEFS DE FRÈRE BASILE VALENTIN
Weltweit erste Veröffentlichung des Manuskripts eines bisher unbekannten elsässischen Adepten des Steins der Weisen, verfaßt um ca. 1700: Ein alchemistisch-rosenkreuzerischer Kommentar zu den *Zwölf Schlüsseln der Philosophie* von Basilius Valentinus. – Reich illustriert; mit ausführlichen Anmerkungen und bibliographischen Hinweisen. – TEIL I: Französische Transkription des MS, Text und deutsche Übertragung jeweils parallel auf der Gegenseite. – TEIL II: *Vom Stein der Uralten* und *Zwölf Schlüssel der Philosophie* (ill. 2. Ausg. von 1602). Übers. u. Hrsg.: M.P. Steiner; – Einführung und Anmerkungen: P. Martin. – Ppb, 348 Ss. – ISBN 3-9520787-4-3. – € 27.00 / CHF 42.00.

VALENTIN WEIGEL: DAS BUCH VOM GEBET
Das „*Gebetbüchlein*" von V. Weigel, dem «ersten deutschen Theosophen», Vorläufer von Jacob Bœhme und J.G. Gichtel – in heutigem Deutsch herausgegeben nach dem Erstdruck von 1612. Ein Meilenstein der Geistesgeschichte, auf dem Weg zu freiem Denken und Glauben. – Mit einer Einführung und Anmerkungen von P. Martin. – Geb. m. S-Usl.; 152 Seiten, illustriert. – ISBN 3-9520787-5-1. – € 23.00 / CHF 34.00.

J.G. GICHTEL: THEOSOPHIA PRACTICA – *Eröffnung und Anweisung der dreyen Principien und Welten im Menschen ...* — Nach der 3. Ausg., o.O. (Amst.?) 1736. – Mit 1 doppelseitigen und 4 einseitigen Farbtafeln des Originals sowie 5 weiteren ganzseitigen, meist farbigen Abbildungen, Titelblatt-Reproduktionen und Vignetten. – Aus dem barocken Deutsch sanft in heutiges Deutsch gebracht und durch P. Martin mit einigen Anmerkungen und mit einer Einleitung versehen, die dieses Buch *zum ersten Mal bibliographisch vollständig und korrekt kommentiert.* – Ppb.; 172 Seiten; – ISBN: 978-3-9523616-0-3; – € 21.00 / CHF 31.00.

AL-GHAZALI: BRIEF AN DEN JÜNGER («AYUHA-'L-WALAD»)
Arabisch und Deutsch jeweils parallel auf der Gegenseite. – Nach der französischen Übersetzung von *Tufiq as-Sabagh*, und mit dem Vorwort von *George H. Scherer* zur 1. Auflage (mit dem Lebenslauf von *al-Ghazali*; – Beyruth,1951 Deutsch von M.P. Steiner, mit einer kleinen Einführung in Geschichte und Esoterik der Sufi-Philosophie versehen durch P. Martin. Ppb., 124 Ss., 3 Tafeln (1 Porträt von *al-Ghazali*) und 4 Vignetten. – ISBN 3-9520787-9-4 – € 15 / CHF 21.00.

EBENFALLS BEI EDITION ORIFLAMME:

P. MARTIN: ESOTERISCHE SYMBOLIK *im Licht des Alltags, der Sprache und des gnostischen Wegs der Selbsteinweihung.* – Die Elemente der universellen Symbolik und ihre geistige Wirksamkeit, mit Beispielen aus Alchemie, Mythologie, Hermetik und Heraldik neben ganz konkreten Fällen aus der unmittelbaren täglichen Gegenwart. Eine anschauliche Übersicht über die wichtigsten Symbole; eine Einführung ins selbständige Analysieren fast aller Symbole; Erklärung ihrer ständigen Gegenwart und unvermeidlichen magischen Wirkung. – Ppb., 120 Ss., 28 Farbseiten, 54 Abb. im Text, mit über 100 Literaturhinweisen, einer Symboltabelle und einem Wortverzeichnis. – ISBN 978-3-9523616-1-0; € 16.00 / CHF 23.00.

LAO-DSE: DAO-DE-GING (TAO-TE-KING) – DIE GNOSIS IM ALTEN CHINA. NEUE, JETZT VOLLSTÄNDIGE AUSGABE. (2013) – Ganz neu aus dem Chinesischen ins Deutsche gebracht und mit Anmerkungen versehen durch P. Martin. –Die Übersetzung aufgrund dreier ‹Urtexte› berücksichtigt über 30 frühere westliche Übersetzungen in 6 Sprachen, zahlreiche heutige chinesische Übersetzungen und Kommentare sowie Sitten und Gebräuche des 6.- 4. Jh. v.Chr. Sie wurde von chinesischer Seite für gut befunden. Einige Textvarianten werden diskutiert; der Kommentar beleuchtet *drei Ebenen*: Die Ebene des täglichen Lebens von Jedermann, die Ebene der Forderungen an ‹den Weisen› – Herrscher, General oder spirituellen Lehrer – und die rein geistige Ebene des inneren spirituellen Wegs. – Einige kaum bekannte, fürs Verständnis hilfreiche Abbildungen zeigen sichere Fakten zu bisher nie gewagten Deutungen des Texts. – AUCH ALS ‹E-BOOK› ERSCHIENEN !
Ppb., 352 Ss., mehrere Farbtafeln, Reproduktion des chinesischen Texts in bis zu drei Fassungen. — ISBN 9783-952361689. – € 30.00 / CHF 38.00.

IN VORBEREITUNG:

UNICORNIS – GESCHICHTE UND WAHRHEIT DES EINHORNS
Zauberhaftes Bilder- und Textbuch über Wahrheit und Wesen des Einhorns in der alten Überlieferung; seine Wirkung auf Leben und Weg eines jungen Suchers Endlich auf Deutsch. Durchgehend prächtige Farbtafeln und Photos, großteils ganzseitig. – ca.112 Ss. (Erscheinen ungewiß).

POPOL VUH – «DAS BUCH DES RATS». – Die Schöpfungsgeschichte der Itza-Maya – und CHILAM-BALAM («Die Stimme der Propheten»): Eine der nach der spanischen Invasion verfaßten Itza-Chroniken. – Illustriert.

BEI UNS NOCH ERHÄLTLICH:

MUTUS LIBER – DIE ALCHEMIE UND IHR STUMMES BUCH
Vollständiger Neudruck der prächtigen Tafeln. Facsimile in Originalgröße nach einem Original-Exemplar von 1677, mit der Einführung und den Kommentaren von E. Canseliet, F.C.H., Schüler von Fulcanelli sowie einem Vorwort von Jean Laplace, Schüler von E. Canseliet. Erschienen 1991 bei der damaligen Edition Weber, Amsterdam. Übersetzung von B. Böhnke, vollständig überarbeitet, herausgegeben und mit einem bibliographischen Anhang versehen durch M.P. Steiner. – ISBN 90-73063-04-3.

WEITERE WERKE DER UNIVERSELLEN ÜBERLIEFERUNG

besorgt für Sie nach Möglichkeit unser Antiquariatsdienst – vom wertvollen Originaldruck aus dem 16. Jahrhundert bis zum Mikrofilm: Bücher, Illustrationen, Texte. – Überdies: Bibliographische Recherchen und Studien, Buch-Renovationen etc.

www.ingramcontent.com/pod-product-compliance
Lightning Source LLC
Chambersburg PA
CBHW051811230426
43672CB00012B/2697